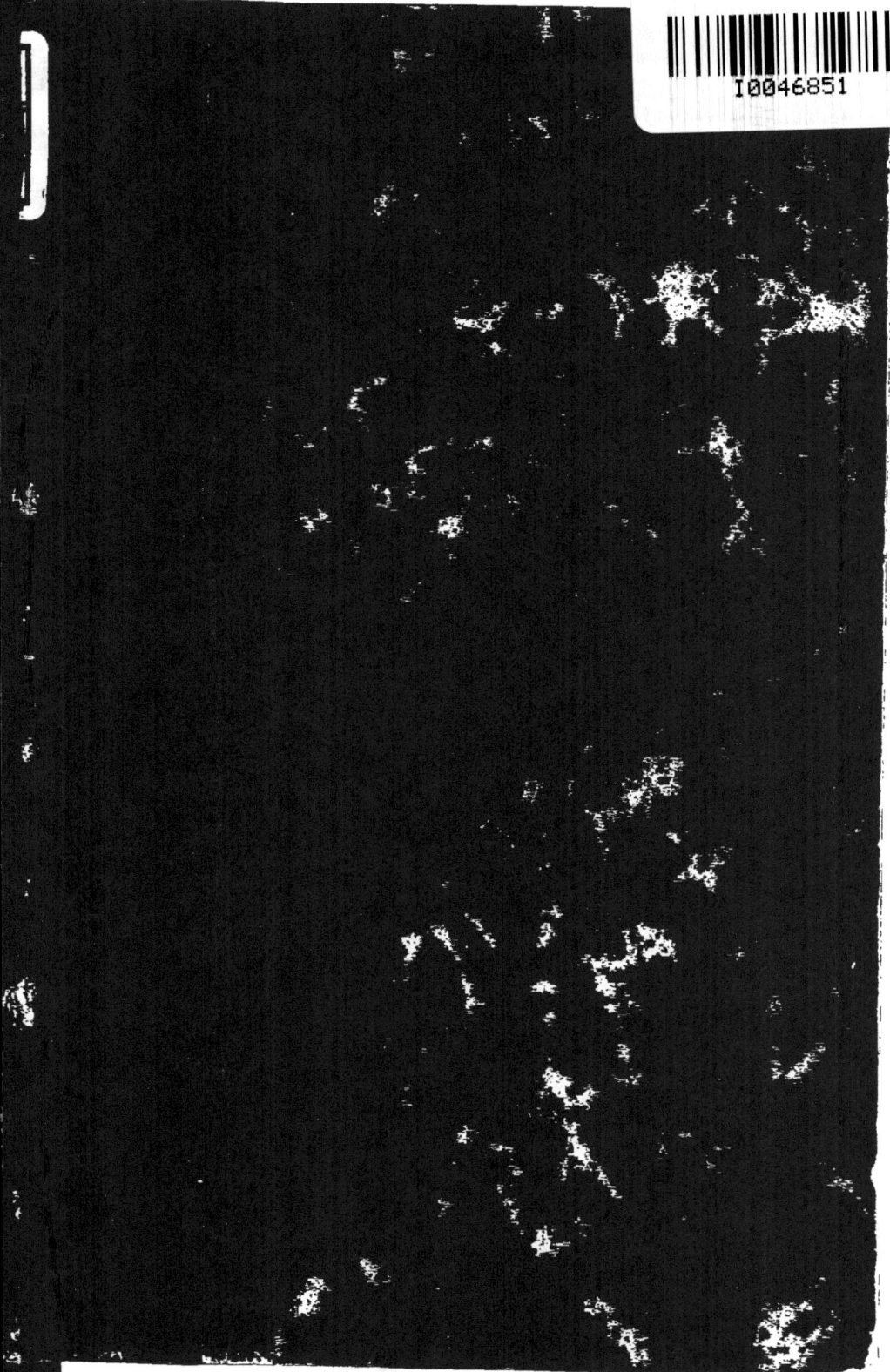

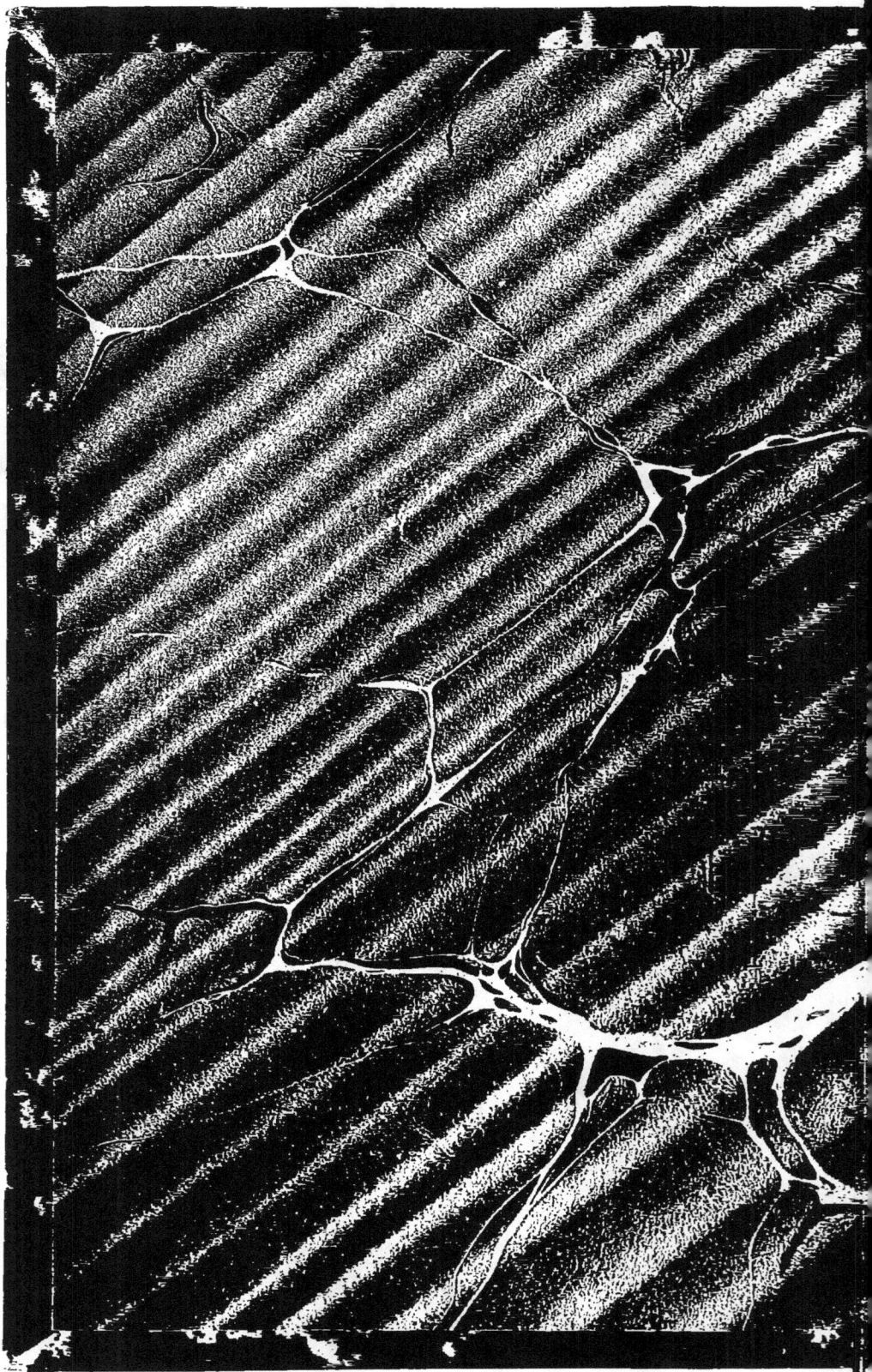

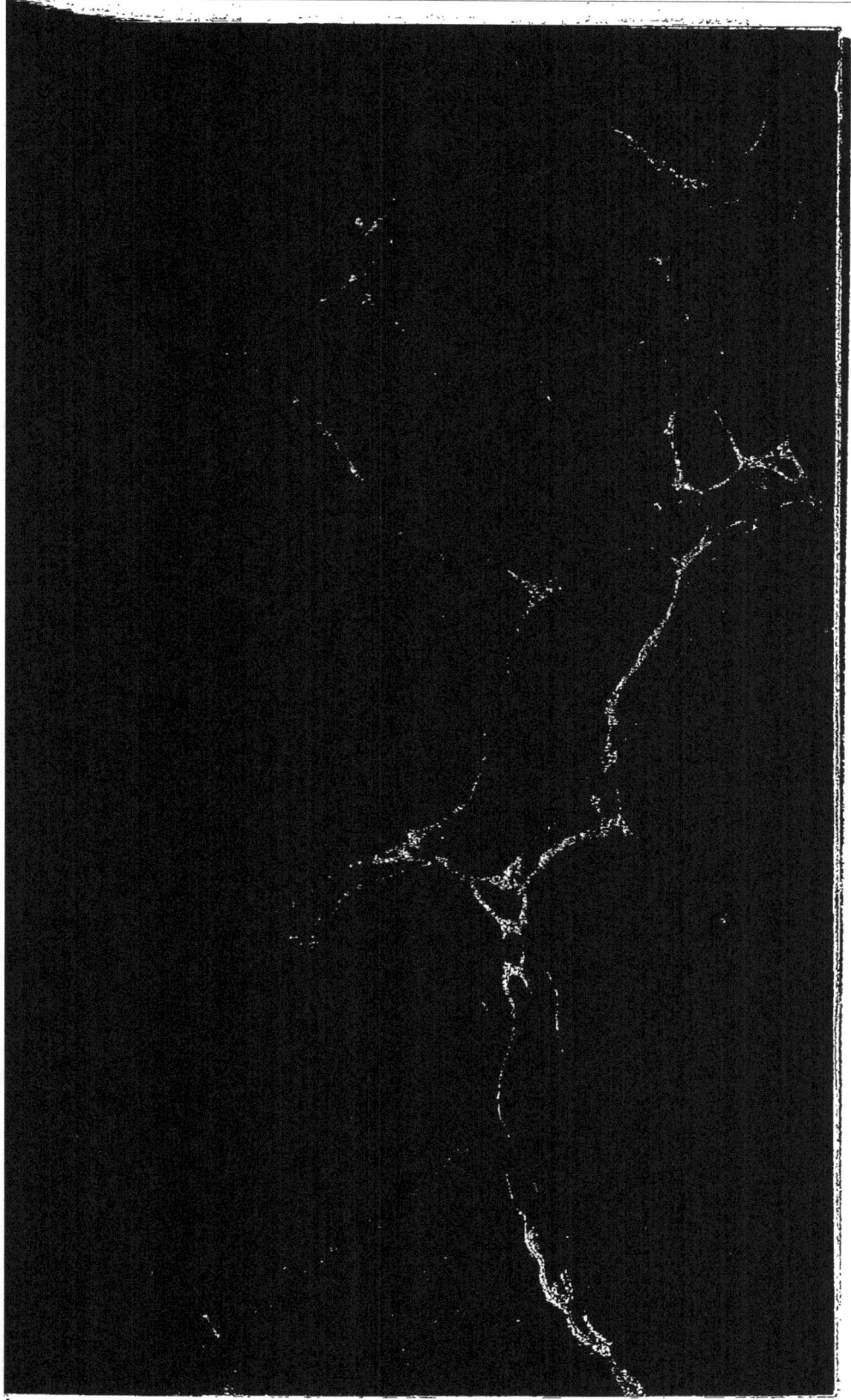

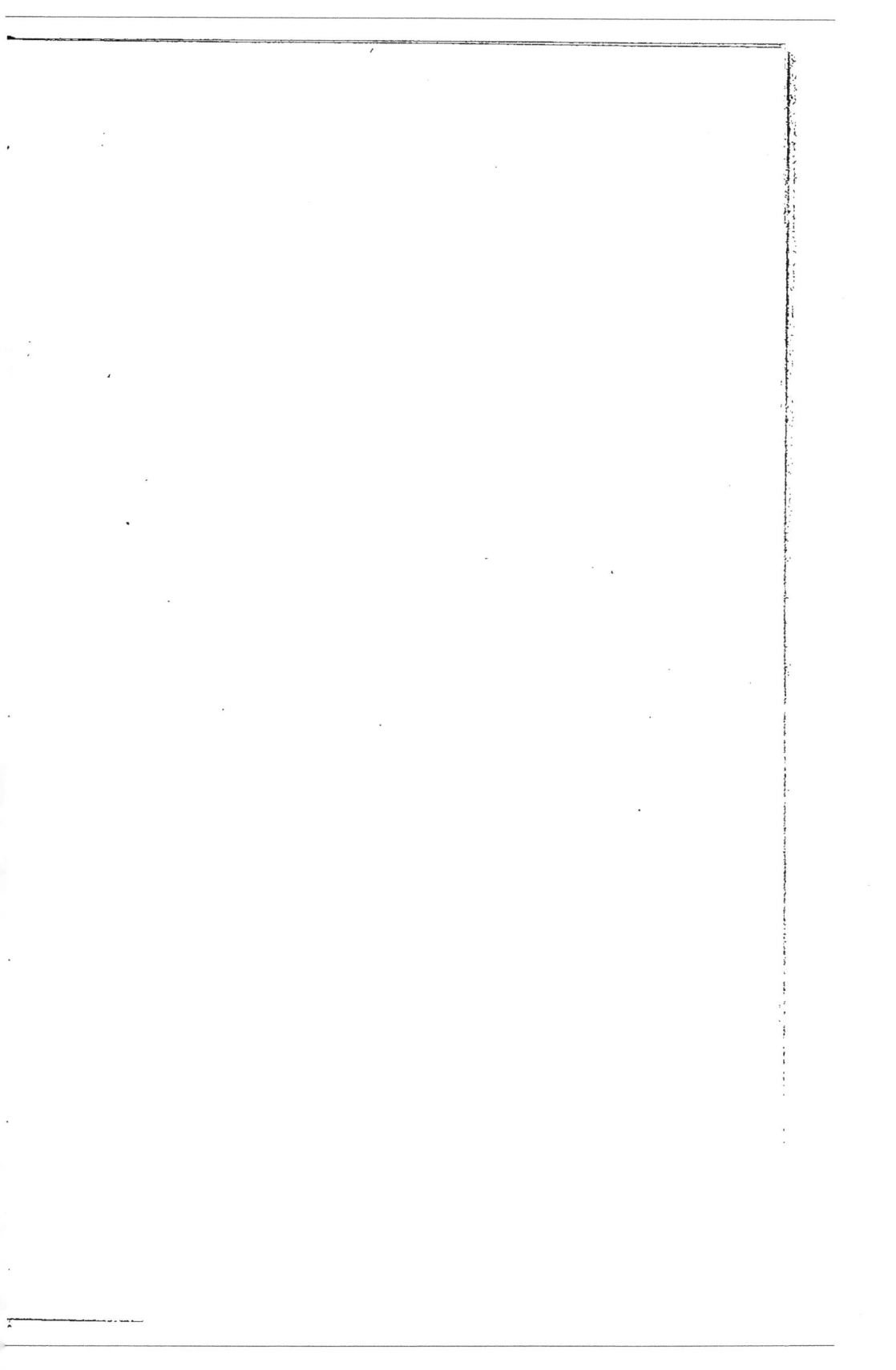

LES

POËTES JURISTES.

Imprimerie de Cosse et J. Dumaine, rue Christine, 2.

LES
POËTES JURISTES

OU

REMARQUES DES POËTES LATINS

SUR

les Lois, le Droit civil, le Droit criminel, la Justice distributive et le Barreau;

Par **E. HENRIOT**,

CONSEILLER A LA COUR IMPÉRIALE DE PARIS,
Ancien Procureur général.

Nil intentatum nostri liquère poetæ
(Hor.)

———◦◦———

PARIS,

IMPRIMERIE ET LIBRAIRIE GÉNÉRALE DE JURISPRUDENCE,
COSSE et **MARCHAL,** Imprimeurs-Éditeurs,
LIBRAIRES DE LA COUR DE CASSATION,
Place Dauphine, 27.

1858

AVANT-PROPOS.

———✦———

Il a paru, en 1853, sous le titre d'*Etudes sur les classiques latins, appliquées au droit civil romain*, un écrit publié par M. Benech, professeur à la Faculté de droit de Toulouse, et traitant d'un sujet analogue à celui dont je me suis moi-même occupé.

J'ignorais complétement l'existence de cet écrit, lorsque la pensée me vint d'utiliser, par un travail du même genre, des matériaux que j'avais, depuis longtemps, recueillis , et je n'en fus informé qu'au moment où, mon opuscule étant à peu près entiè- rement achevé, j'entrais en pourparlers avec un édi- teur, pour sa publication.

Si j'eusse connu en temps utile l'ouvrage de M. Benech, très-probablement je n'aurais point en- trepris le mien ; car la matière n'avait d'attrait pour moi que parce qu'elle me paraissait neuve. C'était là, à mes yeux, le seul titre que mes recherches pus- sent avoir à l'attention des rares lecteurs de pareils livres ; et, par cela seul que je me serais vu devancé, par un savant professeur de droit romain, dans la car- rière où , de très-bonne foi, je croyais faire les pre- miers pas, j'aurais beaucoup hésité à m'y aventurer après lui.

Tout d'abord, en apprenant qu'un premier occu- pant avait pris possession du terrain sur lequel je m'étais essayé sans l'avoir suffisamment reconnu, je

fus grandement tenté, même avant d'avoir lu la production du devancier qui me primait, de me désister
de la mienne, et d'en laisser les feuilles dans l'ombre,
à l'état de manuscrit.

Ce premier mouvement était, sans doute, le meilleur, et peut être eussé-je fait sagement d'y obéir.

Mais on ne renonce pas aisément à mettre au jour
un ouvrage que l'on destinait à la publicité. Et quoique je ne sois pas, il s'en faut bien, du nombre de
ceux dont Horace a dit,

> Gaudent scribentes, et se venerantur...,

il m'en coûtait cependant quelque peu, pourquoi
ne l'avouerais-je pas? de condamner mon œuvre au
néant, par l'unique motif de la préexistence d'une publication sur le même sujet.

D'ailleurs, était-ce bien réellement le même sujet
qu'avait traité M. Benech? Son livre était-il conçu
dans le même ordre d'idées et sur le même plan que
le mien? Ses études avaient-elles porté sur les mêmes
textes?

Il était naturel que je ne prisse définitivement le
parti de supprimer mon travail qu'après avoir fait
cette vérification.

J'ai donc pris connaissance des *Etudes* de M. Benech, avec tout l'intérêt que l'on attache à l'examen
d'une composition sur la matière de laquelle on s'est
exercé soi-même. Et si j'ai dû reconnaître que j'étais
loin d'avoir fait aussi bien que lui, j'ai pu m'assurer
aussi que j'avais fait tout autrement, et qu'entre les
deux ouvrages il existait d'assez notables différences

pour que le second ne pût être justement considéré comme la doublure du premier.

Les seuls points de ressemblance qui se fassent remarquer entre celui de M. Benech et le mien (et ceux-là étaient inévitables), c'est que la plupart des citations qu'il a puisées dans les œuvres de quatre poëtes latins, Horace, Juvénal, Perse et Martial, et accessoirement dans celles de quelques autres auteurs, sont reproduites dans ma compilation; c'est, aussi, que, plus d'une fois, nous avons été amenés, l'un et l'autre, à faire, sur les mêmes textes, des commentaires et des réflexions de même nature.

Mais il apparaîtra clairement à ceux qui voudront comparer, que M. Benech et moi, nous nous sommes placés à un point de vue tout différent.

Le but de M. Benech me paraît avoir été d'élucider, par des témoignages poétiques contemporains, certaines parties obscures du droit civil romain de la seconde période, et de l'histoire des institutions judiciaires de la même époque.

Le mien est simplement de montrer que le Parnasse latin faisait entrer dans son domaine les matières qui sont du ressort de la législation et des tribunaux, et que, chez les Romains, le droit avait sa littérature poétique. C'est là une thèse moins élevée et moins utile, sans doute, que celle de M. Benech, mais qui devait me conduire, et m'a conduit, en effet, à pousser mes investigations dans le champ de la poésie latine, beaucoup plus avant que lui, et à colliger un bien plus grand nombre de textes, en butinant à peu près partout, même parmi les poëtes de la basse lati-

a.

nité, dont quelques-uns m'ont fourni leur contingent de matériaux juridiques.

J'ajoute que les *Etudes* de M. Benech, se bornant à quatre poëtes classiques, ont eu principalement pour objet le droit civil proprement dit, et n'ont pu embrasser qu'une minime partie des aperçus de la poésie latine, touchant la législation pénale ; tandis, au contraire, que, dans mon travail, cette dernière branche du droit occupe une plus large place que la première, parce que, en effet, les textes poétiques se rencontrent en plus grande abondance sur les matières criminelles que sur les matières civiles.

De ces dissemblances, et de nombre d'autres que je pourrais relever, je n'entends certes pas conclure que ma production soit de même valeur que celle du regrettable professeur de la Faculté de droit de Toulouse, et, bien moins encore, qu'elle lui soit préférable.

Mais ce que je me crois autorisé à dire, c'est qu'elle ne fait pas double emploi avec la sienne ; c'est que, peut-être même, elle a droit de revendiquer l'avantage d'en être, à certains égards, le complément.

Voilà pourquoi, après beaucoup d'hésitation, j'ai fini par me décider à lui permettre, malgré sa malencontre, de se chercher un rang quelconque parmi les publications éphémères de notre temps.

LES
POËTES JURISTES

INTRODUCTION.

La langue du Droit, dans les temps modernes, est devenue une langue technique et spéciale, qui ne s'apprend et ne se parle plus que dans le monde judiciaire. Depuis plusieurs siècles, le monde littéraire la tient pour étrangère, et même pour quelque peu barbare. A part de bien rares exceptions, c'est à peine si les écrivains qui n'appartiennent point aux professions de la magistrature ou du barreau en possèdent une légère teinture et les notions les plus générales. En France, nos prosateurs et nos poëtes ont fait, parfois, des excursions dans le domaine des tribunaux : Racine, la Fontaine, Boileau sont de ce nombre ; mais ils ne l'ont abordé que pour en parodier et ridiculiser le langage, ou pour faire ressortir les travers et les abus qui s'y produisaient. En cherchant bien, on ne trouverait, dans les monuments de notre littérature, et particulièrement dans nos poésies, que bien peu de remarques sérieuses et d'observations critiques sur les matières de jurisprudence. On voit encore, il est vrai, des juristes littérateurs; mais il ne se voit plus guère de littérateurs juristes. En un mot, droit et littérature, et surtout, poésie et droit, sont choses dont on n'admet plus la compatibilité.

Il n'en était pas ainsi dans les temps anciens.

A Rome, la langue du droit était d'un usage à peu près universel parmi les classes éclairées. Son ensei-

gnement faisait partie nécessaire de toute éducation libérale, et nul n'était réputé lettré qu'à la condition de
la connaître. Entre autres témoignages de ce fait historique, on peut citer le passage suivant de Plaute, où il
est dit que les parents faisaient apprendre à leurs fils
les lois et le droit, en même temps que les lettres :

> Expoliunt ; docent litteras, jura et leges.
>
> (*Mostellaria.*)

Pour un patricien, c'était grande honte, disait-on,
d'ignorer la législation de son pays : « Turpe est patricio et nobili, jus in quo versatur ignorare ». A bien plus
forte raison, cette ignorance, « *Sanctarum inscitia
legum* » (HOR.), n'eût-elle point été pardonnable chez
les hommes de lettres de profession, chez les écrivains
qui se donnaient la mission d'instruire ou de morigéner
leurs concitoyens.

Pourquoi cette antique alliance entre le droit et les
lettres a-t-elle cessé?

La raison principale en est, je crois, que le droit, qui,
chez les Romains, avait toute la sainteté d'une religion,
et s'apprenait comme une sorte de catéchisme, a perdu
ce haut rang dans les sociétés modernes, et n'y a plus
conservé que celui d'une science particulière à l'un des
divers états de la vie civile. A quoi se peut ajouter cette
autre considération que, chez les modernes, le développement des connaissances humaines a dû avoir pour
conséquence de rendre plus difficile l'érudition ency-
clopédique à laquelle prétendaient les savants de l'antiquité, et d'amener ainsi les hommes d'étude à se ren-
fermer, à peu près exclusivement, chacun dans la spé-
cialité dont il voulait faire profession.

Quelles que soient, au surplus, les causes du divorce
qui s'est produit, dans la suite des siècles, entre la littérature et le droit, ce qui est certain, c'est que ce divorce n'existait point dans l'antiquité latine ; car il

ressort manifestement de la plupart de ses productions littéraires que leurs auteurs étaient généralement initiés au droit, qu'ils en parlaient très-purement la langue, et que les poëtes n'en étaient pas moins instruits que les prosateurs.

Il semble même que, plus encore que ceux-ci, les poëtes furent incités à le cultiver : voici pourquoi.

Ainsi que je viens de le faire remarquer, le droit civil romain se liait intimement, dans son enfance du moins, aux institutions religieuses. On le faisait dériver de la même source que la religion elle-même; d'où suivait que l'on considérait le droit humain comme inhérent au droit divin, et la science de l'un comme inséparable de celle de l'autre : « jurisprudentia est divinarum atque humanarum rerum notitia ». Or, tout ce qui touchait aux choses divines était essentiellement du ressort de la poésie. A Rome, comme en Grèce, c'était en vers que s'exprimaient, non-seulement les hymnes en l'honneur des divinités, mais aussi les préceptes religieux, les oracles sibyllins, et tous autres écrits par lesquels on voulait impressionner et édifier les populations. Par suite, les premières lois civiles affectèrent également une sorte de langage poétique. Plutarque rapporte que Solon avait entrepris de traduire les siennes en vers. Il y a quelque apparence que les décemvirs, auteurs de la loi des Douze Tables, jugèrent utile d'imiter cet exemple. On peut voir, en effet, par ce qui nous reste des dispositions de cette loi, qu'elle se composait d'une série de versets auxquels ses rédacteurs paraissent avoir voulu donner une façon de rhythme et de mesure. Outre qu'elle pouvait ainsi se graver plus aisément dans la mémoire, elle obtenait, par ce moyen, plus de crédit et de vénération; car le vulgaire crédule et superstitieux lui attribuait, de même qu'aux écrits versifiés se rapportant aux choses de la religion, une

origine mystique et surhumaine. Ce n'est point là une
pure hypothèse. Cette croyance populaire est attestée
par Horace, dans l'une de ses épîtres à l'empereur Auguste. Le peuple, disait-il, croit et répète que la loi des
Douze Tables, les traités des anciens rois avec les peu-
plades voisines de Rome, les livres des pontifes, et les
vieilles prophéties des Sibylles et autres devins, ont été
dictés par les Muses elles-mêmes, sur le mont Albain :

> Sic faütor veterum, ut tabulas peccare vetantes,
> Quas bis quinque viri sanxerunt, fœdera regum
> Cum Gabiis, vel cum rigidis æquata Sabinis,
> Pontificum libros, annosa volumina vatum,
> Dictitet Albano musas in monte locutas.

Ces Muses, que l'imagination du peuple faisait ainsi
intervenir dans la rédaction de ses institutions civiles
et religieuses, n'étaient autres que des poëtes de l'époque, auxquels revenait le soin de buriner en vers, afin de
les accréditer davantage, les règles établies par les
chefs de la nation. Et de là, pour ces poëtes, l'obligation de s'initier aux mystères du droit civil, non moins
qu'à ceux de la religion.

Leurs successeurs ne furent point infidèles à ces traditions; et, même alors que le droit ne s'écrivait plus
qu'en prose, ils ne laissèrent pas de se tenir au courant
de la législation et des doctrines consacrées par la jurisprudence, continuant de mettre en vers, pour l'édification des magistrats, aussi bien que pour celle des justiciables, certains principes juridiques qui ne pouvaient
être trop souvent, ni sous trop de formes, mis en lumière. On trouve, en effet, dans la plupart des poésies
latines, et notamment dans celles qui étaient destinées
au théâtre, un assez grand nombre d'aphorismes et de
préceptes, en matière, soit de droit public et politique,
soit de droit privé, civil et criminel.

Mais à cela ne se bornait pas l'intervention des poëtes
romains dans les questions ressortissant au domaine des

législateurs et des jurisconsultes. On les voyait fréquemment pénétrer dans le prétoire et le forum, pour y traiter des thèses de droit de l'ordre le plus élevé, ou pour s'occuper de procès, de judicature, de plaidoirie ; ne se faisant pas faute d'y donner des leçons et des conseils, d'y faire entendre tantôt leurs éloges, tantôt leurs critiques et leur censure, non plus que de signaler et réprouver, soit les abus commis dans l'application des lois et dans l'administration de la justice, soit les mauvaises mœurs et les désordres du barreau.

S'ils s'ingéraient ainsi dans des matières et des controverses, si peu propres, en apparence, à servir d'aliment au génie poétique, c'est que, sans doute, ils se croyaient appelés, au même titre que leurs devanciers des premiers âges du gouvernement romain, à remplir la mission de publicistes et de juristes; c'est, aussi, qu'ils y voyaient une utilité réelle pour la chose publique. De fait, leurs sentences de droit et leur polémique, sur diverses questions de législation et de jurisprudence, ne furent pas sans de bons résultats ; car elles eurent pour effet de rendre plus notoires des règles essentielles de justice et d'ordre public, et, plus d'une fois, elles provoquèrent de sages réformes dans le régime légal.

Leur exemple n'a pas été complétement perdu pour les poëtes latins modernes. Bien longtemps après eux, et à l'époque où, soit en France, soit dans d'autres contrées de l'Europe, la langue latine n'avait pas cessé d'être celle des écrivains, on formulait encore en vers des adages et des préceptes de jurisprudence, ou des réflexions critiques sur les usages du palais. Cette coutume s'est même perpétuée jusqu'au temps de l'institution de notre droit coutumier, dont plusieurs dispositions ont été versifiées en français, à la manière des articles fondamentaux de la foi catholique, et de quelques-uns de nos vieux proverbes.

Il m'a paru qu'il pourrait être intéressant de passer en revue, en les classant et en les déduisant dans un ordre méthodique, les remarques les plus saillantes que les divers organes de la poésie latine ont émises sur les matières judiciaires que je viens d'indiquer, remarques qui sont éparses et disséminées dans leurs œuvres ; comme aussi de les rapprocher, à l'occasion, des textes corrélatifs de la loi et de la jurisprudence romaines, et des opinions professées sur les mêmes points, tant par les prosateurs latins que par quelques auteurs modernes.

C'est là, je ne me le dissimule pas, un travail fort ingrat, car il ne saurait guère prétendre à d'autre mérite que celui d'un recueil des pensées d'autrui ; et, de plus, il aura le grave inconvénient d'une excessive abondance de citations latines, lesquelles ne sont pas du goût de tous les lecteurs. Mais peut-être ne sera-t-il pas sans quelque intérêt pour les jurisconsultes qui conservent le culte des souvenirs classiques.

Je diviserai en cinq parties principales les matières auxquelles se rapportent les documents poétiques que j'ai colligés.

La première aura pour objet l'origine du droit, son développement, ses vicissitudes, et quelques-uns des principes généraux de législation ;

La seconde, le droit civil proprement dit et la procédure civile ;

La troisième, le droit pénal, l'instruction criminelle et ses suites ;

La quatrième, la justice distributive et les devoirs des magistrats qui l'administrent ;

La cinquième, les professions de jurisconsulte et d'avocat, les usages et les mœurs du forum, et divers préceptes à l'adresse des orateurs du barreau.

PREMIÈRE PARTIE.

APERÇUS GÉNÉRAUX SUR LE DROIT ET LA LOI.

I. Origine du Droit.

J'entre en matière par quelques aperçus de la poésie romaine sur l'origine du droit, appelée par elle « cunabulà juris », sur les développements progressifs et les vicissitudes du régime législatif, sur l'autorité des lois et le respect qui leur est dû, enfin sur les règles fondamentales de toute bonne législation.

Dans l'enfance des sociétés, les hommes n'eurent d'autre règle que le droit naturel, « quod natura omnia animalia docuit ». C'est à cette loi générale de l'humanité que s'appliquent ce vers si connu de Virgile,

> Hos natura modos primùm dedit...

et cet autre de Perse :

> Publica lex hominum, naturaque continet hoc fas.

On voudrait croire qu'il fut un temps où le genre humain n'avait pas besoin d'autre code, et dans lequel l'innocence des mœurs tenait lieu de lois, de tribunaux et de force publique, comme en cet âge d'or dont Ovide nous a tracé le tableau suivant :

> Aurea prima sata est ætas, quæ, vindice nullo,
> Sponte suâ, sine lege, fidem rectum que colebat.
> Pœna metusque aberant, nec verba minantia fixo
> Ære ligabantur ; nec supplex turba timebat
> Judicis ora sui : sed erant sine judice tuti. .
> . . . .
> Proque metu, populum, sine vi, pudor ipse regebat.

On voudrait admettre, avec Juvénal, qu'en ces siècles primitifs, l'improbité était chose inouïe :

> Improbitas illo fuit admirabilis ævo ;

1

et que nul ne craignait les voleurs pour les légumes et
autres productions utiles de son jardin ouvert à tout
venant :

> ...Quum furem nemo timeret
> Caulibus et pomis, et aperto viveret horto.

Ce règne de l'innocence universelle a-t-il jamais
existé autrement que dans l'imagination des poëtes ?
Un historien sérieux, Tite-Live, semble y ajouter quelque foi ; car on lit dans son histoire : « vetustissimi
mortalium, quorum ætas aurea dicta est, naturam et
ducem et legem habentes, sine probro et scelere, atque
ideò sine coercitionibus et pœnà vitam agebant », mais
il est probable que Tite-Live n'en savait pas là-dessus,
de science certaine, beaucoup plus long qu'Ovide et Juvénal, et qu'il s'en rapportait, comme ces poëtes, aux
traditions de la fable. Tout ce que l'on en peut croire,
c'est que, si les premiers hommes vécurent dans un état
de parfaite innocence, sans autres lois que celles de la
nature, cet état ne dut pas être de bien longue durée :
car, ainsi que le fait très-judicieusement observer Horace, le droit naturel n'est, par lui seul, qu'une bien faible barrière contre les écarts des passions humaines,
l'instinct de la nature ne pouvant suffire à faire discerner le juste de l'injuste :

> Nec natura potest justo secernere iniquum ;

Si vous ne la retenez par l'intimidation, elle vous
échappe et prend, pour ainsi parler, le mors aux dents :

> ...Tolle periclum,
> Et vaga prosiliet frenis natura remotis.
> (Hor.)

Aussi, dès qu'elles vinrent à s'établir, les lois durent-
elles souvent refuser à l'homme ce que la nature semble
lui concéder ou lui permettre :

> ...Et quod natura remittit,
> Invida jura negant...
> (Hor.)

Et non-seulement elles durent restreindre dans d'é-
troites limites l'exercice du droit naturel ; mais il leur

fallut même exagérer, dans nombre de cas, leurs prescriptions ou leurs défenses, afin de pouvoir obtenir le
moins pour le plus (1); car l'homme est ainsi fait, que
sa licence le porte toujours au delà de ce qui lui est loisible et permis, et que, pour peu qu'on lui laisse de faculté d'extravaguer en dehors des ornières que l'usage
et les lois lui tracent, il manque rarement d'en abuser :

> Nemo satis credit tantùm delinquere, quantùm,
> Permittas...
>
> (Juv.)

Tant il y a que l'âge d'or, de l'aveu même des poëtes
qui en ont inventé la fable, n'eut qu'une fort courte
durée, et que, bien peu après leur réunion en société,
les hommes eurent à combattre l'injustice; d'où résulta le besoin de lois répressives. C'est ce qu'explique Horace dans les deux vers suivants, desquels
il ressort visiblement qu'il partageait peu l'opti-
misme rétrospectif de quelques-uns de ses confrères en
poésie.

> Jura inventa metu injusti fateare necesse est,
> Tempora si fastosque velis evolvere mundi (2).

(1) C'est ce qui a fait dire à Sénèque : «Quoties parùm fiduciæ est
in his rebus quibus imperas, amplius exigendum est quàm satis est,
ut præstetur quantùm satis est. In hoc omnis hyperbole excedit, ut
ad verum mendacio veniat. » — Quintilien disait de même: « Præci-
piamus omnia, ut saltem plura fiant. »

(2) La plupart des auteurs anciens assignent la même cause à l'origine des lois : « Constat profectò ad salutem civium vitamque omnium
quietam et beatam conditas esse leges, eosque qui primùm ejusmodi
scita sanxerunt, populis ostendisse ea se scripturos atque laturos,
quibus susceptis, honestè beatèque viverent.» (Cic.) — «Postquam, pro
modestiâ et pudore, ambitio, vis, aliæque cupiditates incessère, leges
conditæ sunt.» (Sen.) — «Usu probatum est leges egregias, exempla
honesta apud bonos, ex delictis aliorum gigni; nam culpa quàm pœna
tempore prior ; emendari quàm peccare, posteriùs est.» (Tac.) — «Cu-
pidates priùs natæ sunt, quàm leges quæ iis modum facerent.» (Tit-Liv.)
— «Bonæ leges ex malis moribus procreantur.» (Macrob.)—«Cherchez
bien, dit J.-J. Rousseau, les motifs qui ont porté les hommes unis par
leurs besoins mutuels dans la grande société, à s'unir plus étroitement
par des sociétés civiles, vous n'en trouverez point d'autres que celui d'assurer les biens, la vie et la liberté de chaque membre par la protection
de tous.» (Economie politique.)

*1

Ainsi se fondèrent et le droit des gens et le droit particulier de chaque fraction de' la grande société. Ce fut l'œuvre des premiers législateurs. Une agrégation se formait, une cité s'établissait; ils lui donnaient des lois, en même temps qu'ils l'entouraient de murailles.

> ...Moresque viris et mœnia ponunt.
>
> (VIRG.)

> Oppida cœperunt munire, et ponere leges,
> Ne quis fur esset, neu latro, neu quis adulter.
>
> (HOR.)

Ces lois étaient en petit nombre, fort simples et fort laconiques, parce qu'il fallait moins statuer sur l'injustice que sur l'insulte, et plutôt réprimer les passions, dans leur fougue, que poursuivre les vices dans leurs détours.

Il n'était nul besoin de bulletins officiels pour les colliger et les promulguer. Quelques tablettes de bois ou d'airain suffisaient à leur enregistrement, comme à leur publication.

> ...Fuit hæc sapientia quondam,
> ...Leges incidere ligno.
>
> (HOR.)

> ...Verba minantia fixo
> Ære ligabantur...
>
> (Ov.)

Il en fut ainsi à Rome de la loi des Douze-Tables, alors que les malfaiteurs y étaient encore assez rares, et que le juste et l'honnête n'y dominaient pas moins par les bons instincts du pays que par l'autorité des lois (1). Heureux temps, disait Juvénal, où Rome pouvait se contenter d'une seule prison !

> Felices proavorum atavos, felicia dicas
> Sæcula, quæ quondam, sub regibus atque tribunis,
> Viderunt uno contentam carcere Romam.

Longtemps, chez les Romains, les lois se perpétuèrent et se maintinrent dans cette simplicité primitive : non peut-être que, par la suite, elles ne fussent deve-

_____

(1) « Jus bonumque apud eos, non legibus magis, quàm naturà valebat. » (SALUST., Catilina.)

nues insuffisantes, mais parce qu'on tenait pour règle que, plus elles étaient anciennes, plus elles avaient de force, plus elles étaient respectables et respectées. Le suffrage du temps leur est acquis, disait le jurisconsulte Paul, « suffragium temporis procedit ». Elles se fortifient par leur vieillesse même, disait aussi le poëte Lucain :

Firmatur senium juris... (1)

Aussi pensait-on qu'il n'y fallait toucher que le moins possible. On trouve sur ce point, dans les Pandectes, de nombreux textes, entre autres ceux-ci : « in rebus novis constituendis evidens esse utilitas debet, ut recedatur ab eo jure quod diù æquum visum est.—Quod longis ità servatum est temporibus, et tenuit immutabiliter quomodò non est justum ? » C'est sous la sauvegarde de ses antiques institutions que la République se maintient forte et puissante, disait un proverbe versifié :

Moribus, antiquis stat res romana, virisque.

On en concluait qu'on devait s'en tenir à ces institutions : « mos retinendus est fidelissimæ vetustatis.—Nihil motum ex antiquo probabile est ». Sans doute on pouvait faire mieux que n'avaient fait les anciens ; mais le mieux est souvent l'ennemi du bien, et, d'ailleurs, rien n'est moins facile à trouver que ce mieux : «diffugiendum quidem quod malum est; inveniendum verò quod meliùs est » (2).

Il arriva ainsi que, durant plusieurs siècles, la Répu-

(1) Plusieurs auteurs modernes sont sur ce point de l'avis des anciens. On lit dans les essais de Montaigne (2-12) : « Les lois prennent leur auctorité de la possession et de l'usage ; il est dangereux de les ramener à leur naissance, elles grossissent et s'annoblissent en roulant comme une rivière. Suivez les contremont jusqu'à leur source ; ce n'est qu'un petit sourgeon d'eau à peine recognoissable, qui s'enorgueillit ainsi et se fortifie en vieillissant ». — « Loin de s'affaiblir, dit J.-J. Rousseau, les lois acquièrent sans cesse une force nouvelle dans tout État bien constitué. Le préjugé de leur antiquité les rend chaque jour plus vénérables. » (*Contrat social*, 3, xɪ.)

(2) Par application de ces règles du droit romain et de cette autre maxime du prophète Salomon : Ne transgrediaris terminos antiquos quos posuerunt patres tui » , on disait aussi du temps de nos anciens parlements : « Nefas est quod semel patribus visum est, rursùm in dubium adducere ». — On me saura peut-être gré de noter ici quelques

blique romaine se contenta de ses anciens us et coutumes,
interprétés par les édits des préteurs et par les commentaires des jurisconsultes. Ces mots, *prisco more, more
translatitio, more priorum*, que l'on rencontre fréquemment dans les poésies, étaient alors un argument décisif en faveur des propositions ou des mesures conformes
à l'esprit des monuments traditionnels de cette antique
législation, en même temps qu'un motif de réprobation
de tous projets de réforme qui s'en écartaient.

II. Progrès et développement du Droit.

Mais toutes choses ont leur fin. A force de vieillir,
ces lois primordiales finirent par tomber en décrépi-
tude. «Leges ipsâ vetustate consenuerunt. — Antiquæ
sunt illæ leges et mortuæ », disait Cicéron. Et quand de
nouvelles mœurs amenèrent le besoin de nouvelles institutions, les poètes ne furent pas des derniers à le signaler. Térence faisait dire sur le théâtre que le moment était venu,

> Ex horridâ illâ antiquitate flectere.

Ovide protestait plus tard contre le culte des anciens
usages :

> Prisca juvent alios ; nostris nos utimur annis.

réflexions de Montaigne et de Montesquieu sur ce sujet : « Ez affaires
publicques, il n'est aulcun mauvais train, pourveu qu'il aye de l'aage
et de la constance, qui ne vaille mieulx que le changement et le re-
muement. De nos loys et usances, il y en a plusieurs barbares et mons-
trueuses ; toutesfois, pour la difficulté de nous mestre en meilleur estat et le dangier de croullement, si je pouvais planter une cheville à
nostre roue et l'arrester en ce point, je le ferais de bon cœur. » — « Il est
bien aysé d'accuser une police d'imperfection : Car toutes choses mor-
telles en sont pleines ; et il est bien aysé d'engendrer à un peuple le
mépris de ses anciennes observances. Jamais homme n'entreprinst
cela, qu'il n'en vinst à boult. Mais d'y restablir un meilleur estat en
la place de celuy qu'on a ruyné, à cecy plusieurs se sont morfondus
de ceulx qui l'avaient entreprins. » (MONTAIGNE, *Essais*, 2-17.) — « Il
ne faut point faire de changement dans une loi, sans une raison suf-
sante. » (MONTESQUIEU, *Esprit des lois*.) — « Il y a beaucoup à gagner, en fait de mœurs, à garder les coutumes anciennes... Rappeler
les hommes aux maximes anciennes, c'est ordinairement les ramener
à la vertu. » (*Id.*) — « Les institutions anciennes sont ordinairement
des corrections ; et les nouvelles, des abus. » (*Id.*)

Plus tard encore, Martial réclamait un régime mieux approprié aux mœurs du temps :

> Agnoscat mores vita legatque suos.

Les lois durent, en effet, sortir de leurs vieux erre-ments, et, comme disait Phèdre,

> A pristinâ consuetudine deflectere.

Les législateurs en vinrent à reconnaître eux-mêmes que rien n'était fixe et immuable dans les choses hu-maines, que les lois avaient aussi leurs lois, qu'elles devaient obéir à celle du mouvement, et se modifier sui-vant les exigences des circonstances : «Quid est stabile inter homines, disaient-ils, et itâ immobile, ut nullam pa-tiatur mutationem, cùm omnis noster status sub perpetuo motu consistat. — Divinæ quidem leges perfectissimæ sunt; humani verò juris conditio semper in infinitum decurrit, et nihil est in eâ quòd stare perpetuò possit : multas enim formas edere natura novas deproperat »(1).

Sous l'influence de ces idées nouvelles, de nombreux changements furent apportés aux anciennes coutumes. On en tempéra l'excessive dureté, on les améliora en beaucoup de points : « multa duritiei veterum, dit Ta-cite, meliùs et lætiùs mutata ».

III. Multiplication des lois. -- Ses inconvénients.

Malheureusement, une fois entrée dans la voie des ré-formes et des innovations, la législation ne s'y arrêta plus. Bientôt on la vit se développer et se compliquer. Les lois se multipliaient à mesure que se multipliaient eux-mêmes les vices et les désordres sociaux, et comme elles ne tardaient pas à être débordées par les mauvaises mœurs, sans cesse il s'en produisait de nouvelles ; si bien que le nombre vint à s'en accroître démesurément. Sur quoi Horace, se récriait, en ces vers si pleins de bon sens et de vérité :

> Quid vanæ, sine moribus,
> Leges proficiunt, si malè vivitur ?

(1) Le droit canon, calqué en grande partie sur le droit romain, di-sait aussi : «Non debet reprehensibile videri, si secundùm varietatem temporum, statuta quoque varientur humana ».

Déjà, en effet, sous le règne d'Auguste, et même dans les derniers temps de la République, le peuple romain, suivant l'observation de Tacite, souffrait d'une sorte de pléthore législative : « ut olim flagitiis, sic nunc legibus laboramus ». Et la chose publique en allait pis encore; car, ajoute le même historien, plus il faut de lois à une société, plus elle est corrompue : « Corruptissimæ reipublicæ plurimæ leges » (1). Plus aussi on multipliait les lois, plus on les affaiblissait, plus elles devenaient méprisables pour ceux-là même qui avaient mission de les faire respecter. A l'époque où vivait Cicéron, nombre de sénatus-consultes étaient tombés, quoique non abrogés, à l'état de lettre morte; on ne les exécutait pas, on les laissait dans l'oubli. « Nous avons bien quelque part, disait-il dans l'un de ses discours, certain sénatus-consulte qui prévoit le cas et le réprime; mais c'est une arme dont on ne se sert pas, et qui demeure bien paisiblement enfermée dans son fourreau. » — Habemus enim hujusmodi senatus-consultum; verùmtamen inclusum tabulis, tanquam gladium in vaginâ reconditum. »

Il en advint surtout ainsi à l'époque des Césars, durant laquelle le régime légal dut si souvent céder le pas à celui de la force. Ovide a dit : Les lois ne peuvent rien contre les armes :

...Plus legibus arma valent.

(1) Les mêmes plaintes contre l'excessive multiplicité des lois se sont élevées dans tous les temps. — On lit dans Bacon : «Non sunt pejores laquei quam laquei legum ; si numero immensæ, et temporis decursu inutiles, non lucernam pedibus præbeant, sed retia potiùs objiciant. — Ex contemptu legum obsoletarum, fit nonnulla auctoritatis jactura, etiam in reliquis ; et sequitur tormenti aliud genus Mezentii, ut leges vivæ in complexu mortuarum perimantur ». (De augment. scient.)—«Nous avons en France, disait Montaigne, plus de lois que tout le reste du monde ensemble, et plus qu'il n'en fauldrait à régler tous les mondes d'Epicurus... Les plus désirables lois, ajoute-t-il, ce sont les plus rares, plus simples et générales ; et encores crois-je qu'il vauldrait mieulx n'en poinct avoir du tout, que de les avoir en tel nombre que nous avons.» Essais, 3-13.) — «L'on ajoute vainement édits sur édits, règlements sur règlements ; tout cela ne sert qu'à introduire d'autres abus, sans corriger les premiers. Plus vous multipliez les lois, plus vous les rendez méprisables ». (J.-J. ROUSSEAU, Économie politique.)

Ceci est parfaitement vrai, lorsque discréditées et avilies par l'effet même de leur surabondance, et de l'extrême facilité avec laquelle on les prodigue, elles ont perdu tout leur prestige et leur ascendant moral; et c'est ce qu'Ovide avait eu, pour sa part, l'occasion de constater, exilé qu'il était par l'arbitraire d'un empereur, sans pouvoir obtenir justice de cet abus de pouvoir.

IV. Régime de l'arbitraire.

Quand cet empire de la force vint à se substituer, chez les Romains, à celui des lois, après l'anéantissement des libertés républicaines, quelques voix s'élevaient, çà et là, parmi les écrivains, pour le déplorer, et parfois même pour le signaler à l'animadversion publique. Voici dans quels termes s'en expliquait Cicéron, lors de l'usurpation de César : « Armis oppressa sunt omnia..... nec leges ullæ sunt; nec judicia, nec omninò simulacrum aliquod aut vestigium civitatis ». Il est vrai qu'il n'osait tenir ce langage que dans l'intimité d'une correspondance, qui vraisemblablement n'était point destinée à la publicité, de son vivant. Les muses latines étaient plus braves. On peut en juger par les citations suivantes, qui sont extraites de poésies écrites et publiées sous les règnes d'Auguste, de Tibère, de Néron et autres :

> Non metuunt leges; sed cedit viribus æquum ;
> Victaque pugnaci jura sub ense jacent.
>
> (Ov.)
>
> ...Leges siluere coactæ.
> (*Id.*)
>
> Jura silent, mutæque tacent sine vindice leges.
> (AD LIVIUM.)
>
> Jus est in armis; opprimit leges timor.
> (SEN., *Trag.*)
>
> ...Mensuraque juris,
> Vis erat...
> (LUCAN.)
>
> Vis collitur, jurisque locum sibi vendicat ensis.
> (SIL. ITAL.)

1.

> ... Legesque silentes,
> Clausaque justitio tristi fora...
>
> (Lucan.)
>
> ...Viduatæ judice leges.
>
> (Claudian.)
>
> ...Gladii cùm triste minantes,
> Judicium insolitâ trepidum cinxere coronâ.
>
> (Id.)
>
> Nullaque calcati juris vestigia restant.
>
> (Id.)

On voit par ces citations que les poëtes latins, ou du moins quelques-uns d'eux, n'avaient que fort peu de goût pour le régime du sabre, le considérant comme l'opposé du juste, comme le contrepied du droit,

> Dissuasor justi gladius... [1]
>
> (Lucan.)

et qu'à la faveur des licences poétiques, ils ne se gênaient pas trop pour exprimer leur mécontentement, à l'aspect de la loi violemment réduite au silence, de la justice forcément interrompue dans son cours, des tribunaux fermés et déserts, ou ne jugeant plus que sous la pression des épées menaçantes.

V. Seuls cas dans lesquels la loi peut être violée.

Ce n'était pourtant pas qu'ils poussassent le rigorisme de la légalité, jusqu'à prétendre que jamais la loi ne dût fléchir ou rester inobservée. Quelque sacré que soit son pouvoir, il est des circonstances dans lesquelles il est permis de le méconnaître ou de l'oublier, lors, par exemple, qu'il s'agit du salut de la patrie [2]. En de tels cas, comme l'a dit Cicéron, « silent leges inter arma, nec se exspectari jubent ». La loi suprême est celle de la nécessité, qui contraint toutes les autres. « Necessitas cogit legem. » Le parnasse latin admettait

---

[1] Les jurisconsultes romains qualifiaient à peu près de même la justice militaire de ce temps là. On lit dans le Code : « Arma magis quàm jura scire milites, sacratissimus legislator existimavit ».

[2] Le devoir le plus saint, la loi la plus chérie
Est d'oublier la loi, pour sauver la patrie. (Voltaire, Catilina.)

cette maxime ; un poëte, je ne sais lequel, l'a exprimée
en ces termes :

> Observat nullam res urgentissima legem ;
> Legibus impositis omne necesse caret. (1)

VI. Autorité de la loi. — Respect qui lui est dû.

Mais, en dehors de ces rares exceptions, les poëtes tenaient fermement pour le principe de la légalité
et voulaient que le sabre lui-même y fût soumis :

> ...Servirent legibus enses.
> (CLAUD.)

C'est, du reste, ce que voulait également une disposition des Novelles, ainsi conçue : « Leges etiam in ipsa
arma imperium habere volumus » (2).

En effet, les liens de la loi « vincula juris », suivant
l'expression de Lucain, enchaînent indistinctement
tous les citoyens. Tous sont égaux devant elle ; tous
lui doivent pareillement obéissance. Si haut placé que
l'on soit, on ne saurait se soustraire à son empire.
Cette règle était nettement formulée dans le droit romain, notamment par les textes suivants : « Legibus
similiter omne hominum genus tenetur. — Jura, non
in singulas personas, sed generaliter constituun-
tur ». Cicéron, de son côté, la posait en ces termes plus
remarquables : « Legis hæc vis est, ut scitum sit et jus-
sum in omnes. — Leges sunt inventæ, quæ cum omnibus unâ atque eâdem voce loquerentur ». Tite-Live
la reproduisait aussi dans différents passages de son
histoire, où on lit : « Lex, res surda, inexorabilis.—Lex
nec causis, nec personis variat. — Nemo unus civis
tantùm eminere debet, ut legibus interrogari non possit ». Ce grand principe de l'égalité de tous les citoyens
devant la loi était, comme on le voit, proclamé sous
bien des formes diverses. Mais je n'en connais pas de

---

(1) L'auteur de ce distique avait sans doute en vue la règle du
droit romain qui est ainsi conçue : « Necessitas non habet legem, sed
se ipsa legem facit, cùm nulli legi subjecta sit ».

(2) Quintilien disait aussi : «Ubi judex est, arma nihil valent.— In
eo quod in judicium deduci potest, nihil valet jus belli ».

meilleure formule que celle qui nous est donnée par
Ovide dans cet hémistiche, qu'on dirait avoir été traduit
par un article bien connu de nos chartes constitution-
nelles :

> ...Ex æquo lex obligat omnes.

Sur ce point capital de droit public, la poésie latine
était donc parfaitement d'accord avec les jurisconsultes.
Par suite, elle décidait que les premiers sujets de la loi
devaient être ceux-là mêmes qui l'avaient décrétée ou
qui avaient mission de la faire exécuter. En effet, comme
l'a dit un écrivain moderne (1) : « Le plus pressant in-
« térêt du chef, de même que son devoir, est de veiller
« à l'observation des lois dont il est le ministre, et sur
« lesquelles il fonde toute son autorité. S'il doit les
« faire observer aux autres, à plus forte raison doit-il
« les observer lui-même, qui jouit de toute leur faveur ».
Cette vérité n'était point méconnue en principe par certains législateurs de l'empire romain, car ils faisaient
écrire dans le Code : « Digna vox est majestate regnan-
tis, legibus alligatum se principem profiteri ; adeo de
auctoritate juris nostra pendet auctoritas, et reverà
majus imperio est submittere legibus principatum... et
oraculo præsentis edicti, quod nobis licere patimur
aliis indicamus ». Ce langage exprimait d'excellentes
intentions ; mais, en fait, les choses ne se passaient pas
toujours ainsi qu'on prenait l'engagement de les conduire ; et souvent on voyait des princes violer eux-mêmes
les lois qu'ils avaient faites, « suarum legum auctores
ac subversores » ; ce qui faisait dire à Tite-Live : « Ne
suæ legi lator desit, » et au poëte Ausone :

> Pareto legi, quisque legem sanxeris ;

précepte qu'un autre poëte développait ainsi qu'il suit :

> In commune jubes si quid censesve tenendum,
> Primus jussa subi : tunc observantior æqui
> Fit populus ; nec ferre timet, cùm viderit ipsum,
> Authorem parere sibi...
>
> (CLAUD.)

Ceci, comme on le remarque, s'écrivait à l'époque où

(1) J.-J. ROSSEAU. Economie politique.

le pouvoir législatif était concentré tout entier dans la personne du chef de l'Etat, en vertu de la loi Regia, d'après laquelle tout était régi par des constitutions impériales, sous forme d'édits, de décrets ou de rescripts (1). On disait alors : « Quod principi placuit, legis habet vigorem. — Tam conditor quàm interpres legum solus imperator »; d'où est venue la maxime : A Deo rex, a rege lex ; et cette autre de notre ancien droit : Si veut le roi, si veut la loi, sur le sens de laquelle on a tant discuté et équivoqué. Quelle était la véritable signification de cette dernière maxime ? Voulait-elle dire que le souverain pouvait, à son gré, se mettre au-dessus de la loi, ou bien seulement qu'il ne pouvait vouloir que ce que voulait la loi ? Un poëte latin a tranché la question dans le sens de l'interprétation la plus libérale. Il a dit :

Quæ vult rex fieri, sanctæ sint consona legi.

Plus d'une fois il est arrivé aux gouvernants de créer certaines lois pour en mésuser à leur profit. « Sibi leges aptas faciunt », disait Tite-Live. Horace faisait la même remarque :

Juraque constituère, ut vellent legibus uti ;

De là, cette déplorable conséquence, que la loi même devient un abri pour les méfaits,

...Legesque per ipsas
Sævit nequities...
(MANIL.)

ou, comme l'a dit Tacite, qu'il se commet des crimes, en vertu de sénatus-consultes et de plébiscites : « Ex senatus-consultis et plebiscitis scelera exercentur » (2).

De pareils législateurs méritaient assurément tout le

(1) Cum lege regià quæ de ejus imperio lata est, populus ei et in cum omne imperium suum et potestatem concessit. Quodcumque ergo per epistolas constituit, vel cognoscere decrevit, vel edicto præcepit, legem esse constat. Hæ sunt quæ constitutiones appellantur. (DIGEST.)

(2) Il n'y a point de plus cruelle tyrannie, dit Montesquieu, que celle que l'on exerce à l'ombre des lois, et avec les couleurs de la justice; lorsqu'on va pour ainsi dire, noyer des malheureux sur la planche même sur laquelle ils s'étaient sauvés. (Grandeur et décadence des Romains.)

courroux de la poésie. Aussi Virgile lui-même, l'inof-
fensif Virgile, plaçait-il dans le Tartare, au nombre des
damnés, celui qui, abusant ainsi de son pouvoir, avait
fait ou abrogé des lois au gré de son avarice :

> Qui... fixit leges pretio atque refixit.

Du reste, ce n'était pas seulement aux chefs des nations que les poëtes prêchaient le respect des lois et du
droit. A leurs yeux, nul n'était honnête homme, à quelque degré de l'échelle sociale qu'il fût placé, qu'à la
condition de les observer strictement :

> ...Vir bonus est quis?
> Qui consulta patrûm, qui leges juraque servat.
> (Hor.)

à tous enfin s'adressait ce précepte versifié :

> Respice quid moneant leges, quid curia mandet.
> (Juv.)

VII. Moyen de faire respecter les lois.

Mais quel est pour le gouvernement le plus sûr
moyen d'obtenir, de la part des populations, ce respect
de la légalité? C'est de faire en sorte que les lois n'aient
rien qui répugne à l'esprit de la nation, ni qui choque
sa manière de penser; car, ainsi que le fait observer
Montesquieu, nous ne faisons rien de mieux que ce que
nous faisons librement, et en suivant notre génie naturel (1). Il faut donc que les lois soient mises en rapport avec le caractère et le tempérament de chaque peuple, « dirigendæ leges ad hominum naturam » (2). De la
sorte, l'obéissance est plus complète et plus générale,
par cela même qu'elle est plus volontaire. C'est sans
doute ce que Térence entendait exprimer par ce vers,
qui peut servir de règle à tous les législateurs :

> Quod vos jus cogit, id voluntate ut impetrem.

VIII. Non-rétroactivité de la loi.

Ajoutons ici que c'est encore à Térence que revient l'honneur d'avoir inscrit dans le Code poétique

_____

(1) Esprit des lois, 19-5.
(2) Cic. De legibus.

l'une des règles fondamentales de toute bonne législation, celle de la non-rétroactivité des lois, posée en tête de notre Code civil, dans des termes assez semblables à cette remarquable formule d'Aulu-Gelle : « In ante acta lex non valet ». Térence a dit dans l'une de ses pièces de théâtre :

> Mihi non videtur quod sit factum, legibus
> Posse rescindi...

Ne croirait-on pas lire une décision de Papinien ou de quelque autre jurisconsulte romain ?

Ces prolégomènes sur l'origine et les progrès du droit, et sur quelques-uns des principes généraux qui doivent régir toute législation, nous conduisent naturellement aux matières de droit civil qui sont classées dans la seconde partie. Suivons nos poëtes sur ce terrain, où nous trouverons plus d'une trace de leurs excursions.

DEUXIÈME PARTIE.

DROIT CIVIL ET PROCÉDURE CIVILE.

§ 1er. — *Du Mariage.*

I. Faveur accordée au mariage.

Occupons-nous d'abord des institutions de droit civil, qui touchent à l'état des personnes, et, en premier lieu, de celle du mariage.

Le mariage est un des objets de législation dont les fondateurs de républiques ont dû se préoccuper le plus vivement; car il est la base et le principe de toute société organisée. « Prima societas, dit Cicéron, in ipso conjugio est; proxima in liberis : deindè una domus, omnia communia. Id autem est principium urbis, et quasi seminarium reipublicæ. » Les législateurs romains faisaient la même observation; on lit dans les Pandectes : « Nihil in rebus mortalium perindè venerandum est atque matrimonium; quippè ex quo liberi, omnisque deinceps sobolis series existat; quod regiones atque civitates frequentes reddat; undè denique optimæ reipublicæ coagmentatio fiat ». Aussi, à Rome, les lois favorisaient-elles le mariage et la procréation d'enfants légitimes. « Augeri nostram rempublicam », est-il dit au Code, « et multis hominibus legitimè procreatis frequentari volumus. — Pro liberorum procreatione, multa nostris legibus inventa sunt privilegia. » Par contre, elles réprouvaient le célibat et le prohibaient autant qu'il était en elles : « Cælibes esse prohibento ». L'amende, dite *uxorium*, sanctionnait cette prohibition (1). On alla plus loin : par les lois Julia et Pappia Poppœa, on déclara les célibataires incapables

---

(1) « Uxorium pendebat, qui, quod uxorem non habebat, æs populo dabat. » (Festus.)

de rien recevoir par testament, et l'on réduisit à moitié
les legs faits au profit de ceux qui, mariés, n'avaient
point de progéniture (1).

Ces lois ne passèrent pas sans difficulté. Longtemps
le sénat hésita à les adopter. C'est ce qui explique le
passage suivant d'une ode d'Horace, dans lequel le poëte
fait dire à un chœur de jeunes filles :

> Diva, producas sobolem, Patrumque,
> Prosperes decreta super jugandis
> Feminis, prolisque novæ feraci,
>   Lege maritâ.

La plupart des poëtes latins venaient en aide à ces
dispositions législatives, en cherchant à détourner du
célibat ceux qui, partageant l'opinion exprimée dans
le vers suivant de Cornelius Gallus, persistaient à pré-
férer leur indépendance au mariage :

> Et mihi dulce magis resoluto vivere collo.

Vivre dans le célibat, leur disait Virgile, c'est vivre
de la vie des brutes :

> ...Thalamis expertem sine crimine vitam
> Degere, more feræ... (2)

Le célibat, disait un autre, est sans avenir : de graves
peines lui sont réservées :

> ...Pœnæque graves in cælibe vitâ.
>   (AUSONF.)

De ces peines, la plus sensible est de ne point connaître les douces joies de la paternité :

> Nec dulces natos, veneris nec præmia nòris.
>   (VIRG.)
> ...Nullus tibi parvulus aulâ,
> Luserit œneas, nec filia dulcior illo.
>   (JUV.)

---

(1) « Locupletes ad tollendos pueros ingentia præmia et pares
pœnæ cohortantur. » (PLINE LE JEUNE, Panégyrique de Trajan.) —
« Leges hæ, quæ mulctâ cælibes notarunt, parentes præmiis hono-
rarunt, verè dicuntur esse fondamenta reipublicæ, quia seminarium ju-
ventutis et quasi fontem humani corporis semper romanis exercitibus
ministrarunt. » (Panégyrique de Maxime et Constantin.)

(2) C'est ainsi que Quintilien interprète ce passage de Virgile :
« Sine thalamis vitam, non hominum putat, sed ferarum ».

Que vous vous trouviez retenu au lit par suite d'un accident de santé, vous n'avez là personne, si vous êtes célibataire, pour vous assister, pour vous prodiguer de tendres soins, et pour appeler, au besoin, le médecin. Que si, au contraire, vous avez femme et enfants, ces secours ne vous manqueront pas :

> At si condoluit tentatum frigore corpus,
> Aut si alius casus lecto te afflixit, habes qui
> Assideat, fomenta paret, medicum roget, ut te
> Suscitet...
>
> (HOR.)

Ces encouragements au mariage rencontraient, il est vrai, parmi les poëtes, quelques malicieux contradicteurs, entre autres, Juvenal qui s'est appliqué, comme on sait, à faire ressortir, dans l'une de ses satyres, les misères de la vie conjugale, laquelle, selon lui, a souvent plus d'amertume que de douceur :

> Plus aloes quàm mellis habet...

mais le mal qu'il en dit avait moins pour but de déconseiller le mariage que de dénigrer les mœurs de certaines matrones de son temps, et de signaler les inconvénients et les dangers d'un choix fait avec peu de circonspection. Le mariage, d'ailleurs, était trop conforme aux instincts naturels, trop nécessaire à l'existence des sociétés, il était trop dans les mœurs, pour que l'on pût sérieusement songer à faire de la propagande en faveur du célibat. Toujours on en a médit, et toujours on s'est marié, comme toujours on se mariera. Juvenal lui-même le constate en ces termes :

> ...Nos amicorum
> Impulsu et cœcà magnâque cupidine ducti,
> Conjugium petimus, portumque uxoris...

En effet, ne fût-ce que par imitation et par soumission à la coutume, ceux-là mêmes qui ne sont point enclins au mariage finissent, à bien peu d'exceptions près, par s'y laisser entraîner tôt ou tard (1). Horace, qui pourtant ne prêcha pas personnellement d'exemple, (car il resta célibataire, mais peut-être malgré lui), re-

_____

(1) De mon desseing, dit Montaigne, j'eusse fuy d'espouser la sa-

connaît, comme Juvenal, que le célibat n'a que bien peu d'adeptes fermement et invariablement résolus à lui demeurer fidèles jusqu'au bout. On ne hait le mariage, dit-il, qu'alors qu'on est marié ; ne l'est-on pas, on le désire, on regrette de ne pas l'être :

> ...Lectus genialis in aulâ est?
> Nil ait esse priùs meliùs nil cælibe vitâ :
> Si non est, jurat benè solis esse maritis.

Loin donc de contrarier le penchant naturel qui porte les hommes au mariage, les poëtes latins, d'accord avec les législateurs, s'y montraient généralement favorables, et se plaisaient plus à tracer de riants tableaux de la société conjugale, qu'à la peindre sous son mauvais côté. J'en pourrais citer mille exemples, mais cette digression m'éloignerait de mon sujet. C'est à la partie légale de l'institution que je dois particulièrement m'attacher.

II. Conditions requises pour contracter mariage.

Sur les qualités et conditions requises pour pouvoir contracter mariage, la poésie latine ne s'écartait pas des règles posées par la loi romaine. La loi romaine ne le permettait qu'aux garçons parvenus à l'usage de puberté « masculi puberes », et aux filles devenues nubiles « feminæ viripotentes ». Pour les filles non encore adultes, Horace donne ainsi la raison de cette sage restriction :

> Nondùm subactâ ferre jugum valet
> Cervice, nondùm munia comparis æquare...
>   ...Nec tauri ruentis
> In venerem tolerare pondus.

L'âge nubile, suivant Virgile, est celui de la vierge parfaitement mûre pour la couche nuptiale :

> Jàm matura toro, jàm plenis nubilis annis.

gesse mesme, si elle m'eust voulu ; mais nous avons beau dire, la coutume et l'usage de la vie commune nous entraînent. (*Essais*, 3-5.)

> .....Pourtant j'ai reconnu
> Que sous ce joug moqué tout à la fin se range ;
> Qu'à ce commun filet les railleurs même pris,
> Ont été très-souvent de commodes maris.   (BOILEAU, *Sat.* 10.)

Ovide, Stace et Claudien le définissent exactement de même. Ainsi que Virgile, ils n'admettent la nubilité qu'après l'entier accomplissement du nombre d'années nécessaires pour la faire présumer.

La loi romaine prohibait le mariage entre parents, jusqu'à un certain degré, et qualifiait d'inceste toute union de ce genre. Ovide faisait la même défense, au nom de la nature :

> ...Neve parentis
> Concubitu velito naturæ polluc fœdus.

L'inceste était, chez les Romains, un crime sévèrement punissable; mais aux peines qui le réprimaient sur la terre, Virgile ajoutait celles de l'autre monde. Au nombre des damnés, voués à l'éternel supplice des enfers, il montrait un père qui avait osé souiller le lit de sa propre fille, en contractant avec elle un hymen défendu par toutes les lois divines et humaines :

> Qui thalamum invasit natæ vetitosque hymenæos;

sanction formidable, et qui, plus encore que celle des pénalités terrestres, devait faire respecter les dispositions législatives ayant pour objet de circonscrire le mariage dans les limites que prescrivaient la morale et la nature elle-même.

III. Consentement des futurs et de leurs parents.

La principale condition du mariage, c'est le libre consentement des futurs; c'est aussi celui des parents, en la puissance desquels ils sont placés. « Nuptiæ consistere non possunt, nisi consentiant omnes qui coeunt, quorumque in potestate sunt » : ainsi s'exprimait la loi romaine.

Il est à croire qu'à l'époque où la puissance paternelle était, à Rome, dans toute sa force, les parents, « nuptiarum auctores », avaient une influence décisive sur l'établissement par mariage de leurs enfants, et que ceux-ci n'osaient que bien rarement refuser le parti dont le chef de famille avait fait choix pour eux. Térence faisait dire à un fils que son père mariait contre son gré :

> Nunquàm ausus sum recusare eam quam mihi obtrudit pater;

et l'on peut induire de ce passage que la volonté paternelle était toute puissante, souvent même tyrannique,
en pareil cas.

Toutefois, il se rencontre dans les poésies plus d'un
texte qui autorise l'induction contraire, ou qui, du
moins, permet de penser qu'on ne mariait pas les enfants sans les consulter.

En voici un qui m'est fourni par Ovide.

> ...Consultaque qualem
> Optet habere virum...

Il semble même, d'après les passages suivants, que
certaines filles à marier se montraient fort difficiles.

> Multi illam petiêre ; illa aversata petentes...
> (Ov.)
> Quos ego sim toties tot dedignata maritos.
> (Virg.)

Quelques autres documens poétiques nous montrent
que, sur la question matrimoniale, les enfants n'étaient
pas toujours d'accord avec ceux de leurs parents dont
le consentement était requis, et que, lorsqu'ils avaient
une inclination, ils supportaient difficilement qu'on
leur imposât un autre parti que celui qui leur tenait au
cœur.

> Omnes qui amant, graviter sibi uxorem dari ferunt.
> (Ter.)

Les extraits qui suivent sont autant d'applications de
cette réflexion sentencieuse :

> Emoriar, si non hanc uxorem duxero.   Ter.)
> ...Ego ducam, pater;
> Etiamsi quam aliam jubebis...
> (Plaut.)
> Ego illum unum mihi exoptavi, quicum ætatem degerem.
> (Id.)
> Unus erat cum quo sociare cubilia vellem.   (Ov.)

Tout ceci me paraît prouver que, dans les questions de
mariage, les enfants, filles ou garçons, ne se laissaient
pas toujours imposer le choix de leurs parents, quand
ils avaient, eux-mêmes, fait le leur.

Quelquefois un père avait à sévir contre son fils, qui,

s'étant follement épris d'une courtisane, refusait un parti
richement doté:

> ...Pater ardens
> Sævit, quod meretrice nepos insanus amicâ
> Filius, uxorem grandi cum dote recuset.
>
> (Hor.)

Parfois aussi, des mariages d'amour se contractaient
ou se négociaient en dehors ou contre le gré des parents,
par des enfants en leur puissance; du moins s'en pro-
duisait-il sur la scène, où Térence mettait les vers que
voici dans la bouche de personnages devenus ou menacés
de devenir, malgré eux, l'un beau-père, l'autre belle-
mère:

> Itàne tandem uxorem duxit injussu meo?
>
> ...Nùm illa oppignerare filiam,
> Meam, me invitâ, potuit?

Mais ces transgressions du droit qu'avait le chef de
famille de mettre obstacle au mariage de l'enfant placé
sous sa dépendance, quand ce mariage n'avait pas son
agrément, ne devaient être que des accidents peu ordinaires, à l'époque où vivait Térence. On disait alors, et
c'est Térence lui-même qui écrivait cette sentence:

> Parenti potiùs, quàm amori, obsequi oportet.

IV. Dot.

Le chef de famille avait, d'ailleurs, entre autres
moyens de faire respecter son veto, celui de refuser la
dot. Il paraît même que bon nombre de pères, abusant
de cette faculté, empêchaient leurs enfants de se marier, afin de n'avoir pas à les doter, ou ne les laissaient
se marier à leur guise, qu'à condition que la dot ne fût
point de la partie:

> Quô lubeat nubant, dùm dos non fiat comes.
>
> (Plaut.)

Ce fut sans doute cet abus qui donna naissance à
cette étrange constitution des empereurs Sévère et An-
tonin:

« Qui liberos, quos habent in potestate, injuriâ pro-
hibuerint ducere uxores, vel nubere, vel qui dotem

dare non volunt, ex constitutione D. Severi et Antonini,
per proconsules præsidesque provinciarum cogantur
in matrimonium collocare. »

Comment les proconsuls et les présidents des pro-
vinces s'y prenaient-ils pour faire exécuter une pareille
loi, pour contraindre un père à marier et doter ses enfants ? J'avoue que je m'en fais difficilement une
idée (1). Ce n'était, du reste, selon toute apparence,
qu'une disposition comminatoire : car on en trouve le
correctif dans un autre texte des lois romaines, où il est
dit : « Sine dote nuptiæ possunt celebrari ». Mais si la
dot n'était pas strictement obligatoire de par la loi, elle
l'était de par les usages et les mœurs. Marier une fille
sans la doter, c'était s'exposer à faire dire de soi qu'on
la donnait en concubinage plutôt qu'en mariage :

> Ne mî hanc famam differant...
> Me germanam meam sororem,
> In concubinatum tibi sic sine dote dedisse,
> ...Magis quàm in matrimonium.
> (PLAUTE.)

Bien plus, une fille sans dot n'était point mariable,
ou, du moins, courait grand risque de demeurer pour la
prisée ;

> ...Virginem habeo grandem dote cassam,
> Atque illocabilem ; neque eam queo locare cuiquam ;
> (PLAUTE.)

à moins qu'elle n'eût le bonheur de rencontrer quelqu'un de ces prétendants qui cherchent l'honnête pauvreté sans dot :

> ...Probamque
> Pauperiem sine dote quæro.
> (HOR.)
> Nihil dos nos movet...
> (TER.)

et qui tiennent pour suffisamment dotée la vierge pour-
vue de bonnes qualités et de bonnes mœurs ;

> Virgo, dummodò morata rectè veniat, dotata est satis.
> (PLAUT.)

(1) Nos législateurs n'ont point admis cette disposition des lois romaines. On sait que le Code Napoléon refuse à l'enfant toute action
contre le père, pour un établissement par mariage, ou autrement.

> Probitas pudorque virgini dos optima est.
>
> (Ter.)

mais ces prétendants-là étaient bien rares dans l'ancienne Rome. On y disait, il est vrai, comme on l'a souvent répété depuis, que rien n'est plus intolérable qu'une femme richement dotée :

> Intolerabiliùs nihil est quàm fœmina dives;
>
> (Juv.)

On y admettait comme règle qu'accepter une dot, c'était abdiquer l'autorité maritale :

> Argentum accepi, dote imperium vendidi;
>
> (Plaut.)

et que toute femme, apportant une dot, manque rarement de tyranniser et de tourmenter son mari;

> Dotatæ mulctant malo et damno viros.
>
> (Plaut.)

> Dotata virum regit conjux ;
>
> (Hor.)

tandis qu'au contraire une femme sans dot est ordinairement soumise :

> Quæ indotata est, ea in potestate viri est.
>
> (Plaut.)

On écrivait, on publiait ces vérités en prose comme en vers; mais les beaux yeux de la cassette n'en ont pas moins toujours prévalu ; et, comme disait Juvénal, en fait de mariage, c'est encore dans le coffre-fort que l'amour trouve ses meilleures flèches :

> ... Veniunt a dote sagittæ.

Quel était à Rome le chiffre ordinaire des dots? Dans le bon temps de la République, il était des plus modestes; mais, sous l'Empire, il avait pris des proportions assez élevées. On ne tenait pour sortable qu'une dot d'un million de sesterces, équivalant, si je ne me trompe, à deux cent et quelques mille francs de notre monnaie ; c'est ce que l'on peut induire des extraits suivants d'Horace, de Juvénal, et de Martial :

> ... Huic tu si decies centena dedisses.
>
> (Hor.)

> ... Ritu decies centena dedisti,
> Antiquo...
>
> (Juv.)

> Centena decies quæ tibi dedit dotis.
>
> (Mart.)

V. Formalités de la célébration du mariage.

Arrivons au chapitre des formalités du mariage.

A Rome, les noces *nuptiæ* étaient précédées des fiançailles *sponsalia*, lesquelles sont ainsi définies par le Digeste : « Sponsalia sunt mentio et repromissio futurarum nuptiarum ». Les fiançailles avaient toute la solennité d'un contrat, sans pourtant en avoir les effets obligatoires (car il était permis de s'en dédire); il y fallait le concours de tous ceux dont le consentement était requis pour la célébration même du mariage : « In sponsalibus, etiam consensus eorum exigendus est, quorum in nuptiis desideratur ». C'était lors de ces premiers accords que se formaient les conventions matrimoniales *nuptialis pactio;* c'était à ce moment aussi que se donnaient et l'anneau nuptial *pronubus annulus,* et les cadeaux de noces *nuptialia dona,* ou, comme dit Juvénal,

> ... Illud
> Quod primâ pro nocte datur...

Le passage suivant de l'une des satyres de ce poëte relate assez exactement la cérémonie des fiançailles :

> Conventum tamen et pactum, et sponsalia nostrâ
> Tempestate paras; jamque à tonsore magistro
> Pecteris, et digito pignus fortassè dedisti.

Térence s'en explique également, mais en termes plus sommaires. Il fait dire à l'un de ses personnages, dont la négociation matrimoniale a été rapidement menée :

> Placuit; despondi : hic nuptiis dictu' est dies.

Au jour fixé pour les noces, comment était-il procédé à leur célébration? D'après Ovide, c'était par la jonction de la main droite de chacun des deux époux :

> Utque fide pignus, dextras utriusque poposcit,
> Inter seque datas junxit...

2

il était, sans doute aussi, prononcé quelque formule
sacramentelle, pareille à celle que mentionne Virgile
en ces vers :

> Conjugio jungam stabili, propriamque dicabo,
> Omnes ut tecum, meritis pro talibus, annos
> Exigat, et pulchrâ faciat te prole parentem.

On sait, du reste, que, chez les Romains, comme chez
les Grecs, le flambeau nuptial était l'emblème de la
consécration de l'hymen, et qu'il devait accompagner les
époux jusqu'à la conclusion finale, comme pour témoigner qu'ils ne cesseraient de brûler l'un pour l'autre du
même feu et d'une flamme aussi pure. Nombre de vers
latins témoignent de cet usage, entre autres, ceux-ci :

> Mopse, novas incide faces; tibi ducitur uxor.
>   (VIRG.)
> Præluxere faces; velarunt flammea vultus.
>   (HOR.) [1]
> Me tibi, teque mihi tæda pudica dedit.
>   (OV.)
> Optato nos junxit lumine tæda.
>   (CATULL.)

VI. Acte de mariage.

Était-il dressé acte, entre les parties, et de la célébration du mariage, et des conventions qui l'avaient pré-
cédée? La loi n'en faisait point une obligation, le consentement des futurs époux et de leurs parents étant
parfaitement suffisant pour la validité de l'union; mais
il y a tout lieu de croire qu'il était habituellement tenu
note des conventions matrimoniales et de la célébration
des noces dans des tablettes appelées « tabulæ nuptiales ».
Ceci me paraît résulter du passage suivant de l'une des
satyres de Juvénal :

> ... Legitimis pactam junctamque tabellis.

Dans le même poète, nous lisons que les tablettes

---

(1) Il résulte de ce vers d'Horace, que la future cachait son visage
sous un voile. Cet usage existait aussi chez les Grecs, auxquels les Romains l'avaient emprunté. Chez nous, les futures portent encore le
voile; mais il ne leur sert plus à se voiler.

étaient signées par des témoins, et par l'augure ou l'auspice qu'on avait coutume de faire intervenir dans les cérémonies du mariage :

... Veniet cum signatoribus auspex.

Au surplus, ainsi que le témoigne encore un autre passage de Juvénal, les mariages devaient être authentiqués par une mention dans les actes ou registres publics,

Fient ista palàm, cupient et in acta referri,

disait le satyrique, à propos d'une infâme parodie matrimoniale, qui faisait grand scandale de son temps (1).

VII. Devoirs des époux.

Le mariage accompli,

Ubi locata est virgo in matrimonium,
(PLAUT.)

le mari emmenait sa femme chez lui,

Uxorem deducit domum;
(TÉR.)

et alors commençaient pour celle-ci de nouveaux devoirs. L'autorité de ses parents cessait à son égard, ou, du moins, devait céder le pas à celle de son époux : « certo jure utimur, disaient les jurisconsultes, ne bene concordantia matrimonia jure patriæ potestatis turbentur ». La poésie disait de même :

.. Postponendique parentes
Conjugibus...
(VICTOR.)

En principe, le commandement appartenait au mari, et la femme lui devait obéissance : « mulier viro subdita

(1) Il en était de même de la naissance des enfants issus du mariage ; elle devait être également constatée par les actes publics. On en trouve la preuve dans l'extrait suivant de Juvénal :

...Libris actorum spargere gaudes
Argumenta viri...

esse debet, non vir mulieri » (1). Le mimographe Publius Syrus, que j'aurai fréquemment à citer dans le cours de ce travail, posait en règle que, pour une chaste épouse, le moyen de commander était dans la soumission, c'est-à-dire, sans doute, dans la complaisance et la douceur :

> Casta ad virum matrona, parendo imperat (2) ;

Son office était, selon Tertulien, de gouverner la bourse et d'en garder les clefs « officium matrisfamilias regere loculos, custodire claves »; sur elle incombaient tous les soins intérieurs du ménage ; elle en supportait tout le poids, avec l'aide du mari qui lui servait de soutien :

> Femina gestat onus, quod sustinet ipse maritus (3).

plus soucieuse de sa cuisine que de ses plaisirs,

> Nec tantùm veneris, quantùm studiosa culinæ,
> (Hor.)

elle devait s'appliquer à faire prospérer les affaires de la maison par l'assiduité de son travail, par ses veilles et par son économie, de manière à toujours pouvoir conserver intact le lit conjugal, en se mettant à l'abri des mauvaises tentations du besoin, et subvenir à la subsistance et à l'éducation de ses enfants.

> ...Cinerem et sopitos suscitat ignes,
> Noctem addens operi, famulasque ad lumina longo
> Exercet penso, castum ut servare cubile
> Conjugis, et possit parvos educere natos.
> (Virg.)

Ne point se prodiguer au dehors, rester chez elle, constamment occupée de ses fonctions domestiques, tel était son premier titre à la réputation de chasteté :

> ...Casta domi persederat uxor.   (Propert.) (4)

(1) On lit dans le *Panégyrique de Trajan* par Pline le Jeune : « Uxori sufficit obsequii gloria. »

(2) J.-J. Rousssseau a dit dans le même sens : « L'empire de la femme est un empire de douceur, d'adresse et de complaisance. Ses ordres sont des caresses, ses menaces sont des pleurs. » (Emile, L. 5.)

(3) Ce vers est la traduction d'une maxime grecque, qu'on a latinisée, comme beaucoup d'autres. J'en relèverai quelques-unes dans la suite de ma compilation.

(4) C'était l'éloge qu'on faisait de Lucrèce : « Domi mansit, lanam trahens. »

C'est par la pratique de ces bonnes règles, disait Alcime, que les saintes lois du mariage se maintiendront inviolables dans tous les âges :

> Tùm lex conjugii, toto venerabilis ævo,
> Intemerata suo servabitur ordine cunctis.

Les historiens rapportent que cette austérité conjugale régna plus de 500 ans dans l'ancienne Rome, et que, durant ce long laps de temps, bien que le divorce par simple répudiation fût autorisé par les lois, pas une seule fois il n'y fut fait usage de cette faculté (1); d'où il est permis d'inférer que les femmes mariées prenaient alors tous leurs devoirs au sérieux, et que le régime matrimonial de cette époque recevait à bon droit de Tacite l'honorable qualification de « severa matrimonia ».

VIII. Relachement des liens du mariage.

Mais il advint, par la suite, que la femme s'émancipa, et que l'autorité maritale perdit beaucoup de sa force. Les dames romaines finirent par se plaindre de l'injustice des maris, qui, sous prétexte des fautes commises par un petit nombre d'entre elles, les prenaient toutes indistinctement en aversion :

> Næ nos mulieres, sumus æquè omnes invisæ viris,
> Propter paucas quæ omnes faciunt ut dignæ videamur malo.
> (Terent.)

Les maris, il est vrai, les traitaient parfois assez mal, s'il faut en croire ce passage de l'Anthologie :

> ... Tibi dorsa flagellis
> Conscindat conjux...

Elles s'en vengèrent tout d'abord par l'insoumission.

---

(1) « Erat olim summa reverentia cum concordiâ et diligentiâ mixta. Flagrabat mulier pulcherrima diligentiæ æmulatione, studens negotia vici curà suâ majora ac meliora reddere. Nihil conspiciebatur in domo dividuum, nihil quod maritus ac fœmina proprium esse juris sui diceret; sed in commune conspirabatur ab utroque, ut cum forensibus negotiis matronalis sedulitas industriæ rationem parem faceret. » (Columella.) — « Repudium inter virum et uxorem à conditâ urbe usque ad vigesimum et quingentesimum annum nullum intercessit. » (Valer, Maxim., 2-1.)

2.

Les textes abondent dans les poëtes en témoignage de ce fait. Je n'en cite ici que quelques-uns, puisés dans les comédies de Térence et de Plaute :

> ... Nosti mulierum ingenium ;
> Nolunt, ubi velis : ubi nolis, cupiunt ultrô.
>
> (Ter.)
>
> Uxor quid faciat, in manu meâ non est.
>
> (Id.)
>
> Mea uxor imperium exhibet...
>
> (Plaut.)

Certains maris se redressaient et cherchaient à rétablir leur autorité méconnue. L'un d'eux, selon Martial, adressait à sa femme ce langage menaçant :

> Uxor, vade foràs ; aut moribus utere nostris.

Mais la brèche faite au pouvoir marital n'était déjà plus réparable.

Au dire de Juvénal, les matrones avaient, de son temps, complétement secoué le joug, et leur volonté seule dominait dans le ménage. C'est à l'une d'elles qu'il prête ce mot :

> Hoc volo, sic jubeo ; sit pro ratione voluntas.

Ailleurs, il ajoute qu'un mari ne peut ni rien donner, ni rien vendre, ni rien acheter, contre le gré de sa femme :

> Nil unquàm invitâ donabis conjuge ; vendes,
> Hâc obstante, nihil ; nihil, hæc si nolit, emetur.

C'était à peine si elles concédaient à leur conjoint l'exercice de son droit le plus incontestable. Telle femme n'était pour son mari qu'une simple voisine :

> ...Vivit tanquam vicina marito.
>
> (Juv.)

Ovide s'en formalisait. Ne souffrez pas, disait-il aux hommes mariés, qu'on vous refuse ce qui vous est dû si légitimement :

> Exige polliciti debita jura tori.

IX. Répudiation. — Divorce.

On en vint ainsi à considérer le mariage comme un

état de lutte perpétuelle, et à dire que se marier, c'était presque épouser la discorde :

...Dos est uxoria lites.

(Ov.) (1)

aussi les répudiations et les divorces, si rares par le passé, devinrent fort à la mode. Les liens du mariage se relâchaient et n'avaient plus ni consistance ni durée :

...Vincitur non certo fœdere lectus.

(Propert.)

Instabile ac dirimi cœptum, et jam penè solutum
Conjugium...

(Juv.)

Les maris dit-on, donnèrent les premiers, l'exemple des répudiations ; il leur suffisait du plus léger prétexte pour se débarrasser de leur femme légitime. Pour peu qu'elle vînt à leur déplaire, soit par la survenance de quelques rides, ou par la perte de sa fraîcheur et de son embonpoint, soit par la détérioration de ses dents et le rétrécissement de ses yeux, ils lui faisaient dire d'avoir à plier bagage au plus vite pour faire place à une autre. Juvénal en rapporte un cas qui mérite d'être cité. Dans l'espèce dont il parle, la raison donnée par le mari pour renvoyer sa femme était qu'elle se mouchait trop souvent :

Tres rugæ subeant, aut se cutis arida laxet,
Fiant obscuri dentes, oculique minores:
Collige sarcinulas, dicet libertus, et exi.
Jam gravis es nobis et sæpe emungeris: exi
Ocius et propera ; veniet sicco altera naso.

Mais, à leur tour, les femmes n'imitèrent que trop cet exemple. Les plus fidèles finissaient, après quelque temps de mariage, par trouver leur mari trop vieux, et par lui signifier le divorce en ces termes sacramen-

(1) On connaît le mot de St-Jérôme : «Qui non litigat, cælebs est».
— Juvénal tenait le même langage sur les mariages de son temps :

Semper habet lites alternaque gaudia lectus
In quo nupta jacet ; minimum dormitur in illo.

tels : « tuas res tibi habeto ». C'est le reproche que faisait Martial à l'une d'elles :

> ...Jam veterem, Proculeia, maritum
> Deseris, atque jubes *res sibi habere suas.*

Puis, une fois devenues maîtresses, elles se lassaient bientôt de régner dans leur ménage, et désertaient, à peine mariées, le domicile conjugal, pour convoler à de secondes noces, puis à d'autres encore.

> Imperat ergo viro ; sed mox hæc regna relinquit,
> Permutatque domos, et flammea conterit. Inde
> Advolat, et spreti repetit vestigia lecti.
>
> (Juv.)

De la sorte, ajoute Juvénal, le nombre de leurs maris s'accroissait indéfiniment ; si bien qu'il leur arrivait d'en épouser jusqu'à huit en cinq automnes, chose bien digne d'être notée dans leur épitaphe :

> Sic crescit numerus ; sic fiunt octo mariti
> Quinque per autumnos ; titulo res digna sepulchri.

On appelait ces femmes, « nuptiarum multarum mulieres ». Elles ne se mariaient, disait Sénèque, que pour en venir à répudier : « exeunt matrimonii causâ ; nubunt, repudii ». Comment espérer, disait-il encore, qu'aucune femme recule devant la honte d'un divorce, quand on voit les plus nobles et les plus haut placées, compter le nombre de leurs années, non plus par le nombre des consuls, mais par celui de leurs maris ? « Nunquid jam ulla repudio erubescit, postquam illustres quædam et nobiles fœminæ, non consulum numero, sed maritorum, annos suos computant ? »

La voix des poëtes s'unissait à celle des moralistes pour dénoncer ce scandale, malheureusement autorisé par la législation alors en vigueur, par l'imprudente loi Julia. Cette loi, Martial l'attaquait ouvertement dans ses épigrammes ; il ne craignait pas d'écrire que les femmes qui usaient, ou plutôt abusaient ainsi de la faculté qu'elle leur accordait, étaient réellement, quoique légalement, adultères.

Selon lui, ces mariages géminés n'étaient, pour la plupart de celles qui les contractaient ainsi, après répudiation, qu'un moyen d'échapper aux peines du concubinage adultérin. En effet, elles pouvaient s'y soustraire en épousant au plus vite, et avant toute plainte, leur complice.

Voici, disait Martial à l'une d'elles, que, pour éviter les atteintes de la loi Julia, tu fais ton mari de celui qui naguères était ton amant. Ce n'est point là un mariage, c'est tout simplement l'aveu de ton inconduite passée ;

> Quòd nubis, Proculina, concubino,
> Et mæchum modò, nunc facis maritum,
> Ne lex Julia te notare possit;
> Non nubis, Proculina, sed fateris.

Cet homme était le complice de ton adultère, disait-il à une autre ; jusqu'ici, tu pouvais le nier ; mais à présent que le voilà ton mari, pourrais-tu nier encore ?

> Mæchus erat ; poteras tamen hoc, tu Paula, negare.
> Ecce vir est ; nunquid, Paula, negare potes ?

Puis, s'adressant au mœchus lui-même, il lui tenait ce langage : Cette femme qui vient de t'épouser par crainte de la loi Julia, oses-tu bien la présenter comme ton épouse légitime ?

> Quæ, legis causâ, nupsit tibi Lælia, Quinte,
> Uxorem potes hanc dicere legitimam ?

Enfin, dans une quatrième épigramme, il décoche contre ces mêmes femmes le trait suivant : « Depuis trente ans à peine, Thélesine en est déjà à son dixième mari. Une femme qui se marie si souvent, ne se marie vraiment pas ; elle use du bénéfice de la loi pour commettre autant d'adultères. Une franche courtisane me choquerait moins ».

> Aut minus, aut certè non plus tricesima lux est,
> Ut nubit decimo jam Thelesina viro.
> Quæ nubit toties, non nubit ; adultera lege est.
> Offendar mœchâ simpliciore minus.

Quand une femme épouse tant d'hommes, écrivait aussi Publius Syrus, c'est la preuve qu'elle a déplu à beaucoup de maris :

> Mulier quæ multis nubit, multis non placet.

Je ne saurais dire si ces traits de la satyre poétique, et tant d'autres que je m'abstiens de noter ici, eurent pour effet de refréner l'esprit d'indiscipline et d'inconstance conjugales qui s'était emparé des dames romaines. C'est assez peu croyable. Mais du moins faut-il reconnaître que l'appui de la poésie latine ne manquait pas aux saines doctrines en matière de régime matrimonial.

Je montrerai, dans une autre partie de mon travail, comment elle s'expliquait sur l'adultère.

§ 2. — *Paternité.* — *Filiation.* — *Puissance paternelle.* — *Tutelle.* — *Curatelle.*

1. Paternité et filiation.

Citons maintenant quelques remarques des poëtes sur la famille, sur la puissance paternelle et sur les devoirs respectifs des enfants et des parents.

D'après la loi romaine, la famille se composait de toute la descendance d'une même souche en ligne directe et collatérale. « Appellatur familia plurium personarum, quæ ab ejusdem ultimi genitoris sanguine proficiscuntur. — Vinculum personarum ab eodem stipite descendentium. »

Tous ces descendants,

Et nati natorum, et qui nascentur ab illis.
(VIRG.)

ou les appelait « cognati », parce qu'ils avaient une même et commune origine : « cognati ab eo dici putantur, quod quasi unà communiter nati, vel ab eodem ortu progeniti sunt », ou comme disait Labéon : « quasi commune nascendi initium habuerint ».

Les poëtes comprenaient et expliquaient de même cette communauté d'origine de toute une descendance provenant de la même souche :

Congenerat cum mihi adfinitas...
(ENNIUS.)

...Genus amborum scindit se sanguine ab imo.
(VIRG.)

Quem commune genus mihi jungit...
Ov.)

Les degrés de parenté « cognationis gradus » sont aussi mentionnés par Ovide en ces termes.

> ...Totidemque gradus distamus ab illo.

II. Enfants naturels.

La loi romaine, de même que la nôtre, n'admettait dans la famille que les enfants nés du mariage ; elle en excluait ceux qui devaient leur naissance au concubinage ; à bien plus forte raison, ceux qui étaient issus d'un commerce adultérin ou incestueux ; et elle disait : « vulgò quæsitus matrem sequitur ». Le vulgò quæsitus était celui qui ne pouvait indiquer son père ou qui ne pouvait qu'en indiquer un que la loi ne reconnaissait pas, comme dans le cas d'adultère ou d'inceste : « vulgò concepti dicuntur, qui patrem demonstrare non possunt, vel qui possunt quidem, sed eum habent quem habere non licet ». On a mis en vers, afin sans doute de la vulgariser davantage, la première partie de cette définition législative ; voici dans quels termes :

> Cui pater est populus, pater est sibi nullus et omnes ;
> Cui pater est populus, non habet ille patrem.

III. Adoption.

Il est un genre de filiation légitime qui se réalisait à Rome, ainsi que chez nous, par la paternité fictive résultant de l'adoption : « adoptio naturam imitatur », disaient les jurisconsultes. La poésie s'en expliquait à peu près dans les mêmes termes :

> Nulla viro soboles ; imitatur adoptio prolem
> Quam legisse juvat, quam genuisse velit.
> (Auson.)

Stace écrivait, avant Ausone, qu'il y avait, entre la paternité naturelle et la paternité par adoption, cette différence que l'une était de nécessité, tandis que l'autre avait l'avantage d'être de notre choix :

> ...Natos genuisse necesse est ;
> At legisse juvat...

IV. Puissance paternelle.

Passons à la puissance paternelle.

Dans l'organisation de la famille romaine, cette puissance appartenait sans partage à celui des ascendants qui formait souche, au paterfamilias. Enfants, petits-enfants, arrière-petits-enfants de l'un et l'autre sexe, tous étaient rangés sous son autorité. Dans un temps et dans un pays où la loi, celle des Douze Tables, portait une disposition telle que celle-ci : « in liberos suprema parentum auctoritas esto : venundare, occidere licito ». Il était superflu d'écrire dans les codes, comme l'ont fait nos législateurs, que l'enfant, à tout âge, doit honneur et respect à ses père et mère (1). Il allait de soi que ce respect et cet honneur étaient assurés aux ascendants, et que toute la famille devait être humblement soumise à son chef. Mais ce droit de vie et de mort « jus vitæ necisque », accordé au père sur la personne de ses descendants, et dont l'histoire nous apprend qu'il fut fait à Rome plus d'une application, était une exagération de la discipline domestique, qui ne pouvait appartenir qu'à une époque encore barbare. Aussi, dès que les mœurs vinrent à s'adoucir sous l'influence des progrès de la civilisation, tomba-t-il en désuétude, grâce peut-être aux poètes dramatiques qui semblaient s'accorder à le battre en brèche sur la scène théâtrale. Voici en quels termes s'en expliquait Térence :

> ...Errat longè, meâ quidem sententiâ,
> Qui imperium credit esse graviùs et stabiliùs,
> Vi quod fit, quàm illud quod amicitiâ adjungitur.

> Hoc patrium est potiùs consuefacere filium
> Suâ sponte rectè facere, quàm alieno metu.

> ...Pudore et liberalitate liberos
> Retinere potiùs esse credo, quàm metu.

Un autre comique, Afranius, disait :

> Hem ! illa parentum est vita vilis liberis,
> Ubi malunt metui, quàm vereri a suis (2).

(1) Art. 371, Cod. Nap.
(2) On raisonnait à peu près de même à une époque beaucoup

Publius Syrus, s'élevant, en particulier, contre le droit paternel de mettre à mort son enfant, écrivait cette sentence :

Crudelis est, non fortis, qui infantem necat ;

et il ajoutait que, se montrer cruel pour ses enfants, c'était l'être envers soi-même :

Parens iratus, in se crudelissimus est.

Le fabuliste Phèdre soutenait la même thèse. Ce n'est pas la nécessité, disait-il, c'est la bonté pour les siens qui constitue la véritable paternité :

Facit parentes bonitas, non necessitas. [1]

Ce concert de réclamations contre l'excessive sévérité du régime de la famille produisit son effet. Les législateurs s'approprièrent les idées des poëtes que je viens de citer, en adoptant comme règles de droit les maximes suivantes : « Patria potestas in pietate, non in atrocitate, debet consistere ; — meritis magis filii ad paterna obsequia provocandi, quàm pactionibus adstringendi sunt ». On maintint le droit de correction paternelle, mais en le restreignant dans ses justes limites. Le père de famille ne conserva plus que le droit de punir les fautes légères de l'enfant en sa puissance ; quant à celles dont la gravité excédait visiblement les pouvoirs de la discipline domestique, elles durent être déférées aux tribunaux : « Neque nos in puniendis minorum delictis potestatem in immensum extendi volumus ; sed jure proprio auctoritas corrigat propinqui juvenis erratum, et privatâ

moins éloignée de nous : « C'est injustice et folie, disait Montaigne, de priver les enfants qui sont en aage, de la familiarité des pères, et vouloir maintenir à leur endroict une morgue austère et dédaigneuse, espérant par là les tenir en craincte et obéissance ; c'est une farce très-inutile, qui rend les pères ennuyeux aux enfants, et, qui pis est, ridicules....... Voulons-nous estre aimez de nos enfants ? Leur voulons-nous oster l'occasion de souhaiter nostre mort ? Accommodons leur vie raisonnablement de ce qui est en nostre puissance. » (*Essais*, 2-8.) — Il y a d'étranges pères, disait aussi Labruyère, et dont toute la vie ne semble occupée qu'à préparer à leurs enfants des raisons de se consoler de leur mort. (C., 12.)

(1) Un père est bien misérable qui ne tient l'affection de ses enfants que par le besoing qu'ils ont de son secours, si elle se doibt nommer affection. (MONTAIGNE, *Essais*, 2-6.)

3

animadversione compescat. Quod si atrocitas facti jus domesticæ emendationis excedat, placet enormis delicti reos dedi judicum notioni». (Cod.).

Plus tard, comme il arrive toujours par un effet de la loi de réaction, d'un excès on tomba dans l'autre. De même que le ressort de la puissance maritale, celui de la puissance paternelle se détendit outre mesure. Déjà, sur la fin de la république, on s'en plaignait : «imperium domesticum nullum est », disaient ceux qui regrettaient le passé. La faute n'en était pas aux poëtes; car ceux-là mêmes qui avaient provoqué la réforme des anciens pouvoirs du chef de famille, ne cessaient de recommander aux enfants le respect pour leurs parents. Ils voulaient même que ce respect allât jusqu'à supporter, sans murmure, les torts et les injustices du père ou de la mère :

Ames parentem, si æquus est ; si aliter, feras.
(PUBL. SYRUS.)

Quem ferret, si parentem non ferret suum ?
(TER.)

Matris ferre injuriam pietas debet.
(TER.)

A peu près à l'époque où s'écrivaient ces vers, Cicéron faisait entendre le même langage : « Facilè intelligo, disait-il dans l'*Oratio pro Cluentio*, non modo reticere homines parentûm injurias, sed etiam æquo animo ferre oportere ».

Le législateur élevait aussi la voix en faveur des mères, dont l'autorité était souvent méconnue par les fils; il écrivait dans ses codes : « Reverentiam exhibere matri filius debet ».

Mais les mœurs avaient changé. L'indulgence avait pris la place de la rigueur; par suite, à l'antique et sévère discipline de la famille, avait succédé, sinon le mépris, du moins le relâchement de la puissance paternelle. De là ces désordres de tant de fils de famille, qui faisaient dire à Juvénal que rien ne coûtait plus à un père que son fils,

...Res nulla minoris
Constabit patri, quàm filius...

et qui, longtemps après le siècle où vivait Juvénal, inspiraient cet autre vers :

> Exitium natis parit indulgentia patrum.
> (FAERNUS.)

V. Tutelle et curatelle.

Ces désordres des fils de famille se signalaient principalement par la prodigalité. Les satyriques, Horace, Juvénal, Perse, Martial, flagellaient à l'envi ce vice de la jeunesse de leur époque :

> ...Avi atque parentis
> Præclaram ingratà stringit malus ingluvie rem.
> (HOR.)

> ...Ære paterno,
> Ac rebus mersis in ventrem...
> (JUV.)

> ...Bona dente
> Grandia magnanimus peragit puer...
> (PERS.)

> Hausisti patrias luxuriosus opes.
> (MART.)

ils faisaient appel aux dispositions de la loi, qui permettait d'interdire ces jeunes prodigues de l'administration de leurs biens, en leur donnant un curateur ;

> ...Interdicto huic omne adimat jus
> Prætor, et ad sanos redeat tutela propinquos.
> (HOR.)

> Curatoris eget...
> A prætore dati...
> (Id.) [1]

mais c'était surtout aux parents que s'en prenaient les poëtes. La cause de tout le mal était, suivant eux, dans la mauvaise éducation et dans les mauvais exemples que les pères et mères donnaient à leurs enfants, dès le ber-

[1] Ces citations sont la preuve que les poëtes dont elles émanent, Horace surtout, connaissaient à merveille cette formule d'interdiction des prodigues, dont il est fait mention dans les Pandectes : « Quoniam tua bona *paterna avitaque nequitiâ* tuâ disperdis, liberosque tuos ad egestatem perducis, ob eam rem tibi eà re commercioque interdico ».

ceau. Quoi d'étonnant, disait Plaute, si le fils ressemble à son père?

> Id tu miraris, si patrissat filius?

Chacun connaît les réflexions de Juvénal sur ce sujet. Je n'en rappellerai que le passage suivant, où l'on voit que, si la poésie exigeait des enfants respect et déférence pour leurs parents, elle exigeait également, de la part de ceux-ci, l'accomplissement sérieux de l'obligation qui leur était imposée, non-seulement d'élever et d'entretenir leurs enfants, mais de les bien élever et de les mettre en état de se rendre utiles à leur pays:

> Gratum est quod patriæ civem populoque dedisti,
> Si facis ut patriæ sit idoneus, utilis agris,
> Utilis et bellorum et rebus pacis agendis.

Quelques mots sur la tutelle des mineurs, ne fût-ce que pour montrer que les poëtes n'ignoraient pas l'importance de cette institution, qui tient une si grande place dans le droit civil romain, et qu'ils en comprenaient toutes les obligations.

C'était, à leurs yeux, un mandat sacré et inviolable. Rien ne leur était plus odieux que ces tuteurs qui s'enrichissaient aux dépens d'un pupille, impuissant à se défendre de leurs fraudes, et réduit à la mendicité par leurs spoliations:

> ...Spoliator
> Pupilli prostantis...
> (Juv.)

Juvénal place la tutelle au nombre des fonctions qui exigent le plus de fidélité et de désintéressement,

> Esto bonus miles, tutor bonus, arbiter idem
> Integer...

et Horace, parlant des mœurs pures et candides des sectateurs du Parnasse, ne trouve pas de meilleur hommage à leur rendre, que de dire que jamais il ne leur entre dans la pensée de faire fraude, soit à un associé, soit à un pupille:

> Non fraudem socio, puerove incogitat ullam
> Pupillo...

§ 3. — *Propriété. — Distinction des biens.*

Je passe à une autre matière de droit civil, celle qui a rapport aux biens, à la propriété et à ses différentes modifications.

Ici encore, on trouve dans les œuvres de la poésie latine divers textes qui ne sont pas indignes de l'attention des jurisconsultes.

I. Droit de propriété.

Remontant à la source du droit de propriété, la poésie nous montre que, dans le principe de la formation des sociétés, ce droit n'existait pas à l'état privatif, que tout était en commun parmi les hommes ;

> Nil cuiquam speciale fuit; communia cuncta ;
>> (Petron.)

qu'il n'était pas permis de partager et limiter les champs ;

> Nec signare quidem, nec partiri limite campos
> Fas erat...
>> (Virg.)

que les bornes et le dieu Terme étaient, alors, chose inconnue :

> ...Nullus in campo sacer
> Divisit agros, arbiter populi, lapis.
>> (Sen., *Trag.*)

> ...Non fixus in agris,
> Qui regeret certis finibus arva, lapis.
>> (Tibull.) [1]

Quelques poëtes niaient même que l'homme pût rien avoir en propre ; et la raison qu'ils en donnaient, c'est qu'il n'est point de propriété incommutable, c'est que tout objet d'appropriation change incessamment de maître. Horace exprime fréquemment cette idée, et la reproduit, sous des formes diverses, dans différentes parties de ses œuvres.

---

[1]   Tout était en commun...
      Aucun n'avait de clos, ni de champ séparé.
>> (Boileau.)

La nature, dit-il, n'a donné à personne droit de maî-
trise sur le sol ;

> Nam propriæ telluris herum natura neque illum,
> Nec me, nec quemquam statuit...;

nul n'en a perpétuellement l'usufruit ;

> Perpetuus nulli datur usus...;

Le champ, qui est aujourd'hui sous le nom d'Ombronus,
qui naguère était sous celui d'Osellus, ne peut être
réputé la propriété d'un individu quelconque. La possession et l'usage, seulement, en arrivent tantôt en mes
mains, tantôt en celles d'un autre :

> Nunc ager Umbroni sub nomine, nuper Oselli,
> Dictus erit nulli proprius ; sed cedet in usum
> Nunc mihi, nunc alii...

C'est à peu près ce que disait un proverbe grec, ainsi
traduit en latin : « O ager, quàm multos habuisti, et
quàm multos habiturus es dominos! »

C'est aussi ce que répétait le passage suivant de
l'*Anthologie*, où l'auteur, personnifiant le champ, lui
faisait tenir ce langage :

> Fundus Achemenidæ fueram, jam sumque Menippi ;
> Inconstans dominos muto subindè meos.
> Iste putat me esse suum, velut ille putabat.
> Ast ego sortem habeo ; nullum habeo dominum.

En effet, comme l'a dit depuis notre droit coutumier,
tout fut à autrui, et à autrui sera. Cette question que se
pose Martial :

> ...Quis erit nostri regnator agelli ?

tout possesseur peut se l'adresser. Chacun se peut dire,
avec Virgile, en plantant des arbres dans son champ :

> Insere, Daphni, pyros ; carpent tua poma nepotes.

Ces vastes domaines que vous achetez à grands frais,
toutes ces richesses que vous accumulez, tôt ou tard
un autre en héritera, dit encore Horace :

> Cedes coemptis saltibus, et domo,
>   ...et exstructis in altum
> Divitiis potietur hæres ;

Et celui-là même qui vous aura dépossédé, sera dé-

possédé à son tour, sinon par quelque méchante agres-
sion, ou par les piéges que pourront tendre à son inexpérience les ruses de la chicane, à coup sûr, du
moins, par l'héritier qui lui survivra :

> ...Nos expulit ille ;
> Illum aut nequities, aut vafri inscitia juris,
> Postremò expellet certè vivacior hæres :

car un héritier succède toujours à un autre, comme le
flot succède au flot :

> ...Hæres
> Hæredem alterius, velut unda supervenit undam.

De tout quoi Horace conclut qu'on ne peut considérer comme sien ce qui précédemment appartenait à
autrui :

> Tandem non tua erunt, quæ quondam aliena fuerunt,

et ce qui, à tout instant, peut sortir de nos mains et
passer en d'autres, ou par don, ou par vente, ou par
contrainte, ou par décès :

> ...Tanquam
> Sit proprium quidquam, quod puncto mobilis horæ,
> Nunc prece, nunc pretio, nunc vi, nunc morte supremâ,
> Permutet dominos, et cedat in altera jura !

Cette conclusion est également adoptée par Publius
Syrus, dont l'une des sentences dit formellement que
nul ne peut être réputé propriétaire de ce qui est sujet
à changer de maître :

> Nil proprium ducas, quod mutarier potest.

Et pourtant est-il bien vrai, se demandait Térence,
que rien n'appartienne en propre à personne ?

> ...Nilne esse proprium cuiquam ?

Sans se prononcer bien nettement sur cette question,
Horace répondait que, si l'on pouvait considérer comme
propriétaire celui qui avait acquis la chose par le mode
d'acquisition le plus significatif chez les Romains,
« librâ et ære », on en devait dire autant, de l'aveu
même des jurisconsultes, de celui qui la possédait par
usucapion ; en sorte que, selon lui, il était permis de
tenir pour sien le champ dont on récoltait les fruits ;

d'où suivait que la simple jouissance équivalait au droit
de propriété, et qu'il n'y avait aucune distinction à faire
entre la propriété et la possession :

> Si proprium est quod quis librâ mercatur et ære,
> . Quædam, si credis consultis, mancipat usus ;
> Qui te pascit ager, tuus est...

La même thèse est posée dans une lettre de Cicéron
à Curius, où il est dit : « Id proprium cujusque est, quo
quisque fruitur atque utitur », et dans son traité *De re-
publicâ*, où l'on remarque le passage suivant : « Commune jus naturæ vetat ullam rem esse cujusquam, nisi
ejus qui tractare et uti sciat ».

Mais tout ceci, hâtons-nous de le dire, n'avait trait
qu'au point de vue purement philosophique de la
question ; car, en fait comme en droit, nul ne pouvait
méconnaître l'existence et la légitimité du droit de propriété privée. Cicéron les reconnaissait tout le premier,
bien qu'il admît que la nature n'avait rien donné en
propre à personne : « Sunt privata nulla naturâ, » disait-il, « sed aut veteri occupatione, ut qui quondam
in vacua venerunt, aut victoriâ, ut qui bello potiti
sunt, aut lege, pactione, sorte..... quiâ suum cujusque
fit eorum quæ naturâ fuerunt communia, quod cuique
obtigit, id quisque teneat ; eò si quis sibi appetat, viola-
bit jus humanæ societatis ». (1)

Les poëtes, ceux-là mêmes que je citais tout à l'heure,
en arrivaient également à cette conclusion. Celui-là
perd à bon droit son bien, écrivait Publius Syrus, qui
cherche à s'emparer du bien d'autrui :

> Amittit meritò proprium, qui alienum appetit.

Qui ne se rappelle les doléances que Virgile met dans
la bouche d'un pasteur, à propos de l'usurpation commise, à son préjudice, par un acte de violence qui semblait être une application des lois agraires ?

> Impius hæc tàm culta novalia miles habebit ?
> Barbarus has segetes ? En quò discordia cives
> Perduxit miseros ! En queis consevimus agros !
> Insere nunc, Melibæe, pyros ; pone ordine vites !

----

(1) De offic., 1.

Horace lui-même, qui n'avait sans doute d'autre but, en contestant théoriquement le droit de propriété, dont ses concitoyens se montraient si jaloux, que de refroidir et tempérer cet ardent amour des richesses, qui dominait alors toutes les classes de la société romaine, Horace ne rendait-il pas hommage, dans son épître sur l'art poétique, à la sagesse des anciens législateurs, qui s'étaient attachés à faire le départ du domaine public et du domaine privé, des choses sacrées et des choses profanes;

> ...Fuit hæc sapientia quondam
> Publica privatis secernere, sacra profanis,

et, par cela même, n'admettait-il pas la parfaite légitimité de ce droit de propriété privée, si fortement ancré, d'ailleurs, dans les institutions et les mœurs de son pays?

II. Distinction des biens.

Cette dernière citation d'Horace me conduit à rechercher ce qu'était, selon les poëtes, la distinction des biens, dont elle fait mention.

Pour ce qui est des choses sacrées et des choses profanes, je ne crois pas devoir m'en occuper, bien qu'il en soit question dans quelques poésies, notamment par rapport aux lieux consacrés à la sépulture. Les remarques que je pourrais faire à ce sujet n'auraient, ce me semble, que fort peu d'intérêt. Il en est autrement de la distinction des biens, en choses publiques et privées; c'est à celle-là seulement que je m'attache.

Qu'était-ce, au jugement des poëtes, que le domaine public, c'est-à-dire le domaine commun à tous, et non susceptible d'appropriation privée, res nullius? Qu'était-ce, par suite, que le domaine privé; et comment parvint-il à s'établir et se constituer? Je n'ai trouvé sur ce point qu'un petit nombre de textes; mais ils sont précis, et très-directement applicables à la matière.

Voici d'abord comment la poésie latine définissait le domaine public. On verra que ses définitions diffèrent peu de celles qui sont données par les jurisconsultes romains.

3.

Le soleil, l'air et l'eau, dit Ovide, sont communs à tous. Nul n'a le droit d'en exclure qui que ce soit : chacun en a sa part.

> ...Usus communis aquarum est.

> Nec solem proprium natura, nec aera fecit,
> Nec tenues undas ; ad publica munera veni.

>   ...Ne communia solus
> Occupet...

> Et de communi pars quoque nostra bono est.

Le Digeste dit : « Naturali jure, omnia communia sunt illa : aer, aqua profluens, et mare ». — Il ajoute : « Loca publica utique privatorum usibus deserviunt, jure civitatis », etc., etc. — Plaute avait dit de même :

> Nemo quemquam ire prohibet viâ publicâ.

Quant au domaine privé, Ovide en trouve l'origine dans l'application de la maxime : « primo occupanti »,

> Et dicam mea sunt, injiciamque manus,

Et dans le bornage des terres ainsi usurpées,

> Communesque priùs, ceu lumina solis et auras,
> Cautus humum longo signavit limite mensor.

En effet, comme le dit J. J. Rousseau, dans son *Discours sur l'inégalité*, « Le premier qui, ayant enclos « un terrain, s'avisa de dire : Ceci est à moi, et trouva « des gens assez simples pour le croire, fut le vrai fon- « dateur de la société civile », j'ajoute, le vrai fondateur de la propriété.

Mais de là provint l'état de guerre entre les hommes ; car, ainsi que le fait remarquer Publius Syrus, le principe de toute discorde, c'est l'appropriation individuelle :

> Principium est discordiæ, ex communi facere proprium. [1]

---

[1] On trouve la même pensée dans ces vers de Boileau et de Régnier :

Et le mien et le tien, deux frères pointilleux,
Par son ordre amenant les procès et la guerre,
En tous lieux, de ce pas, vont partager la terre.
                      (BOILEAU, *Sat.*, XI.)

Lors du mien et du tien, naquirent les procès.
                      (REGNIER, *Sat.* VI.)

Qui terre a, guerre a, dit un de nos proverbes. —C'est le partage des

III. Bornes limitaires.

La propriété privée parvint néanmoins à s'établir sur des bases assez solides, grâce à ce dieu Terme, sous le patronage duquel les poëtes eux-mêmes l'avaient placée, comme on le voit par cette invocation que lui adresse Ovide :

> Termine, sive lapis, sive es defossus in agro
> Stipes, ab antiquo tu quoque numen habes.

> Omnis erit, sine te, litigiosus ager.

Tantôt pierre, tantôt souche, tantôt arbre, ce dieu, inventé, dit-on, par Numa, marquait exactement la limite de la possession de chacun, et prévenait les contestations, ou du moins servait à les résoudre :

> ...Limitibus decernerat omnia certis.
> (Ov.)

> ...Populus, adsita certis
> Limitibus, vicina refugit jurgia...
> (Hor.)

> Limes agro positus, litem ut discerneret arvis.
> (Virg.)

Ainsi se distinguèrent le tien et le mien ; ainsi naquirent les revendications, dont les poëtes nous ont conservé quelques formules :

> Meum mihi reddatur...
> (Ter.)

> Redde meum toto voce boante foro.   (Ov.)

> Obsecro te ut mea mihi reddantur.—Placet :
> Jus merum oras...
> (Plaut.)

> ...Sibi quisque habeat, quod suum est.
> (Id.)

> Tuum tibi reddo...
> (Ter.)

Par suite aussi survint peu à peu l'accoutumance au

terres qui grossit principalement le Code civil. Chez les nations où l'on n'aura point fait ce partage, il y aura très-peu de lois civiles. (Montesquieu, *Esprit des lois.* 18-13.)

★3

respect de la propriété d'autrui, respect qui faisait dire
à Catulle :

> Nil mihi tàm valdè placeat, Rhamnusia virgo,
> Quod temerè invitis suscipiatur heris !

Depuis, il a été reconnu que les clôtures valaient
mieux encore que les bornes, pour mettre les proprié-
tés rurales à l'abri des usurpations des voisins ; et l'on
a dit : pour néant plante qui ne clôt, par interprétation
de ce vers latin :

> Incassùm plantat, plantaria qui malè servat,

ou de cet autre d'Ovide :

> Incustoditæ diripiuntur opes.

Concluons de tout ce qui précède que, si quelques-uns
des poëtes cités ont émis sur le droit de propriété, l'une
des matières les plus fécondes des lois civiles, des
théories qu'on pourrait dire, suivant une expression
moderne, entachées de socialisme, ceux-là mêmes n'en
ont pas sérieusement méconnu l'existence légitime ; et
qu'à tout prendre, c'est peut-être à la poésie latine
qu'on doit la consécration de ce droit. En effet, n'a-t-
elle pas puissamment contribué à le rendre respectable,
en déifiant, avec les premiers législateurs, le symbole
et les signes distinctifs de la propriété territoriale ?

IV. Droit d'accession.

Il me paraît à propos de mentionner ici une remarque
poétique, ayant trait au droit d'accession, par rapport
aux choses mobilières.

On sait que, dans le cas où, soit un artisan, soit toute
autre personne, a employé une matière, qui ne lui appartenait pas, à former une chose d'une nouvelle espèce,
l'ouvrier a le droit de retenir la chose travaillée, si la
main-d'œuvre est d'une telle importance qu'elle dépasse de beaucoup la valeur de la matière employée.
Quelle est la raison de cette disposition des lois romaines adoptée par nos législateurs ? Ovide la donne
en trois mots :

> Materiam superabat opus...

L'industrie, en effet, dit, comme lui, notre Code, est alors réputée la partie principale. Ce motif exprimé par Ovide s'applique si directement à l'espèce, que l'un de nos jurisconsultes, M. Toullier, a jugé à propos de le citer dans son commentaire sur l'art. 571 du Code Nap.

V. Servitudes.

Mes dernières citations touchant le droit de propriété se rapportent aux services fonciers. On peut aisément prévoir qu'elles seront bien courtes ; car le sujet n'est rien moins que poétique. Cependant, ne fût-ce que pour la rareté du fait, je ne veux pas négliger de relever, d'abord le fragment suivant de Virgile, où il est question d'une servitude de passage, résultant de la communauté d'habitation :

>   ...Et pervius usus
> Tectorum inter se...

Puis ces deux autres, extraits d'Ovide, qui font mention de la mitoyenneté d'un mur :

>   Contiguas habuére domos...
>   ...Paries domui communis utrique.

Certes, on ne devait guère s'attendre à voir figurer le mur mitoyen dans des poésies ; et pourtant l'y voilà bien.

§ 4.—*Manières d'acquérir et de transmettre la propriété.*

Abordons les différentes manières d'acquérir et de transmettre la propriété.

On a déjà pu remarquer qu'Horace, dont je rappelais tout à l'heure les réflexions quelque peu socialistes à l'endroit de la propriété foncière, entendait parfaitement les divers moyens de l'acquérir, comme de la transmettre ou de la perdre, et les précisait dans un seul vers,

>   Nunc prece, nunc pretio, nunc vi, nunc morte supremâ,
>   Permutat dominos et cedit in altera jura :

ce qui veut dire qu'on l'acquiert, ou par don, ou à prix d'argent, ou par héritage ; qu'on la transmet de la

même manière, et que, de plus, on en peut être dépouillé
par force. Les annotateurs d'Horace citent avec raison
ce vers comme un modèle de laconisme juridique.

I. Testament.

Celui de ces différents moyens d'acquisition et de
transmission de la propriété, dont la poésie latine s'est
occupée avec le plus d'intérêt, c'est la donation testa-
mentaire. Le testament, en effet, était, chez les Romains, d'un usage on ne peut plus répandu. Peu d'entre eux consentaient à mourir *ab intestat*. On n'ignore
pas, d'ailleurs, de quel respect leurs lois entouraient
les dernières volontés du défunt, *Ultima elogia*. — « Uti
legâssit super familiâ tutelâve rei suæ, itâ jus esto, »
disait la loi des Douze Tables. — « Ultima voluntas
defuncti pro lege servanda est, — Voluntati testatoris
per omnia obediendum est, » ajoutaient les jurisconsultes. Ces règles légales ont été résumées dans le vers
suivant, qu'on attribue à un poëte couronné, à l'empereur Auguste :

...Suprema voluntas
Quod mandat, fierique jubet, parere necesse est.

Dans le fragment que voici, Plaute nous fournit un
exemple de l'application du droit de tester .

Mea bona, meâ morte, cognatis dicam ; inter eos partiam.

On se rappelle aussi cette formule de disposition tes-
tamentaire, qui se trouve dans l'*Enéide* :

...Extremum hoc munus morientis habeto.

elle pourrait servir de type à tout legs fait *in extremis*.

II. Capacité de disposer.

Quoique le droit de tester eût, à Rome, tous les
caractères d'un droit politique, peu de personnes *sui
juris* en étaient déclarées incapables. Juvénal semble
regretter qu'il n'y eût pas jusqu'aux gladiateurs et
jusqu'aux proxénètes, qui ne fussent aptes à l'exercer :

Testandi cùm sit lenonibus atque lanistis
Libertas, et juris idem contingat arenæ

Le même poëte voyait, au contraire, avec quelque peine, que les fils de famille en fussent privés. Ils l'étaient, en effet, de son temps, par une exception procédant des droits du pouvoir paternel, que l'on s'efforçait encore de maintenir, quoique alors il fût déjà bien affaibli. Les fils de famille, en puissance de parents, ne pouvaient disposer de rien, au détriment du père, pas même de leurs gains particuliers. Les militaires en avaient seuls le privilège pour leur *peculium castrense*. Voici comment s'en explique Juvénal :

> Solis præterea testandi militibus jus,
> Vivo patre, datur : nam quæ sunt parta labore
> Militiæ, placuit non esse in corpore census,
> Omne tenet cujus regimen pater...

Depuis, la législation se modifia sur ce point, et des concessions furent faites, par lesquelles les fils de famille, non militaires, eurent droit de disposer de leurs biens, dans une certaine mesure, même du vivant de leur père.

III. Capacité de recevoir.

Quant à l'incapacité de recevoir par donation ou testament, elle s'étendait à plus de personnes que celle de disposer. On en avait fait, dans certains cas, une véritable peine : par exemple, ainsi que je l'ai déjà fait remarquer, à l'encontre des célibataires et des époux dont l'union n'était pas féconde; plus tard encore, à l'encontre des femmes adultères et prostituées. C'est à ce dernier cas que Juvénal fait allusion dans ce fragment :

> ...Capiendi
> Jus nullum uxori...

Au contraire, on avait fait de la capacité de recevoir un moyen d'encouragement à la procréation d'enfants légitimes. En effet, les lois Julia et Pappia Poppæa, dont j'ai déjà parlé, disposaient que les legs qui deviendraient caducs, pour cause d'incapacité des légataires, profiteraient à ceux des autres colégataires qui auraient des enfants. C'est encore ce que fait remarquer Juvénal, qui paraît avoir tout particulièrement étudié ces lois. Il met en scène un adultère de profession, qui, pour déterminer un mari à lui permettre de le rendre trois fois père, lui tient effrontément ce discours :

> Legatum omne capis, nec non et dulce caducum ;
> Commoda prætereà junguntur multa caducis,
> Si numerum, si tres implevero... [1]

IV. Exhérédation.

Juvénal et Martial nous fournissent quelques autres textes, dans lesquels il est fait mention du droit qu'avait le testateur d'exhéréder complétement ses héritiers naturels, ou d'instituer des héritiers subsidiaires pour le cas où les premiers légataires n'exécuteraient pas ses dernières volontés : je les cite sans commentaires :

> ...Nec illos (agnoscit)
> Quos genuit, quos eduxit : nam codice sævo
> Hæredes vetal esse suos...
> (JUV.)

> Idem te moriens hæredem ex asse reliquit.
> Exhæredavit te, Philomuse, pater.
> (MART.)

> ...Tibi rivalis dictabitur hæres.
> (JUV.)

Il est à peine besoin de faire remarquer combien ces textes accusent la connaissance de la langue du droit. « Hæredem ex asse reliquit », dit Martial : c'était exactement la locution technique usitée, en droit, pour définir le legs universel.

V. Captation.

A une certaine époque, l'usage de tester avait pris, à Rome, le caractère d'une véritable manie. Toute personne riche et quelque peu âgée semblait tenir à honneur d'avoir de nombreux prétendants à sa succession, et

---

(1) Les deux derniers vers de cette citation ont trait à d'autres avantages accordés par les lois romaines aux citoyens mariés, qui étaient pères de trois enfants, et parmi lesquels figurait la dispense de certaines charges publiques.

se faire un plaisir de s'attirer leurs hommages. Ces hommages, d'ailleurs, n'étaient pas sans quelques profits. Ils se traduisaient soit en services rendus, soit en cadeaux plus ou moins multipliés. Les célibataires, les veufs et les veuves sans enfants, étaient principalement cultivés. Les pères de famille eux-mêmes ne l'étaient pas moins, quand leurs enfants ne paraissaient pas viables, et qu'on pouvait espérer d'eux d'être porté en seconde ligne sur leur testament. Il était résulté de là, que nombre de gens s'étaient fait une industrie de la captation des dispositions testamentaires. L'appellation d'*heredipetæ* fut inventée pour qualifier ce genre d'industrie. On désignait aussi ceux qui le pratiquaient sous le nom de *Vulturis umbræ*. Du temps d'Horace, et surtout de celui de Juvénal et de Martial, les hérédipètes étaient en plein exercice de leur métier, que certains d'entre eux parvinrent à rendre très-fructueux. C'était là un sujet bien digne du fouet de la satyre. Aussi les trois poëtes que je viens de citer ne manquèrent-ils pas de s'y attaquer ouvertement.

Ici j'hésite à donner des extraits; car il y en aurait trop à relever, pour mettre en complète lumière les détails que fournissent les satyriques sur la pratique de ce système de captation. Qu'il me suffise d'en rappeler quelques-uns des plus notables.

Voulez-vous, dit Horace, arriver à la fortune ? Entreprenez la captation de la succession des vieillards :

> ...Captes astutus ubique
> Testamenta senum...

Adressez-vous de préférence à quelque homme riche, ayant un fils d'une mauvaise santé ; car en vous adressant à un célibataire ou à un veuf sans enfants, vous montreriez par trop vos intentions : puis, insinuez-vous tout doucement dans ses bonnes grâces, afin d'obtenir de lui qu'il vous substitue, dans son testament, à son fils, pour le cas où celui-ci viendrait à prédécéder. Si cette heureuse éventualité se réalise, la succession sera pour vous seul : il est bien rare qu'on ne gagne pas à ce jeu-là.

> Si cui præterea validus malè filius in re
> Præclarâ sublatus aletur, ne manifestum

Cælibis obsequium nudet te, leniter in spem
Adrepe officiosus, ut et scribare secundus
Hæres; et, si quis casus puerum egerit Orco,
In vacuum venias : perrarò hæc alea fallit.

Horace donne ensuite à son apprenti hérédipète le
conseil de bien se garder de lire le testament, s'il arrive que le testateur le lui remette en mains, avec prière
d'en prendre connaissance. Refusez-vous à cette lecture,
lui dit-il, mais de façon pourtant à pouvoir jeter un rapide coup-d'œil sur les tablettes, et vous assurer si vous
y figurez, soit seul, soit avec d'autres colégataires. Cette
précaution est bonne à prendre, ajoute-t-il; car, assez
souvent on se plait à mystifier le corbeau, et à lui voir
ouvrir un large bec, pour saisir une proie qui lui
échappe :

...Plerùmque recoctus
Scriba ex quinque viro corvum deludet hiantem,
Captatorque dabit risus Nasica Coranno.

A cette occasion, le poëte raconte l'histoire d'un certain captateur qu'on avait joué de la sorte, et qui, ayant
eu la faiblesse de consentir à faire la lecture des tablettes testamentaires, dont le testateur le priait, avec instance, de prendre communication, y reconnut, à son
grand désappointement, que celui-ci ne lui laissait que
les yeux pour pleurer :

...Multùm Nasica rogatus,
Accipiet tandem, et tacitus leget, invenietque
Nil sibi legatum, præter plorare, suisque.

Tous ces sarcasmes ne purent faire que l'industrie des
hérédipètes ne suivît pas son cours. Elle progressa
même à ce point, si nous devons en croire Juvénal et
Martial, qu'on voyait jusqu'à des pères capter la succession du *peculium castrense* de leur fils,

...Corannum
Signorum comitem, et castrorum æra merentem,
Quamvis jam tremulus, captat pater...;
(Juv.)

et que des hommes, déjà dans l'opulence, ne se faisaient
pas scrupule de recourir à cette honteuse spéculation,
pour accroître leurs richesses :

Habet Africanus millies; tamen captat.   (Mart.)

Terminons ces remarques sur la captation par la citation d'une épigramme de Martial, où ce poëte flétrit la générosité intéressée des hérédipètes, qui, dans la vue d'obtenir une part dans la succession de vieillards et de veufs, étaient dans l'habitude de leur envoyer force cadeaux :

> Munera quod senibus viduisque ingentia mittis,
>   Vis te munificum, Gargiliane, vocem.
> Sordidius nihil est, nihil est te spurcius uno,
>   Qui potes insidias dona vocare tuas.

VI. Arguments contre l'usage de tester.

On sera peu surpris, d'après ce qui précède, que quelques poëtes aient argumenté, parfois, contre l'usage de tester.

Cet usage, selon eux, n'était pas sans dangers pour le testateur ; car les institués, alors surtout qu'ils étaient étrangers à la famille, trouvaient toujours trop lente à venir la mort de celui dont ils attendaient la succession : « Mortem senis longum exspectare censebant ». C'é-taient quelquefois des médecins ; et le péril n'en était que plus grand. En effet, comme l'a dit Publius Syrus, c'est s'exposer beaucoup, que faire de son médecin son légataire :

> Malè secum agit æger, medicum qui hæredem facit [1].

Ajoutez que, s'il est aisé de donner son bien, rien ne l'est moins que de le bien donner. Faites d'un vieillard votre héritier, vous placez, à vrai dire, votre trésor dans un sépulcre.

> Thesaurum in sepulchro ponit, qui senem heredem facit.
> (PUBL. SYRUS.)

Choisissez, au contraire, un homme jeune ; c'est à peine si, au lendemain de votre mort, il gardera un souvenir reconnaissant de vos bienfaits, et pourvoira, sans maugréer, à l'exécution des dispositions, plus ou

---

[1] Nos lois civiles ont pensé de même ; témoin l'art. 909 du Code Napoléon.

moins coûteuses, que vous aurez prescrites pour vos funérailles :

> Displicet hæredi mandati cura sepulchri.
> (Hor.)

> ...Cœnam funeris hæres
> Negliget, iratus quod rem curtaveris...
> (Pers.)

Compter sur la gratitude d'un légataire, c'est être par trop naïf. Quel qu'il soit, on peut être sûr que, sous ses larmes, s'il en verse, se cache un sentiment de joie :

> Hæredis fletus, sub personà risus est [1].
> (Publ. Syrus.)

Et puis, tester, n'est-ce pas le plus souvent livrer sa mémoire à des contestations judiciaires? Combien de fois, en effet, n'arrive-t-il pas que les dispositions testamentaires sont incomprises?

> Nec testamenti potuit sensus colligi.
> (Phoedr.)

Et quand on voit des légataires se débattre en justice sur le sens et la portée des volontés exprimées par le testateur, n'est-on pas tenté de s'écrier avec Phèdre?

> O si maneret condito sensus patri,
> Quàm graviter ferret, quòd voluntatem suam
> Interpretari non potuissent!

Aussi le mieux est-il, suivant Publius Syrus, d'accepter tels quels, sans prendre la peine d'en chercher d'autres, les héritiers

> Ad quos lege redibat hæreditas,
> (Ter.)

C'est-à-dire, ceux que la nature et la loi nous ont donnés :

> Hæredem ferre, honestius est quàm quærere.
> (Publ. Syrus.) [2]

----

[1] Je crois déjà les voir, au moment annoncé,
Qu'à la fin, sans retour, leur cher oncle est passé,
Sur quelques pleurs forcés qu'ils auront soin qu'on voie,
Se faire consoler du sujet de leur joie.   (Boileau, *Sat.* x.)

[2] Montaigne partageait entièrement cet avis. On lit dans ses *Es-*

§ 5. — *Des Contrats ou Obligations en général.*

Venons à la matière des obligations, sur laquelle le Parnasse latin nous fournit aussi des documents assez nombreux.

I. Obligations verbales.

Dans l'enfance du droit, toutes les conventions étaient verbales, ainsi que l'atteste ce passage de la loi des Douze Tables : « quùm nexum faciet mancipiumque, uti lingua nuncupârit, ità jus esto ». On s'engageait par une formule sacramentelle, à laquelle se joignait, selon les circonstances, une démonstration matérielle et symbolique, telle, par exemple, que celle de l'engagement *per æs et libram,* dont on usait parfois dans les contrats même les plus étrangers à ceux qui comportaient l'emploi de la balance et le pesage d'espèces métalliques. « Promettez-vous telle chose»? demandait l'un des contractants ; « je le promets », répondait l'autre ; et tout était dit. Le contrat se trouvait ainsi formé. Cette formule, en langage poétique, s'exprimait par ces simples mots :

> Accipe daque fidem...   (Virg.)

Une fois donnée et acceptée de la sorte, la parole devait être sacrée et immuable :

> ...Immutabile sanctis
> Pondus inest verbis...
>   (Stat.) [1]

On la tenait pour un lien pareil à celui qui enchaîne le bœuf par les cornes, et l'on disait :

> Verba ligant homines ; taurorum cornua funes.
> Cornu bos capitur ; voce ligatur homo [2].
>   (Prov.)

sais : « En général, la plus saine distribution de nos biens, en mourant, me semble estre les distribuer à l'usage du pays. Les loix y ont mieulx pensé que nous ; et vault mieulx les laisser faillir en leur eslection, que de nous hasarder témérairement de faillir en la nostre ».

(1) C'est dans le même sens, que, jadis, on disait proverbialement, en France : «On a dit les mots sacrés.—Quand les mots sont dits, l'eau bénite est faite ».

(2) On trouve dans notre ancien droit coutumier, deux versions de

II. Bonne ou mauvaise foi en matière de contrats.

Pour que l'on pût compter sur la loyale exécution d'engagements ainsi contractés, il fallait nécessairement que les contractants fussent de bonne foi, et que cette bonne foi eût toute la force d'un sentiment profondément religieux. Aussi les poëtes en faisaient-ils une véritable religion,

> ...Sacri sibi conscia pacti
> Relligio...
>
> (VALER. FLACCUS.)

et même une sorte de divinité, compagne de la justice, ayant son siége dans le for intérieur de l'homme,

> Justitiæ consors, tacitumque in pectore numen.
>
> (SILIUS.)

Aussi voulaient-ils que la foi promise fût inviolable,

> Intemerata tibi maneant promissa memento ;
>
> (AUSON.)

et qu'elle le fût à ce point, qu'on se crût obligé, même par un engagement illicite :

> Etiam in peccato, rectè præstatur fides.
>
> (PUBL. SYRUS.)

Ils la voulaient enfin, telle que la caractérisent les vers suivants de Properce et d'Ausone :

> Ultima talis erit, quàm mihi prima fides.
>
> Et mihi certa fides, nec commutabilis unquam.

Cette bonne foi absolue, ferme, invariable, dans l'accomplissement de conventions ou de promesses faites sans autre garantie que la parole, exista longtemps à l'état de règle, sous la République romaine. C'est du moins ce qu'autorisent à croire divers témoignages historiques. Mais dans la suite des temps, elle ne resta plus qu'à l'état d'exception. Déjà, au sixième siècle de Rome,

---

ce distique, ainsi rapportées par Loysel : On lie les bœufs par les cornes, et les hommes par les paroles ; autant vaut une simple promesse ou convenance, que les stipulations du droit romain.

> Comme les bœufs par les cornes on lie,
> Aussi les gens par leurs mots font folie.

Plaute écrivait, et faisait dire sur le théâtre, qu'on ne savait plus à qui se fier :

> ...Stabulum confidentiæ nusquam est.

Plus tard, le prince des poëtes latins gémissait de la disparution de l'antique probité, de l'antique bonne foi :

> Heu pietas ! heu prisca fides!...

C'est qu'en effet, cette vieille loyauté n'était plus alors qu'une sorte de mythe. A mesure que la civilisation progressait, la mauvaise foi semblait pénétrer plus avant dans les mœurs et dans les relations d'affaires. On prononçait encore les mots sacrés ; mais on n'y attachait plus ce respect religieux, qui seul en faisait la force. Promettre et tenir, n'étaient plus deux termes corrélatifs et inséparables. On n'était pas avare de protestations de bonne foi, et l'on n'épargnait pas les promesses,

> Nil metuunt jurare ; nihil promittere parcunt ;
> (CALPURN.)

Mais on ne se tenait plus pour esclave de sa parole. Promettez, disait ironiquement Ovide, ne vous en mettez pas en peine : car qu'en coûte-t-il de promettre?

> Promittas facito ; quid enim promittere lædit ?

Bien plus, on se faisait un jeu du serment lui-même, ou plutôt, on s'en faisait un moyen commode et facile de s'enrichir aux dépens d'autrui. A quoi sert aujourd'hui la formule du serment? demandait Ovide :

> ...Quid prodest jurandi formula juris?

Il sert, répondait Juvénal, à protéger la fraude :

> ...Fraudem jure tueri
> Jurando...

Plaute avait déjà dit longtemps auparavant :

> Jurando jure malam quærunt rem [1].

Emprunter à ne jamais rendre, c'était une spécula-

---

[1] Tout ceci rappelle un de nos vieux proverbes, portant qu'On se ruine à promettre et qu'on s'enrichit à ne rien tenir. — Et cet autre encore : 'il ne tient qu'à jurer, la vache est à nous.

tion fort à la mode : Ovide et Juvénal constatent le fait dans les vers suivants :

> Multa rogant utenda dari ; data reddere nolunt.
>
> (Ov.)

> Debitor et sumptos pergit non reddere nummos.
>
> (Juv.)

Il n'y avait pas jusqu'à la plus sacrée des dettes, celle du dépôt, qui ne fût fréquemment méconnue :

> ...Sacrum tibi quod non reddat amicus
> Depositum...
>
> (Juv.)

Que celle-là, du moins, soit respectée ! s'écriait Ovide :

> Reddite depositum : pietas sua fœdera servet.

Mais elle ne l'était pas plus que d'autres. Au dire de Juvénal, c'était presque un prodige de trouver un ami qui ne niât pas un dépôt, ou le rendît intégralement :

> Nunc, si depositum non inficiatur, amicus
> Si reddat veterem cum totâ ærugine follem,
> Prodigiosa fides... (1)

III. Bonus dolus.

Il advint de là que les honnêtes gens eux-mêmes se crurent autorisés, par une sorte de droit de représailles ou de légitime défense, à manquer de foi envers ceux qui, les premiers, la violaient à leur encontre : « frangenti fidem, frangitur eadem », disait un adage qui avait cours de ce temps-là. On allait même jusqu'à poser en principe, qu'il était permis de repousser la ruse par la ruse, la fraude par la fraude. « Licet uti

---

(1) A quelque chose sert le malheur, dit Montaigne, en citant ces vers de Juvénal, il faict bon naistre en un siècle fort dépravé ; car, par comparaison d'aultruy, vous estes estimé vertueux à bon marché. Qui n'est pas parricide, en nos jours, et sacrilége, il est homme de bien et d'honneur.

(*Essais* 2-17.)

On voit que Montaigne ne pensait pas mieux des mœurs de son temps que Juvénal de celles du sien.

cautelis contrà cautelas malorum. — Fallacia alia aliam
trudit. » On appelait cela en langage de droit « bonus
dolus » ; et il faut dire que toutes ces règles étaient assez généralement accréditées dans la jurisprudence poétique. En voici la preuve puisée dans les œuvres de
poëtes appartenant à différentes époques :

> Malè fidem servando, illis quoque etiam abrogant fidem.
> (PLAUT.)

> ...Fregisti fidem;
> Neque dedi, neque do infideli cuiquam [1].
> (ATTIUS.)

> Injurium est ulcisci adversarios, et quâ te captant illi,
> Eâdem ipsos capi (fraude) ?...
> (TÉR.)

> Ac nos in fraudem induimus, fraudamur et ipsi.
> (LUCRET.)

> Judice me, fraus est concessa repellere fraudem.
> (OV.)

> Qui fraude agit, jure ipso, fraude fallitur [2].
> (FAERNUS.)

De pareilles théories n'étaient pas sans danger. Sous
mille prétextes, on pouvait abuser de ce prétendu droit
de rendre le mal pour le mal. Cicéron, qui sans doute
avait vu plus d'un exemple d'un tel abus, disait dans
son traité *De officiis*, à propos de ce vers d'Attius que
je viens de citer :

> ...Fregisti fidem;
> Neque dedi, neque do infideli cuiquam,

« Si hoc sibi sumunt, nullam esse fidem quæ infideli
data sit, videant ne quæratur latebra parjurio. »

Pour nombre de gens, en effet, cette doctrine devenait un prétexte de parjure. Aussi, pour suppléer à l'insuffisance de la disposition de la loi des Douze Tables,
en matière d'obligations et de contrats, la pratique dut

---

(1) Le droit canonique avait adopté la même règle : « Frustrà sibi
fidem quis postulat ab eo servari, cui fidem à se præstitam servare re-
cusat ».

(2) Montaigne a dit, dans un sens moins absolu et plus moral:
« Si la perfidie peult estre en quelque chose excusable, c'est lorsqu'elle s'employe à punir et trahir la perfidie. » (*Essais*, 3-1.)

4

elle introduire de nouvelles formes, de nouveaux liens,
et de plus sûres garanties de l'exécution des engagements.

IV. Stipulationes. — Intercessiones. — Obligationes litteris.—Nomina- — Chirographa. — Clauses pénales.

On inventa d'abord les *stipulationes*, auxquelles
Plaute fait allusion dans ce vers :

Nullum periculum est quod sciam, stipularier.

Puis, les *intercessiones* ou cautionnements de tierces
personnes intervenant dans les contrats, pour en garantir l'exécution, sous les divers titres de *sponsores*, de
fidéjussores, de *fidepromissores*. Du temps d'Horace,
cette obligation accessoire était d'un usage très-ré-
pandu : car il la signale, dans divers passages de ses
épîtres et de ses satyres, comme un des inconvénients
inévitables du séjour de la ville, où l'on était sans cesse
exposé à se voir requis d'aller cautionner un ami ;
exemples :

Hic sponsum vocat...

...Romæ sponsorem me rapis : eia,
Ne prior officio quisquam respondeat, urge ;
Postmodò, quod mî obsit, clarè certumque locuto,
Luctandum in turbâ...

Comme on le voit par ce dernier extrait, le cau-
tionnement était une sorte de devoir d'amitié qu'on ne
pouvait guère décliner, mais qui n'était pas sans quelque périlleuse responsabilité pour celui qui s'y était engagé clairement et positivement, *clarè certùmque locuto*, en répondant aux questions, idem spondes? —
idem fidejubes? idem fidepromittis? — idem spondeo ;
idem fidejubeo ; idem fidepromitto.

La fidéjussion, cependant, n'était encore qu'un engagement verbal, et tous les fidéjusseurs n'étaient pas de
la trempe de cet honnête homme, dont parle le même
Horace, et sur la foi duquel on pouvait toujours compter :

Quo res sponsore, et quo causæ teste tenentur.

Le plus souvent le créancier n'avait, dans la caution,

qu'un débiteur de mauvaise foi de plus. Souvent aussi, faute de garanties suffisantes, il était obligé de la refuser :

> ...Marco spondente, recusas
> Credere tu nummos... (1)
>
> (PERS.)

Force fut donc d'inventer autre chose ; et l'on introduisit successivement les *obligationes litteris*, les *nomina*, les *chirographa*, puis les clauses pénales, *vincula pœnœ* ; nouveaux liens dont parle Horace dans l'une de ses satyres, où il est dit, au sujet des précautions à prendre, pour mieux enchaîner un débiteur :

> Scribe decem à Nerio.—Non est satis ; adde Cicutæ
> Nodosi tabulas centum ; mille adde catenas (2).

Bref, l'usage des conventions par écrit finit par prévaloir sur celui des conventions purement verbales. Les moralistes s'en affligeaient : « utinam, disait Senèque, nulla stipulatio emptorem venditori obligaret, nec pacta conventa impressis signis custodirentur ! fides potiùs illa servaret et æquum colens animus ! sed necessaria optimis prætulerunt, et cogere fidem, quàm spectare (sperare) malunt (3). » Les poëtes en gémissaient également ; et cependant, ils durent reconnaître que mieux valaient encore les écrits que les paroles. C'est à l'un d'eux que l'on doit cet hémistiche devenu proverbial :

> Verba volant, sed scripta manent...

Ovide disait aussi, par application de cette règle :

> Debueram scripto certior esse tuo.

Mais il le disait, apparemment, d'un engagement par écrit, dont l'exécution était éludée ; et en effet, même

---

(1) Bailler caution, disait un adage de notre droit coutumier, est occasion de double procès.

(2) Ce Cicuta était vraisemblablement un praticien, à qui l'on devait l'indication des nouveaux modes d'obligation.

(3) Labruyère a imité ce passage: « Parchemins inventés pour faire souvenir, ou pour convaincre les hommes de leur parole ; honte de l'humanité ! »

les *obligationes litteris* ne mettaient pas toujours le créancier à l'abri de la mauvaise foi du débiteur. C'est ce qu'Horace faisait ressortir dans l'épître dont je notais tout à l'heure un passage. Vous aurez beau, disait-il, multiplier les précautions et les liens, ce nouveau Protée n'en parviendra pas moins à se soustraire, par mille échappatoires, à vos poursuites :

> Effugiet tamen hæc sceleratus vincula Proteus.
> Quùm rapies in jus malis ridentem alienis,
> Fiet aper, modò avis, modò saxum, et, quùm volet, arbor.

Telle était également l'opinion de Juvénal sur la valeur des titres de ce temps-là. Il nous montre, d'une part, le créancier multipliant ses efforts pour justifier de ses droits en justice, à l'aide de son registre de compte, de son *codex accepti et expensi*,

> Qui venit ad dubium, grandi cum codice, nomen ;

de l'autre, le débiteur déniant son écriture et méconnaissant son propre cachet apposé sur un engagement chirographaire :

> ...Decies lectis diversâ parte tabellis,
> Vana supervacui dicunt chirographa ligni,
> Arguit ipsorum quos littera gemmaque princeps.

Tous les tribunaux, ajoute-t-il, retentissent de pareils scandales :

> ...Cuncta vides simili fora plena querelâ.

Il est peu surprenant qu'il en ait été ainsi dans un temps où l'on ne connaissait d'autres formes de conventions écrites que celle du sous seing privé, tracé sur ce papyrus que Juvénal appelait « vanum lignum », et alors que les mœurs avaient complétement perdu leur antique franchise. La plus solide garantie de contrats formulée de la sorte devait être nécessairement dans la bonne foi des contractants ; les poëtes l'avaient parfaitement compris, et, par ce qui précède, on a pu voir que si, en fait d'obligation, ils accordaient plus de confiance aux écrits qu'aux simples paroles, cette confiance était cependant très-bornée. Les écrits, en effet, à défaut d'une suffisante authenticité, étaient toujours susceptibles d'être méconnus ou contestés. Pour de tels titres, point de sûreté réelle, quand la bonne foi n'y présidait pas.

V. Preuve des obligations. — Serment litisdécisoire.

On avait, il est vrai, la ressource de la preuve testimoniale, admise par la loi romaine, comme moyen de prouver toute espèce de faits constituant obligation ou décharge. Mais on verra plus loin, quand je m'expliquerai sur ce genre de preuve en matière criminelle, ce qu'en pensaient les poëtes, et combien il leur inspirait de méfiance.

On avait, il est vrai encore, une autre ressource, celle du serment litisdécisoire. Mais déjà nous avons vu comment on l'appréciait dans le monde poétique,

> Nil metuunt jurare...

Bien rares étaient les plaideurs qui se faisaient un cas de conscience de se dégager par un serment, et répondaient, comme Martial, à une mise en demeure de lever la main :

> Nil in te scripsi, Bithynice ; credere non vis,
> Et jurare jubes : malo satisfacere.

Qu'est-ce que ce serment, disait Laberius ? c'est un emplâtre fait avec l'argent d'autrui :

> ...Quid est jusjurandum ?
> Emplastrum æris alieni...
> (LABER. APUD GELL.)

Voilà pourquoi, jaloux de faire prévaloir, dans les transactions, cette bonne foi qui seule, à leurs yeux, pouvait en assurer l'effet, les poëtes s'attaquaient si vigoureusement à son ennemie, la mauvaise foi. J'ai déjà signalé plusieurs traits de cette guerre à outrance qu'ils lui livraient. J'en noterai d'autres encore, en recueillant, ci-après, leurs observations sur les diverses espèces d'obligations et de contrats consensuels.

§ 6. — *Diverses espèces de Contrats et Obligations.*

I. Vente.

Parmi les contrats, se place, en première ligne, celui

4.

de la vente, le plus commun de tous les moyens d'acquérir et de transmettre.

Originairement, toute vente, même celle des immeubles, se faisait, à Rome, de la main à la main, sur simple parole, avec emploi de la balance destinée au pesage des espèces qui en étaient le prix « librâ et ære. » On se rappelle ce vers d'Horace :

> ...Proprium est quod quis librâ mercatur et ære.

Rien n'était plus expéditif, même alors qu'on y joignait les stipulations, comme dans ce cas dont parle Juvénal :

> Quantumvis stipulare, et protinus accipe quod do;

mais rien aussi n'était moins sûr. D'où suivit que, plus tard, on donna la préférence à une autre forme de vente, celle de l'encan, dont la publicité offrait plus de garanties à l'acheteur, et plus de facilités au vendeur. La vente se faisait ainsi par le ministère d'un crieur public, *præco*, dont l'office avait quelque ressemblance avec celui de nos commissaires-priseurs ; car sa mission consistait à stimuler les acheteurs, à attiser le feu des enchères ; c'est ainsi qu'Horace la définit en ce vers :

> Et præco ad merces populum qui cogit emendas.

On appelait *auctio* cette forme de vente aux enchères publiques. Juvénal en fait mention sous ce nom que lui donnaient les légistes :

> Et vendas potius commissa quod auctio vendit
> Stantibus... [1]

Que vendait-on de la sorte? Dans le cas cité par Juvénal, c'étaient des vases et autres objets mobiliers plus ou moins précieux. Mais un autre poëte, Martial, nous apprend qu'on vendait de même les immeubles :

> Venderet excultos colles quùm præco facetus, [2]
> Atque suburbani jugera pulchra soli.

---

(1) A Rome, la profession de Præco n'était rien moins qu'honorable ; et c'est pourquoi Juvénal la considère ici comme un pis-aller. Mais, en revanche, elle était lucrative ; et nous verrons plus loin que certains pères de famille agréaient pour gendre un præco, de préférence à nombre d'avocats.

(2) Ce mot *facetus* indique que le præco usait souvent de facéties, pour exciter le public aux enchères ; cela se voit encore de nos jours.

Les ventes à l'encan avaient cet avantage, que la liberté des enchères en fixait le prix d'une manière incontestable; car c'était alors parfaitement le cas de dire avec Publius Syrus,

> Res quæque tanti est, quanti emptorem invenerit,

ou avec le Digeste « tanti æstimanda res, quanti emptorem potest invenire. » Tant vaut la chose qu'elle se peut vendre.

Il n'en était pas de même pour les ventes de gré à gré, sans publicité ni concurrence. Dans celles-là, le prix dépendait de l'accord entre l'offre et la demande. Le vendeur demandait souvent trop; souvent aussi l'acheteur offrait trop peu. On cherchait réciproquement à se tromper; et c'était licite : car le droit romain autorisait de part et d'autre, en cette matière, un certain degré d'astuce, de dissimulation et même de fraude, pourvu qu'il n'en résultât pas, au préjudice soit du vendeur, soit de l'acheteur, une lésion de plus de moitié. « Naturaliter permissum est, disait-il, se invicem pretio circumvenire, nisi ultrà dimidium pretii quis deceptus sit.» Il était peut-être imprudent d'écrire une pareille permission dans les lois : car, ainsi que le fait observer Juvénal, dans une sentence déjà citée :

> Nemo satis credit tantùm delinquere, quantùm
> Permittas...

En effet, on ne manqua pas d'abuser de la permission.

Le même Juvénal nous en fournit un exemple dans ce passage :

> ...Paras quod vendere possis
> Pluris dimidio...

Et les prétextes ne faisaient pas faute au vendeur, pour surfaire ainsi de plus de moitié. On disait : « Ubi judicium emptoris est, ibi fraus venditoris quæ potest esse? (1). Il arriva par suite que, s'appliquant cette morale facile, et profitant de l'avantage qu'elle leur donnait, les vendeurs se crurent en droit de tromper les

---

(1) Cet argument, que cite et que réfute Cicéron, dans son *Traité de Officiis*, a prévalu dans notre Code, qui n'admet pas l'acquéreur à demander la rescision, pour cause de lésion.

acheteurs, et s'ingénièrent par tous moyens à les duper.
Même dans les ventes de choses n'appartenant pas au
commerce, ces sortes de tromperies n'étaient pas rares.
Chacun se rappelle l'anecdote, si plaisamment racontée
par Cicéron dans son traité *de Officiis*, à propos du stra-
tagème employé par le propriétaire d'une villa, à l'effet
de se la faire acheter, pour un prix bien au-dessus de sa
valeur, par un riche banquier romain qui en avait
grande envie. Mais c'était surtout dans le commerce, que
l'esprit de fraude avait pénétré, avec tout son cortége de
ruses et de supercheries :

> Da modò lucra mihi, da facto gaudia lucro,
> Et fac ut emptori verba dedisse juvet.

Telle était la prière qu'Ovide mettait dans la bouche
des marchands; prière impie, dont l'imagination du poëte
accommodait sans doute les termes aux secrètes pensées
du commerce de son époque.

Le marchand fait des montres, a-t-on dit dans les
temps modernes, pour donner de sa marchandise ce
qu'il y a de pire. On ouvre et on étale tous les matins,
pour tromper son monde, et l'on ferme le soir, après
avoir trompé tout le jour. Il paraît que les choses se passaient à peu près de même dans les temps antiques, et
qu'alors, comme depuis, le vendeur pratiquait à merveille l'art de faire valoir sa marchandise, si mauvaise
qu'elle fût, tantôt en la prônant par de belles paroles,
tantôt en la fardant et décorant de son mieux, par application du proverbe : « Fuco egent malæ merces », tantôt, en attirant le chaland par de séduisantes annonces.
Les poëtes prenaient à tâche de mettre le public en
garde contre ce charlatanisme mercantile.—Méfiez-vous,
lui disaient-ils, de ceux qui vantent outre mesure la
marchandise dont ils veulent se débarrasser; méfiez-
vous des faux brillants, dont ils parent leur étalage;
méfiez-vous des annonces; bon vin n'a pas besoin
d'enseigne; bon marchand ne fait point de montre :

> Multa fidem promissa levant, ubi plenius æquo
> Laudat venales qui vult extrudere merces.
>
> (Hor.)
>
> Suspecta semper ornamenta ementibus.
>
> (Publ. Syrus.)

Vino vendibili, suspensâ hederâ non opus.
(Publ. Syr.)

Quæ multos fallit, nulli merx callida parcet.
(Prov.)

Il n'est marchand qui toujours gagne, disaient-ils encore; perte et gain, c'est marchandise; et celui-là qui jamais ne perd, est grandement suspect de ne pas faire son négoce en toute loyauté :

Non benè mercantur, quos nunquàm damna sequuntur.
(Prov.)

Toutes ces sentences et réflexions témoignent que les poëtes, plus rigoristes que les jurisconsultes, entendaient que toute dissimulation et toute fraude devaient être bannies des transactions, ayant pour objet la vente et l'achat, et qu'ils partageaient sur ce point l'opinion de Cicéron, qui écrivait, dans son traité *de Officiis*, ces lignes d'une morale si pure : « Ex omni vitâ simulatio, dissimulatioque tollenda est ; ità, nec ut emat meliùs, nec ut vendat, quidquam simulabit aut dissimulabit vir bonus. »

Je ne quitterai pas ce sujet, sans dire un mot de la décision donnée par Horace sur une question de garantie, pour vice rédhibitoire.

On sait qu'à Rome, celui qui vendait un esclave était tenu de garantir à l'acquéreur les vices cachés dont ce dernier pouvait être atteint, et que, parmi ces vices rédhibitoires, se classait, au premier chef, le fait que l'esclave était fuyard.

Mais, quand le vendeur avait dénoncé le vice à l'acheteur, dans le contrat, était-il tenu de la garantie, si, après la vente, l'esclave venait à fuir le domicile de son nouveau maître ? Non, répondait Horace à cette question ; le vendeur n'en a pas moins le droit de retenir le prix ; il est à l'abri de tous dommages-intérêts ; car c'est sciemment que le nouveau maître a acheté cet esclave fugitif :

Ille ferat pretium, pœnæ securus, opinor.
Prudens emisti vitiosum ; dicta tibi est lex.

Cette solution était parfaitement conforme à la doctrine alors reçue. Nouvelle preuve que les poëtes latins se piquaient d'être juristes, et se plaisaient même à porter une sérieuse attention sur des questions de droit, pour lesquelles les muses du Parnasse moderne ne se sentiraient assurément pas le moindre goût.

II. Louage.

L'ordre de classification des contrats] me conduit à celui du louage, sur lequel je n'aurai à produire qu'un petit nombre de remarques poétiques.

Il est fait mention du bail d'une maison et du privilége qu'avait le propriétaire, pour le paiement du loyer, sur le mobilier garnissant le logement loué, dans ce passage de Martial :

> Vidi, Vacerra, sarcinas tuas, vidi,
> Quas retentas *pensione pro biná*,
> Portabat uxor...

Le bail à ferme, ou le louage d'héritages ruraux, est aussi mentionné par Virgile dans ce vers,

> ...Conductáque pater tellure serebat ;

et par Horace, dans ce passage :

> ...Videas metato in agello,
> Cum pecore et gnatis, forti mercede colonum.

A Rome, le contrat de louage ne s'appliquait pas seulement aux choses privées. Les choses publiques en étaient également l'objet ; il paraît même que la conduction en était fort recherchée :

> Pars hominum gestit conducere publica...

dit Horace. Juvénal fait la même observation. Certaines gens, dit-il, qu'on voit étaler un grand luxe, se font entrepreneurs de construction et de réparation d'édifices, prennent à bail le service de la navigation, l'octroi des ports, l'entreprise du curage des égouts, celle des convois funèbres, et jusqu'à la vidange des latrines publiques.

> Queis facile est ædem conducere, flumina, portus,
> Siccandam eluviem, portandum ad busta cadaver.
> . . . .
> Conducunt foricas...

Ceci nous montre que le louage était devenu, de ce temps-là comme du nôtre, une véritable industrie, qui s'exploitait sur toutes choses, et ne reculait devant rien, pas même devant les fosses d'aisances ; ce qui faisait dire à Juvénal :

> ...Lucri bonus est odor ex re
> Quâlibet...

On trouve encore dans les poésies latines l'indication d'une autre espèce de louage : celle du louage d'ouvrage et d'industrie, lequel s'exerçait par des entrepreneurs, appelés *redemptores*. C'est Martial qui nous la fournit ; et ce qu'il dit de ces entrepreneurs autorise à penser qu'ils étaient assez généralement de fort mauvaise foi ; car l'instrument dont on se servait pour mesurer leurs ouvrages accusait le plus souvent de la fraude de leur part :

> Puncta notis ilex, et acutâ cuspide clausa,
> Sæpe redemptoris prodere furta solet.

III. Société.

Sur le contrat de société, que la codification de nos lois civiles classe à la suite du louage, quelques observations des poëtes sont encore à noter.

Ce genre de contrat était d'un fréquent usage chez les anciens. Ils considéraient l'association comme le plus puissant moyen de succès de toute entreprise. Leurs adages en font foi : « Unus vir, nullus vir ; — multæ manus onus levius reddunt ;—plus oculi, quàm oculus, cernunt » (1). Quelques-uns même, au dire d'un poëte, ne voyaient rien de normal en dehors d'elle :

> Nil normale putant, ni fuat associum.
> (CAPELLA.)

Mais l'état de communauté et d'indivision, qui résulte du contrat de société, n'a-t-il pas aussi ses inconvénients et ses dangers ?

---

(1) Nous disons proverbialement dans le même sens :

> On n'en laboure que mieux,
> Quand les bœufs vont deux à deux.

> Deux yeux valent mieux qu'un.

L'un de ses inconvénients, c'est que la chose commune est communément négligée « communiter negligitur, quod communiter possidetur » (1). Les législateurs romains pensaient de même. On lit dans le Code : « Naturale vitium est negligi quod communiter possidetur, utque se nihil habere, qui non totum habeat, arbitretur, denique suam quoque partem negligi patiatur, dùm invidet alienæ. » La poésie a voulu aussi dire son mot là-dessus, et voici comment elle l'a formulé :

> Segnius expediunt commissa negotia plures.

Un autre inconvénient de l'état de communauté, et celui-là est le plus grave, c'est la discorde qu'il manque rarement d'entraîner avec lui: «Communia plerùmque», dit encore le droit romain, « rixas et discordias parere solent ».

Pourquoi la concorde est-elle si rare entre frères? Pourquoi ces deux hémistiches :

> ...Fratrum quoque gratia rara est.
> (Ov.)

> ...Rara est concordia fratrum,
> (Prov.)

sont-ils, depuis des siècles, passés en proverbe? Il n'y en a pas d'autre cause, que cette raison donnée par le Digeste : « Propinquorum discordias materia communionis excitare solet; » et c'est surtout quand on en vient au partage que la guerre se déclare. On ne trouve pas toujours des communistes disposés à partager le bien indivis, avec cette rigoureuse équité que caractérise le vers suivant de Virgile :

> Partibus æquabat justis, et sorte trahebat.

Bien fréquemment il se rencontre, parmi les copartageants, quelque associé léonin, qui se saisit de la meilleure part,

> ...Pars optima restitit illi,
> (Ov.)

(1) L'âne de la communauté est toujours le plus mal bâté, dit aussi un de nos proverbes.

et qui même, parfois, la dévore avant partage,

> Priusquàm sortiaris, communia devoras (1).

On se rappelle la fable de Phèdre à ce sujet : elle est trop connue pour que je me permette de la citer.

De ces quelques extraits il est permis de conclure que les poëtes dont ils émanent n'étaient pas parfaitement édifiés sur les avantages de l'association et de la communauté d'intérêts.

Il est cependant une espèce de société qu'un autre poëte approuvait sans réserve : c'est celle qui s'établissait entre époux, et dans laquelle la femme apportait tous ses biens personnels. Martial félicitait une dame romaine de ce qu'elle s'était fait un plaisir de partager avec son mari la jouissance comme l'administration de sa fortune propre, dont les lois, alors en vigueur, lui laissaient la libre disposition :

> Te patrios miscere juvat cum conjuge census,
> Gaudentem socio participique viro.

IV. Prêt. — Intérêts. — Usure. — Nantissement. — Gage.

Nous arrivons au contrat de prêt.

Chez les Romains, ainsi que chez nous, il y avait deux sortes de prêts : celui des choses dont on pouvait user sans les détruire, et qu'on appelait *commodatum* ou prêt à usage, et celui des choses fongibles, appelé *mutuum*.

Le commodat pouvait avoir pour objet des choses même immobilières. Juvénal nous en cite un exemple dans l'une de ses satires, où il dit que, lorsqu'un poëte voulait se donner la satisfaction de réunir ses amis, pour leur faire la lecture de ses œuvres, un certain Maculonus lui prêtait à cet effet sa maison :

> ...Si, dulcedine famæ
> Successus, recites, Maculonus commodat ædes.

Dans le cas dont parle Juvénal, si le prêt de la maison était gratuit, c'était un véritable commodat; si, au contraire, il n'avait lieu que moyennant rétribution, c'était

---

(1) Ce dicton est d'origine grecque. J'en ai déjà cité, et j'en citerai plusieurs encore, provenant de la même source.

un commodat utile, c'est-à-dire, une sorte de location de passage, comme il s'en voit beaucoup de nos jours.

Le mutuum, ou prêt de choses qui se consomment par l'usage, était naturellement le plus usité ; les poètes le mentionnent fréquemment : on se rappelle ce vers d'Ovide, déjà cité :

Multa rogant *utenda* dari...

Horace le spécifie par son appellation légale :

...Sestertia mutua septem

Promittit...

Lorsque le mutuum, ayant pour objet une somme d'argent, était fait avec stipulation d'intérêts au profit du prêteur, on lui donnait le nom de *fenus*, et l'intérêt s'appelait *usura* ou *merces :*

Fenoris accedat merces...   (PERS.)

La distinction entre le *mutuum* et le *fenus* est, du reste, très-nettement établie dans le vers suivant de Plaute :

Si mutuas non potero, certum est sumam fenore.

On conçoit à merveille que cette dernière sorte de prêt ait dû être en grande pratique, dans un temps où les capitalistes n'avaient guère d'autres moyens de faire fructifier leur avoir, que de le placer, soit en acquisition de terres, d'esclaves et de troupeaux, soit en obligations sur particuliers. On lit, en effet, dans Cicéron, que tel était le mode habituel d'emploi des capitaux : « fortunæ ejus, » dit-il quelque part, en parlant d'un richard de son temps, « constitutæ sunt familiâ, pecore, villis, pecuniis creditis. » C'est ce que disait également Horace d'un autre richard :

Dives agris, dives positis in fenore nummis.

Beaucoup même avaient toute leur fortune en argent placé, « totam fortunam in nominibus habebant. » Pour ceux-là, le difficile était de le bien placer, et, comme disait encore Horace,

Cautos nominibus certis expendere nummos [1].

_____

(1) Ces expressions sont des plus juridiques. *Expendere nummos,* c'est porter en dépense sur le *Codex accepti et expensi* la somme d'argent qu'on a prêtée. A Rome, cette mention faisait titre au profit du prêteur ; elle constituait le *nomen certum.* On lui donnait, en droit, le nom d'*expensilatio.*

Rien, en effet, n'était moins aisé, surtout alors que les sûretés qu'on pouvait obtenir étaient, en réalité, si peu sûres. Et c'était sans doute en considération de cette grande difficulté, qu'Ovide écrivait, qu'il n'y avait pas moins de mérite à savoir garder le bien, qu'à savoir le gagner :

Non minor est virtus, quàm quærere, parta tueri,

et Publius Syrus : qu'il était plus facile d'acquérir, que de conserver :

Fortunam citiùs reperias, quàm retineas (1).

Il résulta de là que, généralement, on ne prêtait l'argent qu'à un taux d'intérêt fort élevé : car, plus le prêteur courait de risques, plus il devait être porté à se faire payer chèrement le loyer du capital qu'il exposait. La loi elle-même avait fixé cet intérêt à 12 p. 100 par an ; mais l'usure ne s'en contenta pas, l'usure ainsi qualifiée par Lucain :

Hinc usura vorax, avidumque in tempore fenus.

Ce fut, à Rome, une plaie sociale. Il n'entre pas dans mon sujet de dire quels furent, politiquement, les effets de ce mal nommé par Tacite *fenebre malum*. Je ne veux, pour être fidèle à mon plan, que montrer comment les poëtes traitaient ceux de leurs contemporains qui, abusant du contrat de prêt à intérêt, se livraient à des exactions usuraires.

Il n'est pas au monde une race d'hommes plus hideuse que celle des usuriers, disait Plaute :

Nullum, Edepol, hodiè genus est hominum tetrius,
Nec minùs bono cum jure, quàm Danisticum.

Horace n'avait pas pour eux moins de répulsion. Il fait remarquer que l'usurier se couvre de mystère, et procède dans l'ombre à son œuvre spoliatrice :

Multis occulto crescit res fenore...

puis, il le montre prélevant sur le capital qu'il prête un

(1) « Tout bien compté, dit Montaigne, il y a plus de peine à garder l'argent, qu'à l'acquérir. »

(*Essais*, 1-40.)

intérêt de cinq pour cent par mois, dont il se rembourse
à l'avance :

> Quinas hic capiti mercedes exsecat…;

après quoi, il poursuit impitoyablement son débiteur, si
celui-ci n'a pu se mettre en mesure, en faisant argent
de tout, de rembourser à l'époque des calendes, terme
fatal des échéances :

> …Nisi, cùm tristes misero venêre calendæ,
> Mercedem aut nummos undè undè extricat…
>
> (HOR.)

Plus sa victime est dans la détresse, plus il la serre de
près, plus il l'étreint :

> Quantò perditior quisque est, tantò acriùs urget.
>
> (HOR.)

Mais c'étaient surtout les fils de famille, les jeunes
prodigues, qu'exploitaient les usuriers. Cette classe d'emprunteurs, si commune dans notre temps, ne l'était pas
moins dans l'ancienne Rome. Horace disait de l'un d'eux,
qu'il ne vivait que de deniers d'emprunt :

> Omnia conductis coemens obsonia nummis;

et Juvénal, d'un autre, que, pour se procurer de quoi
satisfaire ses fantaisies, il était prêt à payer le triple de
l'intérêt légal :

> …Triplicem usuram præstare paratus.

L'usurier n'avait garde de laisser échapper une pareille proie. A peine un adolescent, placé sous la dure
loi d'un père souvent trop parcimonieux, avait-il pris la
robe virile, qu'il s'attachait à ses pas pour l'attirer dans
ses piéges, et lui faire souscrire des engagements ruineux :

> Nomina sectatur, modò sumptâ veste virili,
> Sub patribus duris tyronum…
>
> (HOR.)

Ces vives attaques de la satire poétique contre l'u-
sure ne devaient pas rester sans effet. On n'en vint pas
jusqu'à la placer au nombre des délits passibles d'une
correction pénale; mais des lois intervinrent, qui refré-
nèrent ses plus odieuses exactions, particulièrement au
regard des fils de famille. Il y a lieu de croire, du reste,

qu'à l'époque où vivait Perse, qui écrivait sous les empereurs Claude et Néron, les emprunts étaient devenus moins coûteux, et que les prêteurs honnêtes avaient notablement abaissé le taux du loyer de leur argent : car, dans sa cinquième satire, le poëte gourmande certain spéculateur, de ce que, au lieu de se contenter, comme il le faisait à Rome, du modeste 5 p. 100, il se livre au dehors à des opérations hasardeuses, pour obtenir, avec effort, de ses capitaux, un cupide intérêt de 11 p. 100 ;

> Quid petis? Ut nummi, quos hic quincunce modesto
> Nutrieras, pergant avidos sudare deunces.

d'où il paraît résulter, qu'à cette époque, le taux légal de 12 p. 100 était généralement considéré comme excessif et usuraire.

Il est vrai qu'alors les capitalistes prudents étaient dans l'habitude de se faire donner, à titre de garantie de leurs avances, des couvertures plus efficaces que la simple obligation de l'emprunteur et de ses fidéjusseurs. Les jurisconsultes avaient fort sagement établi en principe, que mieux valait avoir la chose pour obligée que la personne, et que mieux valait aussi se garantir par un gage, que par la fidéjussion. « Plus est cautionis, disaient-ils, in re quàm in personâ ; — melius est pignori incumbere, quàm in personam agere ; — plus est cavere pignoribus, quàm fidejussoribus ».

De là, le contrat de nantissement, soit par gage mobilier, soit par antichrèse ou par hypothèque d'un immeuble.

Il est question de cette double espèce de nantissement dans diverses poésies, à peu près contemporaines de celles de Perse, et notamment dans les deux passages suivants de Martial.

Le premier de ces passages a trait à un nantissement mobilier. « Cet homme, dit Martial, qui se pare de tous les dehors de l'opulence, vient de mettre en gage son anneau chez un banquier, pour huit sesterces tout au plus, afin d'avoir de quoi calmer sa faim : »

> Oppigneravit Clodii modò ad mensam [1]
> Vix octo nummis annulum, undè cœnaret.

[1] Les banquiers de ce temps-là avaient pour comptoir une table,

Dans le second passage, c'est d'une antichrèse ou d'une hypothèque qu'il s'agit. Martial s'adresse à un ancien ami qui n'est pas prêteur, ou, du moins, ne veut prêter que sur engagement d'un immeuble, et il lui dit :

> Quùm rogo te nummos sine pignore : Non habeo, inquis.
> Idem, si pro me spondet agellus, habes.
> Quòd·mihi non credis veteri, Thelesine, sodali,
> Credis colliculis arboribusque meis.

On comprend que lorsque de pareilles garanties mobilières ou immobilières étaient fournies par l'emprunteur, le taux de l'intérêt de l'argent ait dû tendre à s'amoindrir; et c'est là, je crois, ce qui explique le fait, énoncé par Perse, de l'abaissement de cet intérêt à 5 p. 100.

V. Dépôt.

Du contrat de prêt, je devrais passer à celui du dépôt, mais, déjà, dans ce que j'ai dit plus haut sur les obligations en général, j'ai épuisé à peu près tous les textes qui s'y rapportent, tous ceux du moins que j'ai pu recueillir. Ces textes appartiennent à Juvénal, dont la treizième satire a pour cause la violation d'un dépôt. Qu'il me suffise d'ajouter, qu'à ses yeux, ce manquement de foi, dans un contrat qu'il qualifie de sacré, constituait un véritable crime, et que chacun en devait juger ainsi :

> Quid sentire putes omnes, Calvine, recenti
> De scelere, et fidei violatæ crimine ?

Tel est son langage; et, plus loin, il ajoute, après avoir raconté la malheureuse fin d'un Spartiate, cruellement puni par les dieux, pour avoir simplement hésité à faire la restitution d'un dépôt,

> ...Quòd dubitâsset
> Reddere depositum...,

sur laquelle ils comptaient les pièces de monnaie. Horace en parle dans les mêmes termes que Martial :

> ...Mensam poni jubet atque
> Effundit saccos nummorum...

que le seul fait d'une pareille hésitation mérite un châtiment exemplaire. Mais, on a vu que, d'après son propre témoignage, ses concitoyens s'inquiétaient fort peu de la peine dont il menaçait les dépositaires infidèles, et que c'était merveille d'en trouver un qui rendît intacte la bourse, dont il avait accepté le dépôt :

Qui reddat veterem cum totâ ærugine follem.

VI. Contrat aléatoire.

Viennent ensuite les contrats aléatoires, parmi lesquels le jeu et le pari sont les seuls qui, à ma connaissance, soient l'objet de remarques poétiques.

Dans l'une de ses odes, Horace rappelle que les jeux de hasard sont prohibés par les lois :

...Vetita legibus alea.

En effet, les auteurs du Digeste mentionnent, comme demeurant en vigueur, un ancien sénatus-consulte, qui défendait de jouer et de parier de l'argent, excepté dans les jeux propres à exercer au fait des armes, dans les courses à pied, dans les luttes, et autres jeux de même nature, qui tiennent à l'adresse et à l'exercice du corps. «Senatusconsultum vetuit in pecuniam ludere, præterquàm si quis certet hastâ, vel telo jaciendo, vel currendo, saltando, luctando, pugnando, quod virtutis causâ fiat... in quibus causis etiam sponsionem facere licet » (1). Plus tard, développant les conséquences légales de cette prohibition, les législateurs romains édictèrent une disposition, qui non-seulement refusait toute action pour dette de jeu, mais autorisait même à perpétuité la répétition de ce qui avait été payé pour une telle cause : « Victum in aleæ lusu non posse conveniri, et, si solverit, habere repetitionem, tàm ipsum, quàm hæredes ejus, adversus victorem, ejusque hæredes, idque perpetuò, et etiam post trigenta annos ».

L'extrême rigueur de cette disposition, qui allait jusqu'à rendre imprescriptible l'action en répétition de

_____

(1) Il est presque inutile de faire remarquer que l'article 1966 de notre Code Nap. est à peu près la copie de cette disposition des lois romaines.

ce qui avait été payé, pour dette de jeu, même contre les héritiers du gagnant, et jusqu'à la transmettre aux héritiers du perdant, ne peut s'expliquer que par l'impérieuse nécessité de réprimer énergiquement un vice passé à l'état de véritable démoralisation publique. Effectivement, à l'époque où elle intervenait, la société romaine était profondément infectée de ce vice. Plusieurs témoignages poétiques nous l'attestent. C'était la coutume, dans un certain monde, de passer des nuits entières à jouer,

> Insomnem ludo certatim ducere noctem.
> (Ov.)

Virgile, Juvénal et Stace le constatent également :

> Æquabant nocti ludum, in lucemque trahebant.
> (Virg.)

> ...Luditur alea pernox.
> (Juv.)

> ...Vario producunt sidera ludo.
> (Stat.)

Et l'on ne se contentait pas, suivant Juvénal, de hasarder son argent de poche : on mettait sur le tapis jusqu'à son coffre-fort ; on faisait son va-tout :

> ...Neque cum loculis comitantibus itur
> Ad casum tabulæ ; positâ sed luditur arcâ.

Les enfants eux-mêmes, par imitation de l'exemple qui leur était journellement donné par leurs parents, contractaient cette passion, dès le plus bas âge. Ils n'avaient pas encore quitté la bulle, que, déjà, on les voyait agiter les dés dans de petits cornets à leur usage :

> ...Ludit et hæres
> Bullatus, parvoque eadem movet arma fritillo.
> (Juv.)

En effet, le jeu de dés, *ludus talarius*, était alors le plus à la mode. Quelques joueurs y faisaient fortune :

> Concusso magna parâstis lucra fritillo,

disait Martial à l'un d'eux. Mais il paraît, au dire du même poëte, que ceux-là seuls s'y enrichissaient qui avaient l'art de faire tourner la chance en leur faveur, en arrangeant, ou disposant les dés d'une certaine manière :

Quærit compositos manus improba mittere talos.

Aussi, Publius Syrus disait-il de ces joueurs, que plus ils étaient habiles, plus ils étaient dangereux :

Aleator, quantò est arte melior, tantò est nequior.

Un autre poëte, Ovide, faisait à leur sujet cette remarque, dont la justesse n'échappera à personne : c'est qu'ils commencent par être trompés, et finissent par être trompeurs :

Principio falli, fallere finis erit.

Puis, s'expliquant sur la passion du jeu en général, il montrait qu'une fois sur la pente de ce vice, on ne s'y arrêtait plus; que, pour regagner ce qu'on avait perdu, on s'exposait sans cesse à de nouvelles pertes :

Et ne perdiderit, non cessat perdere lusor.

On peut aussi, je pense, appliquer à la même passion cette réflexion d'Horace :

Ludus enim genuit trepidum certamen et iram ;

car elle n'est que trop souvent une cause de débats irritants entre ceux qui s'y laissent entraîner.

Il est permis de croire que ce langage de la poésie latine exerça quelque influence sur les résolutions des législateurs romains, et que l'odieux jeté par elle, sur ceux qui cherchaient dans les jeux de hasard, et dans leur habileté de main, un moyen d'arriver à la fortune, contribua à déterminer la proscription absolue dont furent frappés les gains acquis par l'*alea*, proscription fondée sur une présomption légale de dol et de fraude. En tous cas, sur ce point encore, les poëtes marchaient d'accord avec la loi civile, et donnaient force à ses prohibitions, en faisant ressortir toute leur moralité, par la peinture et la réprobation du vice public qu'elles avaient pour but de refréner.

VII. Mandat.

Pour en finir sur les contrats, je n'ai plus à noter que quelques remarques touchant celui du mandat.

Les jurisconsultes romains tenaient le mandat pour l'une des plus nécessaires institutions du droit civil. On lit dans le Digeste : « Usus procuratoris perquàm necessarius est, ut qui rebus suis ipsi superesse vel nolunt, vel non possunt, per alios possint vel agere, vel conveniri. »

Les poëtes connaissaient parfaitement ce contrat. Lucrèce en mentionne une espèce dans ce vers :

Commendata manent tutelæ tradita nostræ;

ils recommandaient, à l'occasion, le soigneux accomplissement de la mission, toute de confiance, qu'avait acceptée le mandataire :

... Cave ne titubes, mandataque frangas,   (Hor.)

Rei mandatæ omnes sapientes primùm advorti decet.
(Plaut.)

et louaient ceux qui s'en acquittaient avec scrupule et persévérance :

Impositumque sibi firma tuetur onus.   (Ov.)

C'était d'autant plus méritoire à leurs yeux que, pour faire les affaires des autres, on est souvent obligé de négliger les siennes propres :

Fundum alienum arat ; incultum familiarem deserit.
(Plaut.)

...Rem alienam potiùs curat, quàm suam. (Id.)

... Aliena negotia curo,
Excussus propriis...   (Hor.) [1]

et que, comme l'observe Cicéron, la gestion des intérêts d'autrui n'est pas sans difficulté. « Est difficilis cura rerum alienarum ».

Quelques poëtes, du reste, étaient d'avis, qu'il ne fallait que le moins possible recourir à l'intervention d'un mandataire, fùt-il notre meilleur ami. Cet avis était celui d'Ennius et de Phèdre :

[1] C'est ce qui a fait dire proverbialement : Les cordonniers sont toujours les plus mal chaussés.

Ne quid exspectes amicum, quod tutè agere possies.

(ENNIUS APUD GELL.)

Plus videas tuis oculis, quàm alienis [1]

(PHÆD.)

En effet, comme l'a dit le Digeste lui-même, on ne s'occupe guère des affaires des autres, qu'à son temps perdu : « Aliena negotia exacto officio geruntur. »

Que si l'on est forcé d'employer un mandataire, qu'on le choisisse avec grande attention. Quelques-uns sont dignes de confiance, tel que celui dont il est question dans ces vers de Plaute :

Eidem homini, si quid rectè curatum velis,
Mandes ; moriri sese miserè mavolet,
Quàm non perfectum reddat, quod promiserit.

Mais ces mandataires-là sont rares.

Là se bornent mes citations poétiques sur les matières qui se rapportent au droit civil proprement dit.

J'aurais pu relever encore quelques autres remarques juridiques des poëtes, telles, par exemple, que celles ayant trait à l'état des esclaves, à l'affranchissement, etc., etc.; mais j'ai cru devoir les négliger et prétériter, parce qu'elles n'ont plus guère aujourd'hui qu'un intérêt purement historique. Beaucoup d'autres

(1) La Fontaine a imité ces sentences d'Ennius et de Phèdre :
Ne t'attends qu'à toi seul, c'est un commun proverbe.

(L. 4, *Fab.* 12.)

Il n'est meilleur ami, ni parent, que soi-même.

(*Id., Ibid.*)

Que si quelque affaire t'importe,
Ne la fais point par procureur.

(*Id.*, 11-3.)

Nous avons aussi là-dessus plusieurs proverbes, entre autres ceux-ci :

Ne fais point par autrui ce que tu peux faire par toi-même.
Celui qui agit par procureur est souvent trompé en personne.
On ne trouve jamais de meilleur messager que soi-même.
Si vous voulez que votre affaire soit faite, allez-y vous-même ;
Si vous voulez qu'elle ne soit pas faite, envoyez-y.

J.-J. Rousseau a dit aussi, sur ce sujet : Tout ce qu'on fait par autrui se fait mal, comme qu'on s'y prenne. (*Émile*, 4.)

sans doute aussi sont demeurées inaperçues pour moi :
car je n'ai certes pas la prétention d'avoir reproduit
toutes celles qui pouvaient mériter de trouver place
dans un travail de ce genre. Mais ce que j'en ai recueilli
et mis en relief suffit déjà, ce me semble, à justifier, en
ce qui concerne le droit civil, ce que je disais en commençant, à savoir que les poëtes latins avaient des notions exactes sur cette partie si considérable de la législation, qu'ils en parlaient savamment et pertinemment la langue, et se complaisaient même à montrer
qu'ils la comprenaient ; en un mot, qu'il y avait véritablement alliance entre la littérature poétique et le
droit. Du reste, plus j'avancerai dans ma revue, plus
ce fait se vérifiera.

Section II. — PROCÉDURE CIVILE.

J'ai maintenant à m'occuper des actions et de la
procédure civile; et l'on verra, par ce que je vais en
dire, que, sur ce sujet aussi, les disciples de la poésie
latine, ou du moins quelques-uns d'eux, ne manquaient
pas de connaissances théoriques et pratiques.

I. Formules d'action.

Nulle procédure ne fut plus formaliste que celle
des Romains. A l'époque où vivait Cicéron, c'est lui-
même qui nous l'enseigne, chaque action judiciaire
devait avoir sa formule propre et spéciale. Il y avait de
ces formules pour toute espèce possible de demandes à
poursuivre en justice. Le préteur en avait son album
plein, et lorsqu'une partie voulait intenter une action,
elle recevait de lui le modèle à suivre. Elle était te-
nue, à peine de nullité, de s'y conformer à la lettre.
« Stylus pro lege habetur, » disait-on. — « Nihil actum
videtur, et corruit quod agitur, si præter vel contrà
formam factum sit. » En un mot, la forme emportait
le fond, ou plutôt elle seule lui donnait l'être. C'est ce
qu'Ovide semble exprimer par cet hémistiche, qu'on a
quelquefois employé comme argument, au palais, dans
des questions de procédure :

Forma dat esse rei ..

II. Vocatio in jus.

Muni de sa formule, le demandeur appelait son adversaire à comparaître devant le préteur. C'était la *vocatio in jus*. Si celui-ci n'obtempérait pas à cet appel, il avait le droit de l'y contraindre par la force, en se saisissant de sa personne, et même en le prenant à la gorge, pour l'entraîner ainsi devant le juge, après, toutefois, avoir fait constater par témoins sa résistance. C'est à cette contrainte que s'appliquaient les locutions que nous verrons se produire tout à l'heure : « In jus rapere-obtorto collo trahere. » Le défendeur pouvait cependant se soustraire à l'obligation d'une comparution immédiate, en prenant l'engagement, sous caution, de se présenter ultérieurement à jour fixe. Cet engagement s'appelait *vadimonium*, et les répondants, *vades*. Mais, s'il ne comparaissait pas au jour fixé, la condamnation était prononcée au profit du demandeur, qui, d'ailleurs, avait toujours le droit, en tout état de cause, d'employer la force pour obliger le récalcitrant à comparaître, afin d'obtenir contre lui un jugement contradictoire.

Telle était, notamment en ce qui concerne le droit de mainmise du demandeur sur le défendeur, la pratique autorisée par la loi des Douze Tables, dont le premier des articles qui nous ont été conservés est ainsi conçu :

Si in jus vocat, ito ; ni it, testamino : igitur em capito.
Si calvitur pedemve struit, manum endo jacito.

III. Exemples du mode d'exécution de la vocatio in jus.

Ces explications feront mieux comprendre un passage d'Horace, que je tiens particulièrement à citer, parce qu'il rend compte, avec une remarquable précision, en même temps qu'avec un caractère éminemment juridique, de la forme de procéder dont je viens de parler.

Ce passage est emprunté à la satire contre les fâcheux. Horace y raconte que, se promenant sur la voie Sacrée, il eut le malheur d'être rencontré par un de ces fâcheux, qui, non content de l'accabler de son bavardage, voulait à toute force le faire intervenir, apparemment comme caution, dans un procès, pour le jugement duquel il s'était engagé par *vadimonium* à comparaître, ce jour-là, sous peine de subir condamnation :

> ... Casu tunc respondere vadatus
> Debebat ; quod ni fecisset, perdere litem.

Horace de s'en défendre, prétextant qu'il ne le pouvait pas, et que, d'ailleurs, il n'entendait rien aux affaires judiciaires :

> ... Interoam, si
> Aut valeo stare, aut novi civilia jura !

Le fâcheux insiste, et s'attache obstinément à ses pas, lorsque, heureusement et fort à propos, survient le poursuivant, qui tire le poëte d'embarras de la manière que voici :

> ...Venit obvius illi
> Adversarius : et « Quô tu, turpissime ? » magnâ
> Exclamat voce : et, « Licet antestari, » Ego verô
> Oppono auriculam. Rapit in jus ; clamor utrinque,
> Undique concursus. Sic me servavit Apollo.

Il s'agit là, comme on le voit, d'un défendeur qui s'était engagé sous caution, à comparaître à jour fixe, et qui ne se pressait pas de satisfaire à cet engagement : car, ainsi que le fait remarquer Horace, l'heure était déjà passée,

> ... Quartâ jàm parte diei
> Præteritâ...

Le demandeur survenant l'interpelle, et constate son retard, par ces mots : « Quô tu, turpissime ? » Après quoi, il prend à témoin Horace, en lui touchant le bout de l'oreille, suivant la coutume alors usitée ; puis, cette formalité accomplie, il fait main basse sur le fâcheux, et l'entraîne en justice, « rapit in jus, » ce qui permet au poëte de s'échapper.

Je ne crois pas avoir besoin de faire remarquer combien ce récit retrace fidèlement le mode qu'on devait suivre à cette époque, pour amener devant le juge le défendeur, qui ne satisfaisait ni à la *vocatio in jus*, ni au *vadimonium*. Il suffit, pour en reconnaître toute l'exactitude juridique, de le rapprocher du texte de la loi des Douze Tables, que je rappelais tout à l'heure.

Horace, du reste, n'est pas le seul poëte qui se soit expliqué sur ce point de la procédure civile. Bien avant lui, Lucile avait traduit en vers hexamètres, à peu près mot pour mot, la disposition susdite de la loi des décemvirs. Voici en quels termes :

> Si non it, capito, inquit, eum ; et, si calvitur, endo
> Ferre manum...
>
> (LUCIL. APUD NON.)

Avant Horace aussi, Plaute avait spécifié les deux manières dont on pouvait user pour traîner les défendeurs en justice :

> Ambula in jus.—Non eo.—Licet antestari ?...
> ...Opta ociùs
> Rapi te obtorto collo mavis, an trahi ;

et plus tard, Juvénal signalait encore l'un de ces modes violents de contrainte, dont l'usage s'était sans doute perpétué jusqu'à son temps :

> ... Pavidum in jus,
> Cervice obstrictâ, trahat...

IV. Vadimonium, vades.

Quant au vadimonium, Horace en a fait mention plus d'une fois. Dans un autre passage de ses œuvres, il en signale le désagrément pour celui qu'il oblige à s'arracher de la campagne, et à se transporter à la ville, afin de dégager ses répondants, et de s'épargner une condamnation, faute de comparaître :

> Ille, datis vadibus, qui rure extractus in urbem est.

Lucrèce, Juvénal, Martial et d'autres, le mentionnent également ; et l'un d'eux, Juvénal, nous apprend que, parfois, le préteur accordait des remises pour la prestation de cette caution :

> ... Differt vadimonia prætor.

Voilà déjà qui prouve, ce me semble, que la procédure civile elle-même avait fixé l'attention des muses latines, et qu'elles étaient assez bien renseignées sur les moyens légaux de mettre le droit en action (1).

Poursuivons notre examen, et nous trouverons plus d'une preuve encore de leurs connaissances en cette matière.

V. Diverses phases d'un procès.

J'ai imaginé de composer, à l'aide de divers fragments empruntés à divers poëtes, une sorte de compte rendu indiquant les débuts, la suite et la solution d'un procès. Voici cette pièce de marqueterie judiciaire :

Si vim faciat, in jus dicito hominem.   (Ter.)

    Ego meum jus persequar.   (*Id.*)

In jus te voco.—Non eo.—Non is?...   (Plaut.)

Sit tandem pudor; aut eamus in jus.   (Mart.)

In jus, o fallax atque inficiator ! eamus.   (*Id.*)

Obtorto collo ad prætorem trahor.   (Plaut.)

Labitur intereà res, et vadimonia fiunt.   (Lucret.)

    ...Vadimonia deindè

Irati faciunt...   (Juv.)

    ... In jus

Acres procurrunt...   (Hor.)

Lites sunt inter eos...   (Ter.)

Lis ad forum deducta est.   (Phædr.)

Ad judices ventum est...   (Ter.)

Nunc utriusque disceptator accum adest , age, disputa.

    (Plaut.)

    ... Sub judice lis est.   (Hor.)

Ventum est : vincimur.   (Ter.)

    ...Bona causa triumphat.   (Ov.)

(1) Le langage de la procédure était tellement familier à certains poëtes latins, qu'ils l'employaient, parfois, jusque dans les propos d'amour. Plaute, dans son *Curculio*, fait dire à une jeune fille, qui ne trouve pas son amant au rendez-vous qu'elle a reçu de lui :

Ubi tu es, qui me convadatus veneriis vadimoniis?
Ubi tu es, qui me libello venerio citavisti ?

Tous ces détails me paraissent parfaitement techniques. On ne devait pas parler un autre langage dans le prétoire, pour exprimer les différentes phases d'une contestation judiciaire.

VI. Incidents de procédure. — Lenteur des procès.

Mais poursuivons encore.

Dans la procédure civile de l'ancienne Rome, de même que dans la nôtre, il y avait des incidents, et, entre autres, des déclinatoires. Souvent le juge devait, pour cause d'incompétence, renvoyer à une autre juridiction le litige dont il était saisi. N'était-ce pas à de pareilles déclarations d'incompétence, que Virgile et Ovide faisaient allusion, lorsqu'ils disaient,

Le premier :

Non nostrum inter vos tantas componore lites,

et le second :

Res est arbitrio non dirimenda meo?

A Rome aussi, les procédures n'étaient rien moins qu'expéditives ; elles étaient souvent retardées, arrêtées même par des obstacles de toute sorte. Et d'abord, on n'y avait qu'un temps fort court, le délai d'un an, pour faire juger une instance. Pourquoi ? Parce que les pouvoirs du magistrat qui avait délivré la formule d'action, ne duraient eux-mêmes qu'une année, et que, ce pouvoir venant à expirer avant le jugement du procès, la délivrance d'une autre formule par le successeur devenait indispensable ; de façon que tout était à recommencer à nouveaux frais. C'est en ce sens qu'on a expliqué le passage suivant de la dernière satire de Juvénal :

Exspectandus erit qui lites inchoet annus
Totius populi...

Dans la satire à laquelle appartient ce passage, Juvénal fait ressortir les avantages et les priviléges dont jouissaient les militaires. L'un de ces priviléges, dit-il, est de pouvoir obtenir justice, en tout temps, et en quelque lieu qu'ils se trouvent, leur juridiction spéciale les suivant partout, et étant toujours prête à fonctionner, tandis que les civils, pour peu qu'ils aient été empêchés de se mettre en mesure d'être jugés, dans l'année pendant laquelle fonctionne le magistrat auquel ils ont affaire, sont obligés d'attendre à l'année suivante, pour engager leur instance (1).

Ce n'est pas tout, ajoute le poëte dans la même satire ; même après avoir subi cette longue attente, surviennent encore mille autres ennuis, mille autres retards :

> ... Sed tunc quoque mille ferenda
> Tædia, mille moræ... ;

les luttes qui se livrent dans cette arène du Forum, n'en finissent pas :

> ...Lentâque fori pugnamus arenâ;

et souvent la chose même qu'on se dispute vient à s'user, par le frottement incessant des 'entraves qui enrayent la marche du procès :

> ... Res atteritur longo sufflamine litis.

Ce vice de la procédure judiciaire, et cette extrême difficulté d'obtenir prompte justice, avaient déjà été signalés par Horace. On se rappelle ce passage, dans lequel il représente le débiteur poursuivi, se transformant, comme Protée, tantôt en sanglier, tantôt en oiseau, tantôt en pierre, tantôt en arbre, pour échapper à son créancier. Il voulait montrer par là combien le mode de procéder, usité dans les tribunaux, offrait de ressources et d'échappatoires à la mauvaise foi, combien il était fécond en exceptions, en incidents moratoires de toute nature. A l'aide de ces moyens de chicane, on pouvait, à son gré, éterniser un procès. Au dire de Martial, il y en avait qui duraient plus de vingt ans. Vingt hivers

(1) Ce passage de Juvénal a été longtemps incompris. D'anciens commentateurs l'interprétaient en ce sens, que les rôles du tribunal, appelé à juger les contestations des particuliers, étaient tellement chargés, qu'il fallait attendre au moins un an pour venir en ordre utile. D'autres attribuaient la cause du retard à la difficulté de réunir les nombreux juges ou jurés qui statuaient sur les procès *totius populi*. Mais les enseignements fournis par les institutes de Gaïus, découvertes dans les premières années de ce siècle, autorisent à croire que la pensée de Juvénal doit être entendue dans le sens que j'indique.

ont passé sur ta tête, disait-il à un plaideur, depuis que tu traînes le même procès dans trois juridictions différentes :

> Lis te, bis decimæ numerantem frigora brumæ,
> Conterit una tribus, Gargiliane, foris.

VII. Frais judiciaires.

De telles involutions de procédure devaient, on le comprend, coûter, outre beaucoup d'ennuis, beaucoup d'argent. En effet, on n'en sortait souvent que ruiné. Cicéron parle quelque part d'un malheureux plaideur, qui n'avait pu s'échapper d'un procès que tout nu, comme s'il se fût sauvé d'un incendie : « Quo ex judicio, velut incendio, nudus effugit. Le gain même de la cause appauvrissait celui qui l'avait obtenu, et il n'était pas rare de voir le vainqueur plus étrillé et plus mécontent encore que le vaincu :

> ... Ut discedat tristior ille
> Qui vicit...
>
> (Ov.) [1]

[1] Bien longtemps après, sous le régime de nos anciens parlements, on tenait encore le même langage. En fait de choses juridiques, ce n'est guère que sur ce sujet que se soient expliqués nos poëtes et la plupart de nos prosateurs.

> Depuis tantôt six mois que la cause est pendante,
> Nous voici comme aux premiers jours.
>
> (La Fontaine.)

> Mettez ce qu'il en coûte à plaider aujourd'hui ;
> Comptez ce qu'il en reste à beaucoup de familles,
> Vous verrez que Perrin tire l'argent à lui,
> Et ne laisse aux plaideurs que le sac et les quilles.
>
> (Idem.)

> N'imite pas ces fous dont la sotte avarice
> Va de ses revenus engraisser la justice,
> Qui toujours assignants, et toujours assignés,
> Souvent demeurent gueux de vingt procès gagnés.
>
> (Boileau, Ep., 2.)

« Misère est compaigne des procès, et gents plaidoyants, misérables : car plus tost ont fin de leur vie que de leur droit prétendu. »
(Rabelais, 1-21.)

Oran te plaidé, depuis dix ans entiers, en règlement de juges, pour

VIII. Antipathie des poëtes pour les procès. — Conseils à ce sujet.

Il était tout naturel que les poëtes, si bien informés de ces dispendieuses longueurs de la procédure, fussent d'avis, comme Montaigne, qu'en général il y a moins de mal à perdre sa vigne qu'à la plaider, et que, dans la plupart des cas, un méchant accommodement est préférable au meilleur des procès.

Ne savez-vous pas, s'écriait Plaute, quelle chose redoutable c'est que d'aller en justice?

> ...Quid tu porrò serere vis negotium?
> Nescis, tu, quàm meticulosa res sit, ire ad judicem?

Accommodez-vous plutôt de bon accord, disait Térence :

> Inter vos hæc potiùs cum bonâ componantur gratiâ.

L'affaire se pourrait arranger, si vous cédiez quelque peu de votre droit :

> Si nunc de tuo jure concessisses paululùm.

Ce conseil si sage, Cicéron lui-même, quoique avocat, le donnait dans son traité *de Officiis*, en des termes si remarquables, que je ne résiste pas à les citer ici : « Convenit in exigendo non acerbum esse, in omnique re contrahendâ, vendendo, emendo, conducendo, locando, vicinitatibus et confiniis, æquum et facilem, multa multis de suo jure cedentem ; à litibus verò, quantùm liceat, et nescio an plus etiam quàm liceat, abhorrentem. Est enim non modò liberale, paululùm nonnunquàm de suo jure decedere, sed interdùm etiam fructuosum. »

La même idée était exprimée par Publius Syrus ; il y a parfois très-grand profit, est-il dit dans l'une de ses sentences, à savoir faire, à l'occasion, un sacrifice d'argent :

> Pecuniam in loco negligere, maximum interdùm est lucrum.

une affaire juste, capitale, et où il y va de toute sa fortune. Elle saura dans cinq années quels seront ses juges, et dans quel tribunal elle doit plaider le reste de sa vie. (LABRUYÈRE, c. 14.)

On se rappelle aussi ce vieux proverbe : « Il faut trois sacs à un plaideur : un sac de papiers, un sac d'argent et un sac de patience. »

Plus tard, Martial écrivait, à l'adresse des plaideurs, les épigrammes suivantes :

Le malheureux ! le fou ! Se peut-il qu'il plaide vingt années durant, lui qui était libre de perdre tout de suite son procès !

> Ah ! miser ! ah ! demens ! vigenti litigat annis,
> Quisquam cui vinci, Gargiliane, licet !

Il vous faut payer et votre juge et votre avocat : ne feriez-vous pas mieux de payer incontinent votre créancier ?

> Et petit et judex, petit et patronus :
> Solvas censeo, Sexte, creditori [1].

On croira sans peine, d'après ce qu'on vient de lire, que les poëtes aimaient peu les procès et les luttes de langue,

> ...Lites et amaræ prælia linguæ,
>   (Ov.)

et qu'ils considéraient comme un bonheur de pouvoir vivre en dehors de l'atmosphère litigieuse. Chacun sait que Virgile place l'ignorance de la chicane, au nombre des plus précieux avantages de la vie pastorale et champêtre :

> ...Nec ferrea jura,
> Insanumque forum, aut populi tabularia novit.

Le même hommage est rendu par Juvenal à cette bienheureuse ignorance :

> Non erit ulla illic anceps agitatio juris.

Silius Italicus et Martial se font un mérite de n'avoir pas l'humeur processive, et d'avoir pu se garer et des vadimonia et du forum :

> Non sum ego causidicus, nec amaris litibus aptus.
>   (Sil. ital.)

---

[1] On connaît ce brocard en bouts rimés :

> Qui possidet et contendit,
> Deum tentat et offendit.

Il a été fait contre ceux qui plaident, même alors qu'ils sont nantis, et qui font ainsi mentir cet autre brocard :

> Beati possidentes !

Nec fora sunt nobis, nec sunt vadimonia nota.

                            (MART.)

Passer sa vie, sans savoir, par expérience personnelle, ce que sont les procès et le barreau, c'est, aux yeux de Martial, la suprême béatitude :

> Si tecum mihi, care Martialis,
> Securum liceat frui diebus ;
> Si disponere tempus otiosum,
> Et veræ pariter vacare vitæ ;
>
> . . . .
> Nec lites tetricas forumque triste
> Noscamus...

C'est sans doute, sous l'inspiration du même sentiment de répulsion pour le *cafrum jus*, que Phèdre donnait son approbation à la façon de juger de certain tribunal, qui tranchait les constatations, en laissant le droit de côté, et sans aucune forme de procès :

> Fidem advocavit, jure neglecto [1].

[1] Notre fabuliste Lafontaine appelait de ses vœux une pareille justice distributive :

> Plût à Dieu qu'on réglât ainsi tous les procès ;
> Que des Turcs en cela l'on suivît la méthode !
> Le simple sens commun nous tiendrait lieu de Code.
> Il ne faudrait pas tant de frais.

Cette justice à la turque existait encore, en Algérie, dans toute sa simplicité originelle, à l'époque où j'y remplissais les fonctions de procureur général. Il me souvient qu'en 1843, j'assistai à une audience du cadi de la plaine, ainsi appelé sans doute, parce qu'il rendait la justice en plein champ. Ce jour-là, un marché arabe se tenait aux environs de Bouffarick. La tente du Cadi était dressée au milieu de l'emplacement de ce marché ; elle couvrait une assez grande étendue de terrain, et formait une salle suffisamment spacieuse. Le cadi siégeait dans la partie de cette salle faisant face à l'entrée. A ses côtés, étaient ses adels, remplissant l'office de greffiers, et son chaoux, sorte d'appariteur, faisant fonctions d'huissier, et, au besoin, d'exécuteur de la bastonnade. En ma présence, deux Arabes vinrent soumettre au juge leur différend. Tour à tour, ils plaidèrent eux-mêmes leur cause, en quelques mots, débités, de part et d'autre, avec une grande animation. Après quoi, le juge prononça sa sentence en termes des plus laconiques. Condamné à payer la somme qui lui était réclamée, l'un des deux plaideurs s'exécuta sur-le-champ, sans protestation aucune. Ce fut l'affaire de quelques minutes, et tout fut fini. J'avoue que, voyant cela, je fis, à part moi, cette réflexion, que la justice à la turque avait son bon côté, et que de longues années s'écouleraient sans doute encore, avant que les populations arabes lui préférassent la nôtre.

IX. Manie processive.

Mais le temps de cette justice primitive était passé. L'esprit de chicane avait fait de tels progrès, et pris de tels développements, qu'il n'était plus possible de se contenter de tribunaux jugeant *ex æquo et bono*, ni d'une procédure à la fois simple et rapide. Les affaires contentieuses venant à se multiplier et à se compliquer, l'accès du prétoire devait nécessairement en devenir plus difficile. Ne fallait-il pas, d'ailleurs, opposer quelques digues aux débordements, toujours croissants, de la manie processive? On l'a dit, avec raison beaucoup plus tard : c'est à cette folle manie, qu'est due la savante stratégie judiciaire du droit romain.

> Stultitiâ nostrâ, Justiniane, sapis [1].

Rien n'était plus vrai, et les poëtes latins, tout en se plaignant des ruineuses lenteurs de leur procédure, avaient un trop bon esprit, pour ne pas reconnaître que la faute en était plus encore aux justiciables, qu'aux législateurs et à la jurisprudence. Et c'est pourquoi ils conseillaient à leurs contemporains d'éviter, autant que possible, de se jeter, ou de se laisser entraîner dans ce guêpier, d'où l'on ne pouvait se tirer sans dommage. C'est pourquoi aussi ils tenaient en grande estime les hommes assez sages pour fuir les procès :

> Homo liberalis et fugitans litium [2],
> (TER.)

---

[1] Ce fragment de distique est d'un poëte anglais du xviie siècle, Jean Owen, auteur d'épigrammes en vers latins. Il a été imité par Boileau, dans ce vers :

Des sottises d'autrui nous vivons au palais.

Légistes, dit Labruyère, dans le même sens, quelle chute pour vous, si nous pouvions nous donner le mot d'être sages ! (C. xi.) — A quoi Boileau ajoute ceci :

Que de savants plaideurs désormais inutiles !

[2] Cornelius Nepos faisait le même éloge d'Atticus, le célèbre ami et correspondant de Cicéron : « Neminem suo nomine subscribens accusavit ; in jus, de suâ re, nunquàm ivit ; judicium nullum habuit. »

Montaigne s'applaudissait d'avoir pu, de même, échapper à tout procès. « Enfin, j'ay tout faict par mes journées, à la bonne heure,

C'est pourquoi enfin, ils avaient, par contre, en profonde aversion l'engeance de ces plaideurs de profession, qui passent leur vie dans les litiges, « conterentes ætatem in litibus, » suivant l'expression de Cicéron, et qu'une locution proverbiale qualifiait à Rome, de *crateres litium.* De pareils hommes, disait-on, feraient un procès à un âne qui aurait mordu un chien hargneux :

> Litem movebunt, vel si asinus canem momorderit [1].
>
> (PROV.)

C'est contre l'un d'eux qu'Horace écrivait ce vers, par lequel il lui reproche de s'obstiner à soutenir une mauvaise contestation :

> Insequeris tamen hunc, et lite moraris iniquâ.

Ces entrepreneurs de chicane, «*concinnatores litium, litem ex lite serentes*», et comme dit Quintilien, « *improbè litigantes* », Térence recommande à ceux qui aiment leur repos, de bien se garder de les provoquer. Vous aurez fort à faire, leur dit-il, si vous entrez en lutte avec un homme de cette espèce :

> Sudabis satis, si cum illo inceptas homine.

Mais il n'y avait pas que les hommes, qui fussent sujets à cette manie. Au dire de Juvénal, c'était chez les femmes surtout qu'elle était à redouter :

> Nulla ferè causa est, in quâ non femina litem
> Moverit...

Quand elles en sont possédées, rien n'est pis. Elles vont jusqu'à composer elles-mêmes leur placet et leurs mémoires de défense, et jusqu'à dicter à leur avocat tous les moyens à faire valoir :

> ...Componunt ipsæ formantque libellos,
> Principium atque locos Celso dictare paratæ.

puis-je le dire, que me voicy encores vierge de procez, qui n'ont laissé de se convier plusieurs fois à mon service, pour bien juste tiltre, s'il m'eust pleu d'y entendre. » (*Essais*, 3-10.)

(1) Que ne plaide-t-il pas ? Je crois qu'à l'audience
     Il fera, s'il ne meurt, venir toute la France.
                          (RACINE, *les Plaideurs.*)
Mais vivre sans plaider, est-ce contentement ?   (*Id.*)

Que certaines femmes de l'antiquité fussent processives à ce point, il n'est guère permis d'en douter. Le Digeste lui-même en fait foi : car nous y lisons ce qui suit : « Cafurnia, improbissima femina, inverecundè postulans, et magistratum inquietans, locum dedit edicto de postulatione. » A ce témoignage se joint celui de Valère Maxime, qui rapporte qu'une certaine Apharnie remplissait les tribunaux de criailleries assourdissantes et sans fin : « C. Apharnia assiduis latratibus impleverat tribunalia » (1). Il ressort de ces derniers textes, qu'à l'époque où se passaient les faits qu'ils mentionnent, les femmes étaient admises à postuler et à plaider en justice. En effet, avant l'édit *de Postulatione*, qui fut rendu, à l'occasion du scandale causé par Cafurnie, on vit, à Rome, plusieurs avocats du sexe féminin. Mais cet édit leur enleva le droit de plaider. C'est encore ce que constate Juvénal par ces deux vers qu'il met dans la bouche d'une femme de son temps :

> Numquid nos agimus causas? civilia jura
> Novimus? aut ullo strepitu fora vestra movemus?

Mais, si la faculté de parler en justice leur était enlevée, elles n'en avaient pas moins, au dire du poëte, conservé le goût des procès; et ce n'était pas, à ses yeux, le moindre de leurs vices.

Du reste, et par suite sans doute de leur extrême an-

(1) Ce trait de mœurs n'est pas sans quelque application parmi nous. On a vu, dans nos tribunaux, plus d'une Cafurnie, poursuivant la justice de ses importunes réclamations. On y a vu plus d'une plaideuse, écrivant elle-même ses mémoires, discutant elle-même sa propre cause, « ex suis tabellis causam dicentem, » et menant à outrance ses adversaires par tous les degrés de juridiction. Il paraît, d'après ce qu'en dit Boileau, dans sa x^e satire, qu'il s'en voyait aussi de pareilles de son temps :

> Ce n'est point tous ses droits, c'est le procès qu'elle aime;
> Pour elle un bout d'arpent qu'il faudra disputer,
> Vaut mieux qu'un fief entier acquis sans contester;
> Avec elle, il n'est point de droit qui s'éclaircisse,
> Point de procès si vieux qui ne se rajeunisse.

Les choses pourtant n'en sont pas venues, chez nous, au point qu'il ait été nécessaire de faire un édit *de Postulatione* pour interdire à ces femmes le droit de plaider leur propre cause.

tipathie pour la chicane, les poëtes étaient généralement assez disposés à voir des torts et de la passion des deux parts. Qui ne connaît ce vers d'Horace, si fréquemment appliqué aux contestations judiciaires :

> ... Libidine et irâ
> Iliacos intra muros peccatur, et extra,

et ce jugement du singe de Phèdre :

> Tu non videris perdidisse quod petis :
> Te credo subripuisse quod negas ! [1]

C'est, en effet, l'histoire de bien des procès : et de là cette formule de sentence qui renvoyait les parties dos à dos, *ab utroque dolo compensando*.

Cette digression contre l'esprit processif n'était pas hors de propos, je pense, dans cette partie de mon travail, qui a rapport à la procédure : car c'est dans la procédure surtout, que la chicane exerce et développe toutes ses ressources. Ne suis-je pas, d'ailleurs, autorisé à dire que les réflexions des poëtes sur ce sujet sont une nouvelle preuve qu'ils savaient parfaitement leur palais ; que, nourris, pour ainsi parler, dans le sérail, ils en connaissaient les détours, et qu'ils n'engageaient si instamment leurs concitoyens à s'en garer, que parce qu'ils en avaient soigneusement observé et étudié tous les périls ?

Je pourrais rapporter encore plusieurs autres documents qui témoigneraient, de plus fort, de leurs notions en cette matière. Mais, dans la crainte de prodiguer, outre mesure, ces citations, je me restreins, pour en finir sur ce point, à celles qui vont suivre, et dont quelques-unes montreront qu'ils n'étaient pas moins initiés aux usages du prétoire qu'aux formes de procédure.

X. Voies d'exécution sur les biens.

Chez les Romains, outre les voies d'exécution sur la personne de son adversaire, le plaideur qui obtenait

---

[1] Car toi, loup, tu te plains, quoi qu'on ne t'ait rien pris,
Et toi, renard, as pris ce que l'on te demande.
(LAFONTAINE.)

gain de cause avait les voies d'exécution sur les biens, tant meubles qu'immeubles, de ce débiteur. Ces biens, il les pouvait faire vendre. On appelait *auctio bonorum* cette expropriation forcée.

Il est question d'une pareille expropriation mobilière, dans la satire VI de Juvénal, où, prévoyant l'hypothèse d'une vente forcée de certains meubles, que possédaient alors les femmes, et qui témoignaient d'habitudes et de goûts peu convenables à leur sexe, le poëte fait la réflexion que voici :

> Quale decus rerum, si conjugis *auctio* fiat
> Balteus, et manicæ, cristæ, crurisque sinistri
> Dimidium tegmen...?

Martial en parle également, et tout à fait en langage du métier :

> Quùm fieret tristis solvendis auctio nummis.

On ne saurait mieux définir l'exécution d'une saisie mobilière.

XI. Usages judiciaires. — Vacances.

Voyons maintenant quelques extraits, touchant certains usages du palais romain.

Les Romains avaient, pour le jugement des causes, des jours fastes et des jours néfastes. Pendant les jours néfastes, le prétoire était fermé; il n'était pas permis d'y prononcer les trois mots sacramentels : *do, dico, addico*. Les jours fastes étaient ceux, durant lesquels pouvaient se tenir les audiences judiciaires. Cet usage est parfaitement précisé par le distique suivant de Martial :

> Ille nefastus erit, per quem tria verba silentur;
> Fastus erit, per quem lege licebit agi.

Longtemps avant Martial, Plaute avait touché quelques mots de cet usage, à propos des hommes de chicane, qui, disait-il, ne connaissent pas de jours où les tribunaux soient fermés :

> Nam istorum nullus nefastus : comitiales sunt meri.

Pendant les jours fastes, les audiences se tenaient à des heures déterminées, et il paraît, d'après le passage suivant du même poëte, qu'elles commençaient à la troisième heure, c'est-à-dire, à 9 heures du matin :

Prima salutantes, atque altera conterit hora.
Exercet raucos tertia causidicos.

Un autre passage du même auteur semble attester que les audiences commençaient par la discussion des *vadimonia*, et que cette discussion sommaire devait se terminer à la quatrième heure, pour faire place à celle des affaires de plaidoirie :

Quùm modò distulerint raucæ vadimonia quartæ.

C'est ce qui résulte également de l'extrait, déjà cité, dans lequel Horace, parlant du *fâcheux*, en retard de satisfaire à son *vademonium*, fait observer que la quatrième heure était déjà écoulée.

Nous trouvons enfin, dans les poésies latines, plusieurs textes qui nous apprennent, que les tribunaux romains prenaient des vacances à certaines époques de l'année.

Ainsi, dans le « Carmen ad Pisonem, » on lit :

... Judice fesso,
Turbida prolatis tacuerunt jurgia rebus.

Ce sont bien là les vacations. Le juge est fatigué ; il lui faut quelque repos ; il ferme son prétoire, et renvoie les affaires jusqu'au jour de sa rentrée.

Ovide et Martial mentionnent également ces interruptions temporaires du cours de la justice :

Cedunt verbosi garrula verba fori.
(Ov.)

Et fora marte suo litigiosa vacant.
(MART.)

Après quoi, les affaires et les plaids reprenaient de plus belle, dans tous les siéges :

... Fora litibus omnia fervent.
(MART.)

Je n'en dirai pas davantage sur ce sujet de la procédure, qui forme l'appendice du droit civil, et qui, à ce titre, m'a paru devoir être classée dans la deuxième partie de mon travail.

J'en viens à la troisième partie, qui comprendra les extraits concernant le droit criminel.

Ici, je rencontrerai plus de textes poétiques à noter. Et cela se concevra aisément, si l'on considère que les hommes, qui ne s'adonnent pas professionnellement à l'étude du droit, s'intéressent plus vivement à cette branche de la législation, qu'à celle dont je viens de m'occuper, et que, par suite, elle a dû plus particulièrement attirer l'attention des poëtes.

Entrons donc dans cette nouvelle région juridique, et cherchons-y quelques vestiges des nombreuses excursions que la poésie latine y a faites.

6.

TROISIÈME PARTIE.

DROIT CRIMINEL ET INSTRUCTION CRIMINELLE.

Section Ire. — DROIT CRIMINEL.

§ 1er. — *Principes généraux en matière de Législation pénale.*

I. Loi du Talion.

Chez les peuples primitifs, le système le plus généralement adopté fut celui du talion. A Rome, les décemvirs l'avaient nettement formulé dans la loi des Douze Tables :

> Si membra rupit, ni cum eo pacit, talio esto.

Et les jurisconsultes justifiaient cette disposition dans les termes suivants : « Quod quisque juris statuerit in alterum, et ipse eodem jure utatur. Quis enim aspernabitur idem jus sibi dici, quod ipse alii dixit? »

Toute l'économie de ce système pénal procédait de la règle *par pari refertur*. On trouvait tout naturel et parfaitement équitable que le malfaiteur fût puni du même mal, que celui qu'il avait fait. Lui rendre la pareille, c'était l'idée dominante en cette matière : aussi ne doit-on pas s'étonner de la voir partagée par les poëtes.

Dans ses Tusculanes, Cicéron cite les deux vers suivants d'un ancien poëte, lesquels sont en complète conformité avec la disposition de la loi des Douze Tables :

> ... Qui alteri exitium parat,
> Eum scire oportet, sibi paratam pestem, ut participet parem.

Le meurtre, dit également Ovide, doit être expié par la mort :

> ... Mors morte pianda est.

C'est aussi le sentiment de Phèdre ; il est d'avis que

celui qui lèse son prochain, soit puni de la même manière :

> Nulli nocendum ; si quis verò læserit,
> Mulctandum simili jure...

La même doctrine se retrouve dans cette sentence, déjà citée, de Publius Syrus, relative aux usurpateurs du bien d'autrui :

> Amittit meritò proprium, qui alienum appetit.

Quoi de plus juste? dit encore Phèdre. Nul ne saurait se plaindre d'avoir à supporter ce dont il a lui-même donné l'exemple :

> Sua quisque exempla debet æquo animo pati.

C'est sa propre loi qu'on lui applique, ajoute, à son tour, Ovide :

> ... Legem sibi dixerat ipse [1].

Il ne peut que s'écrier, en subissant cette loi du talion :

> Quàm temerè in nosmet legem sancimus iniquam !
> (HOR.)

> Heu! patior telis vulnera facta meis!
> (Ov.)

> Sic ego do pœnas artibus ipse meis.
> (Ov.)

Et, s'il vient à réclamer, on est autorisé à lui répondre, que le mal retourne à son auteur ; qu'il est puni par où il a péché :

> ... In magistrum scelera redierunt sua.
> (SEN., *Trag.*)

> Pœna reversura est in caput ista tuum.
> (Ov.)

> ... Obsunt auctoribus artes.
> (Ov.)

C'est apparemment sous l'influence de ces idées qu'on avait été amené à poser en règle, ainsi que je l'ai déjà

---

[1] C'est ce que disaient au chancelier Poyet les juges qui le condamnaient : « Patiere legem, quam ipse fecisti. »

noté, en parlant des obligations et des contrats, que repousser la fraude par la fraude, était chose licite et de
bonne guerre.

Je n'ai besoin de faire remarquer à personne que,
dans un tel système, la peine était plutôt considérée comme une vengeance exercée dans un intérêt particulier, que comme une réparation publique,
appliquée dans un intérêt d'exemple et de moralisa-
tion.

II. Motif de l'institution des peines.

Qu'on ne croie pas pourtant que les poëtes latins,
bien que naturellement imbus, en cette matière, des
préjugés séculaires, qui s'étaient perpétués avec la législation des Douze Tables, aient toujours envisagé, à
ce point de vue rétréci, le châtiment infligé aux malfaiteurs. La plupart, au contraire, et même plusieurs de
ceux qui, approuvant la loi du talion, demandaient,
avec elle, œil pour œil, dent pour dent, comprenaient
et reconnaissaient distinctement le véritable motif de
l'institution des peines.

Le but auquel doit tendre toute bonne législation pénale, disait Publius Syrus, n'est pas tant d'extirper les
criminels que les crimes :

> Res bona est, non exstirpare sceleratos, sed scelera.

Il vaut mieux, faisait entendre un autre, prévenir
qu'avoir à réprimer :

> ...Scelus occupandum est ;
> (Sen., *Trag.*)

Car la poursuite ne peut faire que le fait accompli ne
le soit pas :

> Accusatio factum fieri infectum non potest.
> (Ter.)

Et, comme l'a dit Sénèque le Philosophe, d'après
Platon : « Revocari præterita non possunt ; futura pro-
hibentur. »

Les peines doivent donc être instituées, non pour la
satisfaction d'une vengeance impuissante à révoquer le

mal consommé, mais dans la vue d'arrêter, par leur
effet exemplaire, la contagion du crime :

> ... Ferro compesce, priusquàm
> Dira per incautum serpant contagia vulgus.
>
> (VIRG.)

Horace, Sénèque le Tragique, Lucain, paraissent s'accorder en ce point, que ce n'est pas tant le crime commis, que le crime à venir, c'est-à-dire, ceux qui pourraient encore être commis par imitation, qu'il faut réprimer dans la personne du coupable :

> Supplicio culpa recidatur.   (HOR.)
>
> Morte sanandum est scelus.   (SEN., *Trag.*)
>
> Crimen purgandum gladio.   (LUCAN.)
>
> ...Aliis documentum dabo,
> Ne tale quisquam facinus incipere audeat.
>
> (PLAUT.)

Ce langage est significatif; il exprime clairement la
pensée, que le châtiment du criminel doit avoir pour but
d'intimider ceux qui seraient tentés de l'imiter, et de
prévenir ainsi le retour de pareils crimes. L'apostrophe
suivante, adressée par Ovide à un condamné à mort,
n'est pas moins expressive dans le même sens :

> O periture, tuâque aliis documenta dature
> Morte...

Mais à Publius Syrus revient l'honneur d'avoir, le
premier, mis ce grand principe en pleine lumière, dans
les deux sentences que voici :

> Ut plures corrigantur, ritè unus perit.
>
> Malus quicumque in pœnâ est, præsidium est bonis.

Près de deux mille ans plus tard, et dans un temps
où les saines doctrines, en matière de droit criminel,
avaient encore grand besoin d'être rappelées au législateur, comme à la magistrature, un poëte latin moderne,
Santeuil, écrivait, sur le même sujet, ce distique, que
nous voyons inscrit au frontispice de la chambre des
appels de police correctionnelle de Paris :

> Hìc pœnæ scelerum ultrices posuère tribunal :
> Sontibus undè tremor, civibus indè salus.

C'est la même pensée que celle de Publius Syrus; mais peut être le distique de Santeuil exprime-t-il, plus heureusement encore que les vers du mimographe romain, l'idée-mère des lois pénales.

III. Responsabilité pénale.

Poursuivons cet examen de la théorie criminelle des muses latines.

C'est encore un des grands principes de cette partie du droit, que les fautes sont personnelles, et que, comme l'a dit notre droit coutumier, en crime, il n'y a point de garant.

Les jurisconsultes romains l'ont maintes fois proclamé.

Entre autres règles établies par eux sur ce point, je rappelle celles-ci : « Odio alieno gravari nemo debet. — Delicta parentûm liberis non nocent. — Fratris factum fratri non nocet. » Rien de plus élémentaire et de plus incontestable que ces règles; et cependant, plus d'une fois, elles ont été méconnues. Sous le prétexte que les enfants sont présumés semblables à leur père, « Filii prœsumuntur similes patri, » et qu'on peut avoir à craindre que les crimes, commis par celui-ci, ne deviennent héréditaires dans sa famille, « in filiis paterni, hoc est hæreditarii criminis, exempla metuuntur (1). » on a vu des familles entières expier la faute de leur chef. « Parentûm scelera, dit Cicéron, filiorum pœnis luuntur. » Ovide en cite un autre exemple dans ce vers :

Quam meruit pœnam solus digessit in omnes.

Bien plus, le machiavélisme politique osait dire, que c'était folie d'épargner les enfants, quand on avait immolé leur père :

Amens, qui parcit natis, genitore perempto!

C'était la traduction versifiée d'une sentence grecque.

Publius Syrus s'élevait énergiquement contre cette absurde iniquité. Il disait :

Ridiculum est, odio nocentis, perdere innocentem.

Patris delictum, nocere non debet filio (2).

---

(1) Ceci est extrait d'un rescrit inséré au Code de Justinien.
(2) Ai-je besoin de faire remarquer combien ces vers ont de ressemblance avec les textes, cités plus haut, de la loi romaine ?

D'autres poètes s'unissaient à ces protestations. Ils regardaient comme une souveraine injustice, d'étendre à tous la peine qu'avaient encourue quelques-uns ;

> ... Paucorum diffundere crimen in omnes.
>
> (Ov.)

Pourquoi, lit-on dans une tragédie de Sénèque, le crime d'un petit nombre devient-il le crime de tous?

> Cur omnium fit culpa, paucorum scelus?

Se peut-il que je porte la peine du péché d'autrui? est-il dit aussi dans une comédie de Térence :

> An pro hujus peccatis ego, supplicium sufferam?

Toutes ces réflexions montrent assez que la poésie latine comprenait parfaitement les vrais principes, en matière de responsabilité pénale, et qu'elle savait les défendre à l'occasion.

Était-il plus juste qu'un seul coupable expiât le crime de plusieurs, comme dans ce cas mentionné par Virgile :

> Unum pro multis dabitur caput...

ou dans cet autre dont parle Properce :

> Multorum miseras exigit una vices?

Sur cette question, je suis porté à croire que les poètes latins admettaient volontiers une exception à la règle : « Unusquisque delicti sui pœnam sufferat », règle que l'on peut considérer comme le corollaire de celles que je rappelais tout à l'heure. Ce qui autorise cette interprétation de leur pensée, c'est qu'ils citent avec éloges, ou du moins avec des témoignages visibles de sympathie, ceux qui s'offraient en holocauste, pour l'expiation d'une faute commune, ou qui, sans être coupables, assumaient la responsabilité pénale des méfaits d'autrui, tels, par exemple, que ces héros, dont Virgile et Ovide ont célébré le dévouement, en pareil cas :

> Se causam clamat, crimemque caputque malorum.
>
> (VIRG.)

> Me me adsum qui feci : in me convertite ferrum.
>
> (*Id.*)

Si scelus est, in me commissi pœna redundet.
                              (Ov.)
... Et solus crimen commune refellam.
                              (*Id.*)
    ... In se traxit crimen, voluitque videri
Esse nocens...
                              (*Id.*)

Une rigoureuse justice n'admet pas de semblables transactions avec le principe, qui veut que chacun soit responsable de ses fautes, et ne permet pas que les coupables s'abritent derrière une victime expiatoire. Mais on conçoit sans peine que la poésie ait vu avec beaucoup moins de défaveur l'immolation d'une seule victime, même innocente, pour la punition d'un plus ou moins grand nombre de coupables, que le sacrifice de plusieurs innocents, pour la répression du crime commis par un seul.

IV. Proportionnalité des délits et des peines.

IV. Voyons maintenant son opinion sur la question, si souvent débattue, de la proportionnalité à établir entre les délits et les peines, comme aussi du plus ou moins de sévérité dont il convient d'empreindre les dispositions légales ayant pour objet la répression des actions délictueuses.

Dans les temps anciens, les pénalités n'étaient rien moins que graduées, comme elles le sont de nos jours. Les législateurs ne s'étaient point attachés à prévoir et à définir les diverses espèces d'attentats que pouvaient commettre les malfaiteurs, à les classer par catégories, à qualifier les uns de crimes, les autres de délits ou contraventions, à mettre les peines en rapport avec la gravité de chaque fait à réprimer; et à donner ainsi au juge le moyen de pouvoir appuyer, sur un texte précis, la condamnation qu'il aurait à prononcer. Aussi longtemps que la loi du talion fut en vigueur, on n'avait pas grand besoin d'un pareil code, le malfaiteur se faisant à lui-même sa loi pénale. Mais le talion ne pouvait suffire qu'à une société dans l'enfance. La civilisation venant à progresser, d'autres lois répressives devenaient indispensables. A Rome, même alors qu'y régnait encore la législation des Douze Tables, il en intervint un certain nombre. Les édits des préteurs, les sénatus-consultes, y pourvoyaient; la jurisprudence également. Mais rien n'était codifié; et il est, je crois, permis de dire que, sous la République, et dans les premiers siècles de l'Empire, la législation pénale n'existait qu'à l'état de chaos. L'arbitraire était à peu près la règle, ou, du moins, nulle distinction n'étant faite par les lois sur les divers degrés à observer, suivant les circonstances, dans l'application des peines, le juge était libre de punir le délit le plus léger aussi sévèrement que le délit le plus grave : d'où suivait que souvent le châtiment dépassait de beaucoup la juste mesure de répression que comportait la culpabilité du fait punissable.

Les esprits éclairés se préoccupaient de cette situation, et des controverses s'étaient établies entre les jurisconsultes, comme entre les moralistes, sur le meilleur régime pénal à établir. Les uns, imbus des doctrines stoïciennes, n'admettaient, quant à la pénalité, aucune distinction entre les diverses espèces de méfaits, et voulaient, pour tous, un même degré de sévérité. Les autres, partisans de la philosophie d'Epicure, soutenaient que les peines devaient être proportionnées à la gravité des délits. Cicéron avait pris parti pour cette dernière opinion : « Cavendum est, disait-il, ne major pœna quàm culpa sit. — Statuenda pœna pro magnitudine delicti ».

La lutte durait encore du temps d'Horace. Ce poëte, éminemment juriste, intervint dans la lice. Sa haute raison devait naturellement le porter à se prononcer pour la thèse soutenue par Cicéron. En effet, ce fut en faveur de ce système qu'il rompit une lance.

Toute son argumentation mérite d'être citée. Qu'on me permette de la reproduire à peu près en entier.

Pourquoi, s'écriait-il dans l'une de ses satires, la raison n'use-t-elle pas de ses poids et mesures dans l'application des peines, et ne proportionne-t-elle pas le châtiment à la culpabilité, plus ou moins grave, du délit?

...Cur non
Ponderibus modulisque suis ratio utitur, ac res
Ut quæque est, ità suppliciis delicta coercet?

7

Qu'il nous soit donc enfin donné une règle qui permette d'infliger des peines en rapport avec les fautes :

...Adsit
Regula peccatis quæ pœnas irroget æquas.

On ne me fera jamais croire, continue-t-il, que celui-là, qui se contente de dérober quelques choux dans le jardin d'autrui, soit aussi coupable et passible du même châtiment que le voleur nocturne et sacrilége d'objets consacrés aux dieux :

Nec vincet ratio, tantumdem ut peccet et idem,
Qui teneros caules alieni fregerit horti,
Aut qui nocturnus Divùm sacra legerit...

Entre le vol timide, et le vol par rapine, la différence est grande :

...Distat sumasne pudenter
An rapias...

Mettre en croix un esclave qui n'a commis d'autre méfait que celui de lécher les restes d'un plat qu'il enlève de la table, ou de tremper son doigt dans la sauce, c'est être plus insensé que le jurisconsulte Labéon lui-même :

Si quis enim servum, patinam qui tollere jussus,
Semesos pisces tepidumque ligurierit jus,
In cruce suffigat, Labeone insanior inter
Sanos dicatur...

Qu'on ne se borne pas à punir de la férule le malfaiteur digne d'un châtiment plus sévère : soit, je l'admets, et n'ai certes point à craindre le contraire de la part de ceux aux yeux de qui les simples larcins et les brigandages sont tout un, et qui se flattent, s'ils avaient le pouvoir en mains, qu'un même glaive leur servirait à faire indistinctement justice des petits comme des grands coupables. Mais, pour Dieu, qu'on ne déchire pas par d'affreux coups de fouet celui qui mérite à peine quelques étrivières :

Ne scuticâ dignum horribili sectere flagello :
Nam, ut ferulâ cædas meritum majora subire
Verbera, non vereor; cùm dicas esse pares res
Furta latrociniis, et parvis magna mineris
Falce recisurum simili te, si tibi regnum
Permittant homines...

Ceux qui prétendent qu'aucune distinction n'est à faire entre les crimes, ajoute encore le même poëte, sont grandement en peine de justifier leur thèse, quand il leur faut en venir au vrai : car la raison, le bon sens, les mœurs, et même l'utilité publique, y répugnent invinciblement :

> Queis paria esse ferè placuit peccata, laborant
> Cùm ventum ad verum est; sensus moresque repugnant
> Atque ipsa utilitas...

Tous ces arguments ne seraient-ils pas parfaitement de mise dans une discussion parlementaire ayant pour objet la réforme d'une législation draconienne ?

V. Nécessité d'une ferme répression. — Dangers de l'impunité ou de l'excès d'indulgence.

Qu'on ne conclue pas de là, pourtant, que la poésie latine se montrât de facile composition pour la punition des crimes et délits, ni qu'elle prît parti contre la loi pour les coupables. Bien loin de là : nous allons voir qu'elle ne manque pas, à l'occasion, de faire entendre ses plaintes contre l'excès d'indulgence, en matière pénale, et d'appeler l'attention des gouvernants sur les dangers de l'impunité, sur la nécessité d'un régime pénal efficacement répressif.

Horace lui-même, s'indignant de la perversité de son siècle, faisait appel aux sévérités du législateur :

> Quid tristes querimoniæ,
> Si non supplicio culpa recidatur?

Juvénal, Pétrone et autres réclamaient de même contre l'insuffisance de la répression :

> Nullane perjuri capitis fraudisque nefandæ
> Pœna erit?
>   (Juv.)
>   ... Cur, crimine salvo,
> Ultio differtur?...
>   (Petron.)

Et ce n'était pas seulement en cas de complète impunité du coupable que ces poëtes se récriaient. A leurs yeux, l'insuffisance de répression équivalait presque au

scandale de l'exemption de toute peine, alors que la légèreté du châtiment jurait, pour ainsi parler, avec la
gravité du crime. C'est ce qu'expriment les vers suivants de Senèque le Tragique, lequel s'étonne et s'indigne que certain grand criminel n'ait à subir, en expiation de ses nombreux forfaits, qu'une peine de courte
durée :

> Itàne tàm magnis breves
> Pœnas sceleribus solvis?

C'est ce qu'exprime également ce passage, si connu,
d'une satire de Juvénal :

> ... Et hic damnatus inani
> Judicio (quid enim salvis infamia nummis ?)
> Exul ab Octavà Marius bibit, et fruitur Dis
> Iratis [1] ; at, tu, victrix provincia, ploras.

Ce Marius, dont parle Juvénal, était un proconsul
d'Afrique qui, sous le règne de Trajan, avait exercé de
nombreuses rapines dans son gouvernement, et que le
sénat avait condamné pour ce fait à l'exil, sur la plainte
de la province, dont la cause avait pour avocat Pline
le Jeune. La peine de l'exil était infamante, mais, en
réalité, illusoire : car le condamné gardait l'argent qu'il
avait volé à pleines mains, et jouissait librement du
fruit de ses déprédations, tandis que la province, qui
avait obtenu jugement de condamnation contre lui,
n'en retirait aucune réparation. C'était bien là de l'impunité ; et, quand on voyait de pareilles peines appliquées à de pareils crimes, on était bien autorisé à les
qualifier de dérisoires.

Continuons ce sujet.

L'impunité, disaient d'autres poètes, a laissé au crime
un libre cours, et l'audace des malfaiteurs s'en est ac-
crue :

> Fecit iter sceleri...
>
>   (Ov.)
>
> Et ruit in vetitum damni secura libido.
>   (Claud.)

---

[1] Et jouit du ciel même irrité contre lui.

              (Boileau, *Satire* 1.)

Criminis indultu secura audacia crevit.

(ANTHOLOGIA.)

Pourquoi? Publius Syrus va nous l'expliquer par les vers suivants, qui sont épars dans le recueil de ses sentences, et qui tous reproduisent la même idée sous des formes diverses :

Nisi vindices delicta, improbitatem adjuvas.

Qui dubitat ulcisci improbos plures facit.

Qui culpæ ignoscit uni suadet pluribus.

Sæpè ignoscendo, das injuriæ locum.

Patiendo multa, veniunt quæ nequeas pati.

Invitat culpam, qui delictum præterit.

Veterem ferendo injuriam, invites novam. (1)

Toutes ces sentences se résument à dire que l'impunité est, pour le coupable, un encouragement à commettre de nouveaux méfaits. Si leur auteur, qui vivait sur la fin du VIIᵉ siècle de Rome, revenait avec tant d'insistance sur la même pensée, s'il la retournait sous tant d'aspects différents, c'est apparemment que, grâce à l'insuffisance de la législation criminelle de l'époque, nombre d'attentats demeuraient impunis. Ces réflexions de Publius Syrus étaient donc autant d'avertissements donnés au législateur. En voici d'autres encore du même poëte, dans lesquels il exprime, qu'épargner les méchants, c'est nuire aux bons ; que, d'ailleurs, on n'y gagne rien, car c'est l'intimidation, et non la clémence, qui contient les méchants, et que, de même que le médecin doit redoubler de rigueur dans ses prescriptions, quand le malade est intempérant, de même

(1) Ces sentences de P. Syrius ont été imitées par nos poëtes dans les vers suivants :

Qui pardonne aisément invite à l'offenser.

(CORNEILLE, Cinna.)

Une faute impunie en fait commettre deux.

(BOURSAULT, Esope à la Cour.)

On a dit aussi proverbialement dans le même sens : « Post folia cadunt arbores. » Après les feuilles tombent les arbres.

aussi il faut comprimer par le mal ceux qu'on ne peut maintenir par la douceur :

> Bonis nocet quisquis pepercit malis.
>
> Metus improbos compescit, non clementia.
>
> Crudelem medicum intemperans æger facit.
>
> Quem bono tenere non potueris, contineas malo.

Ajoutons à tout ceci ces vers de Phèdre :

> Castigate impios ; delicta vindicate.
>
> Successus improborum plures allicit ;

Et concluons que, si la poésie latine, par la voix de l'un de ses plus éminents organes, réclamait, dans les peines, une graduation équitablement mesurée sur la gravité des délits, elle était bien loin de se montrer hostile à la fermeté répressive des lois pénales ; qu'elle les voulait, au contraire, sans faiblesse, et impitoyables pour les méchants, et que, pour motiver tout un système de pénalités rigoureuses, les criminalistes les plus sévères ne sauraient mieux dire que les poëtes dont je viens de citer de nombreux fragments. Plus loin, d'ailleurs, j'aurai encore occasion de montrer qu'elle ne demandait pas aux juges moins de fermeté qu'au législateur.

§ 2. *Crimes et délits.* — *Leurs diverses espèces.* — *Leurs caractères.* — *Questions de culpabilité.*

De ces idées générales sur les principes constitutifs, et sur le but de la législation criminelle, les muses latines n'ont pas dédaigné de descendre aux spécialités de cette branche du droit. C'est ainsi qu'elles se sont expliquées sur la plupart des attentats que doit prévoir un Code pénal, sur leurs caractères plus ou moins aggravants ; puis sur les questions de culpabilité intentionnelle, sur la complicité, sur les circonstances atténuantes, etc.

J'ai pensé qu'il pourrait être intéressant de les suivre dans ces détails, dont quelques-uns témoigneront qu'en fait de crimes et de délits communs, les anciens n'étaient guère moins avancés que les sociétés modernes.

I. Criminalité en général.

Notons, avant d'entrer dans la spécification des délits, quelques observations de la poésie sur la criminalité en général.

Le crime, nous dit-elle, se diversifie de mille manières :

> Sunt multæ scelerum facies...
>
> (VIRG.)

Il n'en est aucun dont les temps passés ne fournissent des exemples :

> Nullum caruit exemplo nefas.
>
> (SEN., *Trag.*)

Mais la race des méchants est féconde en fraudes de
tous genres :

> Fecundum in fraudes hominum genus...
>
> (SIL. ITAL.)

Elle sait joindre à ses méfaits toutes les ruses que
peut inventer une imagination à la fois habile et per-
verse :

> ...Dolos dirumque nefas in pectore versat.

Pour elle, un crime sans difficulté, est presque un
crime à dédaigner :

> Permissum fit vile nefas... [1]
>
> (JUV.)

Il lui faut d'ailleurs du nouveau, ne fût-ce que pour
ne rien laisser d'inexploré ou d'intact, dans la carrière
où elle s'exerce :

> ...Ne quid inausum
> Aut intractatum scelerisve dolive fuisset.
>
> (VIRG.)

---

(1) Sénèque a dit dans le même sens : « Multi aperta transeunt ;
operta et obscura rimantur, furem signata sollicitant. — Vile videtur
quidquid patet ; aperta effractarius præterit ».— « Aquæ furtivæ, dit
aussi Salomon dans ses Proverbes, dulciores sunt, et panis abscondi-
tus suavior. »

Il n'est pas d'actions si hideuses, qui ne puissent être dépassées par de plus hideuses encore :

> Nusquam adeò fœdis adeòque pudendis
> Utimur exemplis, ut non pejora supersint.
>
> (Juv.)

Tant il est vrai que le crime ne connaît point de bornes :

> ... Vetitum est adeò sceleri nihil !...
>
> (Ov.)

Quel est le jour, si sacré qu'il soit, où ne se produisent des actes de perfidie, des vols, des escroqueries, des rapines à main armée, et des entreprises criminelles de toute sorte ?

> Quæ tàm festa dies, ut cesset prodere furem,
> Perfidiam, fraudem, atque ex omni crimine lucrum
> Quæsitum, et partos gladio vel pixide nummos ?

La terre n'est-elle pas, sans cesse, trempée de sang versé par le meurtre ?

> ... Semperque recenti
> Cæde tepebat humus...
>
> (Virg.)

Tel est, en raccourci, et sous un point de vue général, le tableau, que tracent les poëtes, des méfaits commis par cette classe de la société, contre laquelle se dressent les lois pénales.

Venons maintenant à la spécification des crimes et délits; elle montrera que ce qu'a prévu notre Code pénal l'avait déjà été, en grande partie, par celui de la poésie latine.

II. VOL.

De tous les attentats, les plus ordinaires sont ceux qui s'attaquent directement à la propriété, ou qui s'attaquent aux personnes, pour parvenir à s'emparer de ce qu'elles possèdent. Qui ne sait en effet combien l'argent d'autrui a d'attraits pour nombre de gens ?

> ... Nescis
> Quas habeat veneres aliena pecunia ?...
>
> (Juv.)

La morale du voleur est de prendre à d'autres ce dont il manque, en considérant la propriété elle-même, comme un vol :

Quo caret alteruter, sumit ab alterutro.

(CATULL.)

Cette morale était tellement séduisante, à ce qu'il paraît, au temps où écrivait Catulle, que c'était pour se défendre de ses entraînements qu'on adressait à la Némésis Rhamnusienne cette invocation que j'ai déjà citée, et dans laquelle on peut remarquer une définition du vol, assez conforme à celle qu'en donne la loi romaine :

Quod temerè invitis suscipiatur heris.

Il y avait, en ce temps-là tout comme à présent, des voleurs par nature ou par instinct, des gens aux mains crochues ou gluantes, toujours prêts à s'emparer frauduleusement du bien d'autrui, pour peu qu'ils le trouvassent à leur portée. Martial en avait connu plus d'un, et voici comment il les qualifiait :

Fur notæ nimiùm rapacitatis.

...Nihil est furacius illo.

Omnia viscatis manibus leget, omnia sumet.

Quidquid ponitur, hinc et hinc verrit.

Attulerat mappam nemo, dùm furta timentur.

On connaissait également alors, de même qu'aujourd'hui,

1° Les voleurs adroits, les filous :

Furtum ingeniosus ad omne.

(Ov.)

O furum optime !

(TER.)

2° Les voleurs de nuit, qui se levaient à la fin du jour, pour travailler à dépouiller leur prochain :

Ut spolient homines, surgunt de nocte latrones.

(HOR.)

7.

3° Les voleurs avec effraction :

Callidus effractâ nummos fur auferet arcâ.
(MART.)

...Qui spoliet te
Non decrit, clausis domibus, postquàm omnis ubique
Fixa catenatæ siluit compago tabernæ.
(JUV.)

4° Les voleurs sacriléges :

Et qui nocturnus Divûm sacra legerit...
(HOR.)

5° Enfin, les voleurs sur chemins publics, les voleurs armés et usant de violences, ceux qui arrêtent les passants et leur demandent la bourse ou la vie, tous désignés sous la dénomination de *grassatores* :

Grassatorque venit mediam metuendus in urbem.
(MANIL.)

Interdùm ferro subitus grassator agit rem.
(JUV.)

Stat contrà, starique jubet ; parere necesse est.
(*Id.*)

Ces citations ne prouvent-elles pas que la plupart des variétés du vol, que ses différentes modifications et ses circonstances plus ou moins aggravantes, étaient parfaitement comprises par la poésie latine?

III. Escroquerie.

Quant à l'escroquerie, les poëtes, de même que la loi romaine, la confondaient soit avec le vol simple, soit avec le dol et la fraude.

Il est fréquemment question, dans leurs œuvres, de manœuvres dolosives. Voici quelques fragments, dans lesquels la fraude et ses entreprises sont nettement caractérisées :

...Nodos fraus abdita nectit.
(PRUDENT.)

...Docilis fallendi et nectere tectos
Nunquàm tarda dolos...
(SIL. ITAL.)

Multa scias queis vel cœlestia numina fallas.
(PROV.)

Astutam vapido servat sub pectore vulpem.   (Pers.)

Consilio versare dolos ingressus et astu.   (Virg.)

Consilium magnæ callidatis init.   (Ov.)

Le plus souvent, les manœuvres frauduleuses avaient pour but de s'approprier le bien d'autrui : et il y a lieu de croire qu'elles étaient d'un usage fort répandu; car les poëtes dramatiques les mettaient en jeu dans la plupart de leurs pièces de théâtre, où, presque toujours, on voit figurer quelques fripons, commettant ou tentant de commettre des escroqueries, soit par ruse et fourberie, soit à l'aide de faux noms ou de fausses qualités. Rien de plus commun, dans les comédies de Plaute et de Térence, que les qualifications suivantes, appliquées à ces escrocs : *Machinator fraudis, architectus fallaciarum, scitus sycophanta, magnus nebulo, fur* ou *trium litterarum homo, trifur*, etc., etc. L'escroquerie, du reste, devait être d'autant plus en vogue chez les Romains, qu'elle n'encourait, de même que le vol simple, qu'une condamnation purement civile au double du dommage causé, comme l'exprime ce fragment de Plaute :

...Duplum pro furto mihi opus est.   (*Pseudolus*.)

Observons, en outre, qu'en matière de fraude ou d'escroquerie, la poésie latine admettait la règle de droit, suivant laquelle toute personne qui sciemment se laisse tromper n'est pas réputée trompée : « Nemo videtur fraudare eos, qui sciunt et consentiunt».Publius Syrus a mis en vers cette règle, à peu près dans les mêmes termes que le Digeste :

Decipi ille non censetur, qui scit se esse decipi.

IV. Banqueroute.

Chez les Romains, la banqueroute n'était point classée au nombre des crimes ou délits, passibles de peines publiques. Le législateur s'en rapportait au créancier du soin de faire justice du débiteur qui ne le payait pas, en se saisissant de sa personne, et en le réduisant à une sorte de servitude, en vertu de la règle : « qui non habet in ære solvat in corpore. » Mais ce moyen d'exécution ne put être efficacement exercé qu'à l'époque où le praticiat possédait seul toutes les richesses et toute l'influence. Dès que l'élément plébéien vint à le déborder, d'autres idées prévalurent. On n'admettait plus qu'un créancier eût le droit de se payer sur la personne de son débiteur : « bona debitoris, non corpus obnoxium esset, » disait-on, au rapport de Tacite. Par suite de quoi, la règle « aut in ære, aut in cute solvat», tomba en complet discrédit. Il n'en subsista plus que la faculté, pour le créancier, d'incarcérer celui qui ne satisfaisait pas à ses engagements, faculté ainsi définie par un texte du Code : « si non satisfaciant debitores, et publicæ et privatæ carceris custodiæ retineri possunt, *non quidem ut ibi servitutem serviant*, sed ut carceris tædio ad solvendum adigantur. » Ce n'était plus, comme on le voit, qu'un moyen d'exécution à peu près ramené aux proportions de notre contrainte par corps. Mais il paraît qu'à défaut de gardes du commerce et de recors, les débiteurs s'effrayaient peu de cette voie de contrainte, et que rien ne leur était plus facile que de s'y soustraire; si bien qu'ils pouvaient faire impunément banqueroute. Voici, en effet, comment Juvénal expose la manière de faire de ces débiteurs frauduleux.

Ils commençaient par contracter plus de dettes qu'ils n'en pouvaient et n'en voulaient acquitter :

> ...Hic aliquid plus,
> Quàm satis est, interdùm alienâ sumit in arcâ.

Puis ils employaient en folles dépenses, à la barbe de leurs créanciers, l'argent qu'ils s'étaient ainsi procuré :

> ...Conducta pecunia, Romæ,
> Et coràm dominis consumitur...

Plus ils étaient obérés, plus leur ruine était imminente, mieux ils dînaient, n'en perdant, comme on dit aujourd'hui, ni un coup de dent, ni un pouce de leur graisse :

> Egregiùs cœnat meliùsque miserrimus horum,
> Et citò lapsurus, jàm pellucente ruinâ.

Aussi était-ce à l'entrée du marché, dont ils étaient les chalands les plus assidus, que leurs créanciers trom-

pés allaient les attendre, pour leur réclamer leur dû;
ils ne pouvaient les joindre que là ; c'était là seulement
qu'ils étaient sûrs de les rencontrer :

> Multos porrò vides, quos, sæpe elusus, ad ipsum
> Creditor introitum solet exspectare macelli.

Le pis-aller pour eux, s'ils avaient affaire à un créancier peu débonnaire, était de lever le pied, ou, suivant
la locution juridique, *cedere foro*, et de changer de ré-
sidence ; ils ne s'en embarrassaient pas plus que de passer d'un faubourg de Rome dans un autre :

> Cedere namque foro jàm non tibi deterius quàm
> Esquilias à serventi migrare Saburnâ.

L'audace et l'impunité de pareilles banqueroutes
soulevaient toute l'indignation du satirique, et l'on
peut juger, par la manière dont il s'en explique, que,
si ce genre de délit contre la propriété ne figurait pas
dans le Code pénal du législateur, il n'hésitait pas, lui,
à le placer dans le sien ; ce que faisait également Publius Syrus, dont une sentence, parfaitement applicable
au même cas, porte qu'accepter ce qu'on ne pourra
rendre, c'est véritablement le voler :

> Rapere est, accipere quod non possis reddere.

V. Incendie volontaire ou par imprudence.

Je n'aurai que peu de mots à dire d'un autre attentat contre la propriété, le plus grave peut-être de
tous, l'incendie volontaire.

Quoique ce crime fût prévu et frappé des peines les
plus sévères par la législation romaine, car on trouve, au
Digeste, un texte d'après lequel celui qui, méchamment,
mettait le feu à l'habitation d'autrui, devait lui-même
périr par le feu, la poésie latine s'en est rarement expliquée, à ma connaissance du moins. Je n'en puis citer que cette définition, donnée par Virgile :

> ...Totis Vulcanum spargere tectis.

Ceux qui ont lu les Géorgiques se rappellent que
le même poëte a parlé aussi des incendies de forêts

causés par le fait, plus ou moins involontaire, des pasteurs :

> Dispersa immisit silvis incendia pastor.

La description qu'il fait de leurs ravages était bien de nature à émouvoir la sollicitude du législateur et à provoquer des disposions répressives de pareils dommages. Les lois, en effet, y pourvurent, et des pénalités furent établies contre les auteurs d'incendie par imprudence.

VI. Suppression de bornes.

C'était encore, chez les anciens, une grave atteinte à la propriété, que la suppression ou le déplacement de bornes servant de limites entre différents héritages. A Rome, ainsi que je l'ai déjà noté dans une précédente partie de mon travail, ces bornes limitaires avaient été, en quelque façon, déifiées; du moins les tenait-on pour autant de représentants du dieu Terme. Les supprimer ou les déplacer, c'était presque se rendre coupable d'un sacrilège. Aussi Juvénal, signalant un délit de ce genre, le qualifie-t-il en des termes qui montrent que, même encore de son temps, ce respect religieux pour le signe distinctif de la propriété foncière ne s'était pas complétement effacé :

> Et sacrum *effodit* medio de limite saxum.

Les législateurs en jugeaient de même : « Eos qui terminos *effoderunt*, est-il dit dans le Code de Justinien, extraordinariâ animadversione coerceri debent. »

A côté de ces aperçus sur les attentats contre la propriété, plaçons-en d'autres sur les attentats contre les personnes.

VII. Homicide volontaire. — Empoisonnement. — Infanticide. — Avortement.

L'homicide volontaire, commis avec ou sans préméditation, sous l'inspiration d'une passion cupide ou d'un sentiment de vengeance, de haine ou de colère, est un sujet sur lequel la poésie latine s'est mainte fois

exercée. Elle en a décrit toutes les variétés, plus ou
moins horribles, tous les moyens d'exécution, plus ou
moins cruels. Assassinats par brigandage,

>...Parti gladio vel pixide nummi,
>
> (Juv.)

assassinats ou meurtres, par le fer, par excès de coups
et de violences, par strangulation, par étouffement,
par le poison, tous ont été prévus par elle, l'empoisonnement surtout, car, chez les anciens, dont la
science médicale n'allait pas jusqu'à découvrir et reconnaître dans les organes de la victime les preuves
matérielles de l'ingestion du poison, c'était le moyen
d'homicide à la fois le plus facile et le moins périlleux
pour son auteur, celui dont on a pu dire :

>...Nullus magni sceleris labor...
>
> (Juv.)

Aussi était-ce le plus usité, bien que la loi romaine
le considérât comme plus odieux, et plus sévèrement
punissable que le meurtre par le fer : « Plus est enim
hominem exstinguere veneno, quàm occidere gladio. »
Que l'usage de ce crime fût alors fort répandu, rien ne le
prouve mieux que les termes de ce certificat de moralité, qu'on se délivrait à soi-même, au temps où vivait
Martial, son auteur :

>Nec mea mortiferis infecit pocula succis
>Dextera, nec cuiquam tetra venena dedit.

Remarquons, pourtant, que l'homicide par empoisonnement était plus généralement imputable aux femmes
qu'aux hommes : « Latrocinium facilius in viro, » disait Quintilien, « veneficium in feminâ credas ».

Tel était sans doute aussi l'avis des poëtes : en effet,
ce sont toujours des femmes qu'ils mettent en scène,
lorsqu'il est question, dans leurs œuvres, d'homicide par
le poison. Le plus souvent ils attribuent le mobile de ce
crime à des vengeances féminines, car aucun être, suivant
eux, ne savoure la vengeance autant que la femme :

>...Vindictâ...
>Nemo magis gaudet quàm femina...
>
> (Juv.)

et chacun sait ce dont une femme est capable, quand un profond ressentiment la pousse à se venger :

> ...Notumque furens quid femina possit
> (VIRG.)

Aussi, voyez comme ils la représentent, imposant silence à sa haine, et élaborant, dans le mystère, tous les apprêts de son crime :

> ...Trucem secreta coquebat
> Invidiam...
> (STAT.)

> Ulcisci statuit, pœnæque in imagine tota est
> (Ov.)

> Triste parat facinus, tacitàque exæstuat irâ.
> (Id.)

Là, comme on le voit, sont mis en relief tous les caractères de la préméditation criminelle.

Maintenant, Juvénal va nous dire comment procède l'empoisonneuse. Ici, c'est une marâtre qui, par haine, a résolu de mettre à mort les enfants issus d'un premier mariage de son époux. Afin de mieux assurer le succès de son odieux projet, elle leur prépare des gâteaux empoisonnés :

> Livida materno fervent adipata veneno.

Ailleurs, c'est une mère du nom de Pontia (le fait est historique), qui tue ses deux enfants par le poison, et, cette fois, par intérêt, « propter nummos » et, dans l'espoir de recueillir la succession de ces innocentes victimes. Convaincue de ce crime, elle en fait cyniquement l'aveu en ces termes :

> ...Feci,
> Confiteor, puerisque meis aconita paravi,
> Quæ deprensa patent...

J'en aurais eu sept, ajoute-t-elle, que je les aurais tous empoisonnés :

> ...Septem, si septem forte fuissent

Voilà le crime d'empoisonnement, sous son aspect le plus monstrueux. Ici, il s'attaque à des enfants, qui reçoivent la mort de celle-là même qui leur avait donné la vie. Doit-on s'en étonner, quand on lit, dans le même poëtc, que la plupart des femmes, appartenant aux classes les plus élevées et les plus riches de la société romaine, avaient si peu d'attachement pour le fruit de leurs entrailles, qu'elles le faisaient périr jusque dans leur sein, afin sans doute de s'affranchir des charges et des soins de la maternité :

> ...Jacet aurato vix ulla puerpera lecto :
> Tantùm artes ejus, tantùm medicamina possunt,
> Quæ steriles facit atque homines in ventre necandos
> Conducit !...

On reconnaît, à ces traits, le crime d'avortement, qui touche de si près au meurtre de l'enfant nouveau-né, à l'infanticide; et l'on voit qu'il ne manquait pas, à Rome, de matrones, *obstetrices*, faisant métier de le procurer, par aliments, breuvages, médicaments ou par tout autre moyen.

Juvénal n'est pas le seul poëte latin qui fasse mention de ce crime. Dans son Traité *de Officiis*, Cicéron cite ce fragment d'un ancien poëme, qui en dépeint le résultat en ces termes saisissants :

> Natis sepulcro est ipse parens... ·

Les lois pénales romaines avaient dù le prévoir et le réprimer. On lit dans le Digeste la disposition suivante, applicable à la femme qui se fait avorter elle-même . « Si mulierem visceribus suis vim intulisse, quò partum abigeret, constiterit, eam in exilium præses provinciæ exigat ». On y lit aussi cette autre disposition, qui s'applique spécialement à l'*obstetrix* ayant procuré l'avortement : « Si obstetrix medicamentum dederit, et indè mulier perierit, Labeo distinguit, ut si quidem suis manibus supposuit, videatur occidisse; sin verò dedit, ut sibi mulier offerret, in factum actionem dandam ». Mais il paraît que ces dispositions pénales, et quelques autres que je m'abstiens de rappeler, furent impuissantes à prévenir la fréquence de ce genre de crime, et qu'on n'en continua pas moins de tuer nombre d'enfants avant leur naissance, ou, comme disait Cicéron, « Speratos liberos interficere ».

VIII. Parricide.

Personne n'ignore que certains législateurs de l'antiquité avaient cru devoir s'abstenir de faire figurer le parricide dans leurs codes criminels, ne le croyant jamais possible. Même encore au temps de Cicéron, ce crime était regardé comme une monstruosité tenant du prodige, « portentum atque monstrum »; et ce grand orateur n'en admettait guère la crédibilité que dans les cas de flagrant délit : « Hæc magnitudo maleficii facit, ut, nisi penè manifestum parricidium proferatur, credibile non sit. Penè dicam respersas manus sanguine paterno judices videant oportere, si tantum crimen, tàm immane, tàm acerbum, credituri sint ».

Le parricide, cependant, n'était pas sans exemples; et la poésie latine, moins illusionnée que les premiers législateurs, ne fit pas à l'humanité l'honneur de ne le point prévoir. Horace en fait mention dans les fragments suivants :

> Parentis olim si quis, impiâ manu,
>   Senile guttur fregerit.

> Contendit laqueo collum pressisse paternum.

> ...Genitricem occidis...

Et Lucain nous apprend que, dans les guerres civiles, la piété filiale était à ce point méconnue, qu'on ne se faisait aucun scrupule de donner la mort à son père, quand on le rencontrait, comme adversaire, dans les luttes armées des partis :

> ...Dùm tela micant, non vos pietatis imago
> Ulla nec adversâ conspecti fronte parentes
> Commoveant; vultus gladio turbate paternos.

Du reste, les législateurs romains n'avaient pas, comme leurs devanciers de la Grèce, jugé à propos de prétériter cet attentat dans leur Code criminel. On sait comment il le punissaient. Le parricide, après avoir été battu de verges jusqu'au sang, devait être enfermé dans un sac de cuir, avec un chien, un coq, une vipère et un singe, puis jeté ainsi à la mer. « Pœna parricidii, » dit le Digeste, « more majorum, hæc indicata est, ut par-

ricida, virgis sanguineis verberatus, deindè culeo in-
suatur cum cane, gallo gallinaceo, viperâ et simiâ,
deindè in mare profundum culeus jactetur. Hoc ità, si
mare proximum sit; alioquin, bestiis objiciatur ».

Juvénal rappelle cette loi dans le passage suivant,
où, parlant du parricide commis par Néron, il dit que,
pour faire justice à cet empereur, comme il le méritait,
ce n'eût pas été assez d'un seul singe, d'un seul ser-
pent et d'un seul sac de cuir :

> Cujus supplicio non debuit una parari
> Simia, nec serpens unus, nec culeus unus.

Une autre catégorie de crimes et délits, dont la poésie
latine s'est également occupée, est celle des attentats
aux mœurs.

IX. Viol.—Attentats à la pudeur.—Attentats aux mœurs.

Sur le viol et les autres attentats à la pudeur, je
n'aurai que peu de textes à relever. On trouve l'imputation d'un crime de ce genre dans le vers suivant, extrait d'une comédie de Térence :

> Virgines vitiâsti, quas te jus non fuerat tangere.

Vitiasti : L'expression est juridique, car le viol et
l'attentat à la pudeur étaient qualifiés par le droit romain de *stuprum.* — *Quas te jus non fuerat tangere :* ceci
encore est parfaitement légal, car tout attentat à la
pudeur était prohibé, sous les peines les plus sévères ,
par les lois criminelles alors en vigueur; quelques-unes
même le punissaient de mort. C'était bien rigoureux.
Publius Syrus était d'avis que l'infamie devait suffire à
le réprimer; c'est du moins ce qu'il me paraît exprimer
par cette sentence :

> Pudorem alienum qui eripit perdit suum.

Il semble que les législateurs romains aient eux-
mêmes adopté cette manière de voir. En effet, à côté
de dispositions qui prononcent la peine capitale contre
l'auteur du *stuprum*, il s'en rencontre d'autres, au Digeste, qui ne lui infligent que des peines infamantes,
notamment celle-ci : « Qui nondùm viri potentes virgi-

nes corrumpunt, humiliores in metallum damnantur, honestiores in insulam relegantur, aut in exilium mittuntur».

En pareille matière, le mariage du coupable avec la victime de l'attentat pouvait-il être considéré comme une réparation suffisante, ou, du moins, comme une excuse du crime? Oui', répond implicitement Ovide, dans ce vers :

> Vim tamen emendat, dando mihi nomina nuptæ.

Il existait, à Rome, une loi *Scantinia*, qui punissait de mort ceux qui se livraient à des amours contre nature, mais c'était un de ces glaives dont on n'usait pas et qu'on laissait reposer dans leur fourreau. Juvénal s'en indignait, et sollicitait le réveil de cette loi :

> Quod si vexantur leges ac jura citari,
> Ante omnes debet Scantinia...

Il fallait quelque peu savoir son droit, pour rappeler ainsi, à l'occasion, une loi tombée en oubli. Juvénal, au surplus, n'y manquait pas; car c'est lui encore qui s'écriait, à propos de la loi Julia, «de adulteriis, » qu'on n'exécutait pas davantage :

> ...Ubi nunc, lex Julia, dormis?

X. Adultère.

Je viens de parler d'adultère. C'est encore un délit qui se classe parmi les attentats aux mœurs. Sur celui-là, la poésie latine fournit de nombreux textes. Je ne citerai que ceux ayant trait à la criminalité de l'action, et les pénalités qu'elle encourait.

Selon Juvénal, l'origine de l'adultère remonte aux temps les plus reculés,

> Antiquum et vetus est alienum, Posthume, lectum
> Concutere...,

et, dès l'âge d'argent, il avait fait son apparition dans le monde,

> Viderant primos argentea sæcula mæchos.

Sans le faire dater d'aussi loin, Horace fait remarquer, dans son *Art poétique*, que les premiers législateurs eurent la sagesse de prendre des mesures pour en arrêter les progrès, et pour assurer les droits des maris :

> ...Fuit hæc sapientia quondàm
> Concubitus prohibere vagos, dare jura maritis.

C'était sans doute à la loi des Douze Tables qu'il rendait cet hommage. En effet, il paraît certain que cette loi contenait une disposition, par laquelle le mari était autorisé à tuer sa femme adultère et son complice, lorsqu'il les surprenait en flagrant délit. De plus, sous l'empire de ce droit ancien, ainsi que l'atteste Gaius, la femme, convaincue d'adultère, perdait sa dot, que le mari pouvait retenir et s'appliquer.

Cet état de la législation, qui subsistait encore du temps d'Horace, est nettement constaté par ce poëte dans deux de ses satires. Ne savez-vous pas, disait-il à l'un de ces hommes, qu'on désignait sous le nom de *mœchus* (1), que le mari outragé a un droit parfaitement légitime de haute justice contre sa femme et son complice, et que ce droit est plus légitime encore à l'encontre du séducteur ?

> ...Estne marito
> Matronæ peccantis in ambos æqua potestas?
> In corruptorem vel justior...

S'il vous y prend, vous courez grand risque d'y perdre et votre bien, et votre vie, et votre honneur :

> ...Dominoque furenti
> Committes rem omnem, et vitam, et, cum corpore, famam.

Rien n'est pis, ajoute-t-il ailleurs, que d'être surpris en pareille aventure,

> Deprendi miserum est...

En effet, il vous faut fuir au plus vite, à demi nu, si vous tenez à vous épargner et les pertes d'argent, et les coups, et le scandale :

> Distinctâ tunicâ fugiendum est, ac pede nudo,
> Ne nummi pereant, aut pygæ, aut denique fama.

Tels étaient, en effet, les périls auxquels s'exposait, d'après le droit alors en vigueur, le complice de la femme adultère.

(1) Le *mœchus* est ainsi défini par Plaute :

> ...Nisi adulterio, studiosus rei nullæ aliæ est...

Pour celle-ci, le danger n'était pas moindre; si, par exemple, il arrivait que son mari revînt inopinément de la campagne, alors que, profitant de son absence, elle se livrait à son complice, elle en était réduite à se jeter éperdue hors du lit, à confesser misérablement sa faute, à trembler dans l'attente des corrections maritales et de la perte de sa dot :

> ...Vir rure recurrat,
> Janua frangatur, latret canis, undique magno
> Pulsa domus strepitu resonet; vepallida lecto
> Desiliat mulier; miseram se conscia clamet;
> Cruribus hæc metuat, doti deprensa... (HOR.)

On voit qu'Horace ne néglige pas de rappeler ici la peine pécuniaire encourue par la femme coupable, peine fort sensible, et qui, sans doute, l'effrayait plus encore que les étrivières dont parlait le poëte Lucile, en ces termes :

> ...Virosam uxorem
> Cædam...

Tout cela cependant n'arrêtait pas la contagion de l'adultère. Ce redoutable droit de vie ou de mort, dont les lois avaient armé le mari contre ceux qui souillaient sa couche conjugale, ne devait que fort rarement s'exercer dans toute sa rigueur; il ne pouvait être appliqué, d'ailleurs, que dans le cas de flagrant délit, toujours fort difficile à constater. Aussi, bien que Virgile eût fait figurer, dans son enfer, nombre de damnés, tués pour cause d'adultère,

> Quique ob adulterium cæsi...

d'autres, méconnaissant le fait de semblables vengeances de la part des maris, disaient :

> Ense maritali nemo confossus adulter
> Purpureo Stygias sanguine tinxit aquas.

L'exemple en étant donné de haut, l'adultère s'était répandu dans toutes les classes du peuple romain. Il était même tellement passé en coutume, au commencement de l'Empire, que la plupart des maris avaient fini par en prendre leur parti, et par le tolérer comme un mal nécessaire et inévitable. De là une véritable perturbation dans les familles, par l'intrusion de la bâtardise, *perturbatio sanguinis*. Horace déplorait, dans ses Odes, ce désordre social :

Fecunda culpæ sæcula nuptias
Primùm inquinavère, et genus et domos...

Ovide le déplorait également :

Heu ! ubi pacta fides, ubi connubialia jura !

L'adultère règne et marche, la tête levée, disait aussi Sénèque le Tragique ;

Vitioque potens regnat adulter.

mais ce n'était pas assez d'en gémir ; il fallait en obtenir la répression. C'est ce à quoi concluait Horace, en s'adressant à l'empereur Auguste, dont on sait qu'il était un des favoris :

Indomitam audeat
Refrenare licentiam...

Ses doléances furent entendues et ses vœux exaucés. En effet, peu après intervenait la loi « *Julia de adulteriis* ». Cette loi, il est vrai, était beaucoup moins sévère que la législation antérieure, en ce sens qu'elle ne laissait plus au mari le droit de disposer de la vie de sa femme et de son séducteur, même dans le cas de flagrant délit, et réduisait à la privation de moitié seulement de la dot la peine pécuniaire qu'il pouvait infliger à son épouse, convaincue d'adultère. Mais, en revanche, elle plaçait le délit au nombre des délits publics, «*judicia publica*», que toute personne pouvait dénoncer et poursuivre, à condition pourtant que le mari s'y prêtât.

On put espérer qu'il en résulterait quelque amélioration de la moralité matrimoniale ; et tel était, sans doute, l'espoir d'Horace, lorsqu'il écrivait, dans ses odes, les vers suivants, par lesquels il rend grâces au prince des bienfaits que lui paraît avoir réalisés la nouvelle législation :

...Ordinem
Rectum evaganti frena licentiæ
Injecit...
Nullis polluitur casta domus stupris,
Mos et lex maculosum edomuit nefas :
Laudantur simili prole puerperæ.

Mos et lex, dit le poëte, qui semble admettre ici que

la loi Julia était en parfait accord avec les mœurs. C'était, de sa part, une illusion que l'avenir ne devait pas tarder à dissiper. Il était mieux inspiré, quand il s'écriait ailleurs :

> Quid vanæ, sine moribus,
> Leges proficiunt, si malè vivitur,
> Si scelerum non benè pœnitet ?

En effet, la loi Julia n'apporta qu'un bien impuissant remède au mal qu'elle voulait dompter. Bien loin de seconder son action, les mœurs de l'époque y résistaient ostensiblement. Les maris eux-mêmes, soit sur le fondement de cette maxime,

> L'honnête homme trompé s'éloigne et ne dit mot,

soit parce que l'adultère était devenu une sorte de coutume et presque de mode, laissaient passer, sans trop s'en émouvoir, le délit qui les outrageait; et, comme un tiers n'avait le droit de poursuivre ce délit, en l'absence de plainte de leur part, que dans le cas de *lenocinium*, c'est-à-dire, lorsqu'ils faisaient notoirement trafic de l'adultère de leur femme (1), les attentats à la sainteté du mariage demeuraient le plus souvent impunis. Chez quelques-uns, cette tolérance était telle, qu'on pouvait justement l'assimiler au *lenocinium*: et c'est en ce sens qu'Ovide disait à un mari qui supportait avec une excessive longanimité la scandaleuse inconduite de sa femme :

> Lentus es et pateris nulli patienda marito.

Il est juste d'ajouter, pour expliquer cette patience du mari, que la plupart d'entre eux donnaient à leurs femmes l'exemple de l'infidélité. On lit dans Térence :

> Fidelem haud fermè mulieri invenias virum;

Et l'on pouvait dire de la plupart des femmes ce qu'Ovide disait de Junon :

> Deprensi toties benè nòrat furta mariti.

_____

(1) « Lenocinii crimen, dit le Digeste, lege Juliâ præscriptum est, cùm sit in eum maritum pœna statuta, qui de adulterio uxoris suæ quid cœperit ». — Notre droit coutumier avait adopté, en cette matière, les dispositions de la loi romaine. On ne peut accuser, disait-il, une femme d'adultère, si son mari ne s'en plaint, ou qu'il en soit le maquereau.

Or, comment prétendre, ajoutait Térence, que les femmes soient infaillibles, si, de leur côté, les hommes ne le sont point?

> Censen' te posse reperire ullam mulierem
> Quæ careat culpâ ? an quia non delinquant viri ?

Les jurisconsultes pensaient absolument de même : « Periniquum videtur esse, » disaient-ils, « ut pudicitiam vir ab uxore exigat, quam ipse non exhibeat » ; et ils avaient admis, pour ce cas, la maxime « paria delicta mutuâ pensatione solvuntur ». C'était véritablement l'application à l'adultère de la loi du talion ; c'était, par suite, dans la plupart des cas, l'impunité pour celui de la femme ; et l'on conçoit que ni la loi Julia, ni d'autres, ne pouvaient rien contre de pareilles mœurs et de pareils principes. Aussi cette loi Julia dormait-elle, à l'époque où Juvénal écrivait l'hémistiche que j'ai cité plus haut : *Ubi nunc, lex Julia, dormis ?*

On était alors sous le règne de Domitien. Dans l'intervalle, l'adultère n'avait fait que progresser. De même qu'Horace, Juvénal le prit à partie ; de même qu'Horace, il rappelait qu'il y avait des lois contre ce délit :

> Haud ignota, reor, vobis stat cautio legis,
> Corpus adulterio prohibens...

Au défaut de la loi Julia, qui sommeillait, et que sans doute il jugeait insuffisante, il invoquait la législation antérieure et menaçait les séducteurs de femmes mariées de la vengeance qu'elle permettait au mari :

> ...Fiet adulter
> Publicus, et pœnas metuet, quascumque maritus
> Exiget iratus...

Son droit, disait-il, est de tuer le complice de sa femme, ou, tout au moins, de le rouer de coups :

> ...Necat hic ferro, secat ille cruentis
> Verberibus quosdam mœchos... (1)

D'où suit qu'au temps de Juvénal, certains maris se

_____

(1) Si l'on traitait ainsi les artisans d'adultère, disait Plaute, on en verrait beaucoup moins :

> Si sic aliis mœchis fiat, minùs hîc mœchorum siet ;
> Magis metuant ; minùs has res studeant.

croyaient encore autorisés à se faire justice de leurs propres mains. Ce qui le prouve mieux encore, c'est cet autre passage de Martial, contemporain de Juvénal, dans lequel il est parlé d'une mutilation qu'un mari avait fait subir au complice de l'adultère de sa femme :

> Fœdâsti miserum, marite, mœchum ;
> Et se, qui fuerunt priùs, requirunt
> Trunci naribus auribusque vultus.

Le désordre était arrivé à son comble, et il avait eu probablement pour résultat plus d'une vengeance exercée de la sorte, par réminiscence du droit antérieur à la loi Julia, dont les dispositions étaient restées inefficaces. Ce fut alors que Domitien jugea à propos de remettre en vigueur cette dernière loi :

> ...Leges revocabat amaras
> Omnibus...,

dit Juvénal, parlant de cet empereur, et de la loi qu'il faisait revivre. L'épithète qu'il donne à cette loi semble indiquer qu'il l'approuvait peu, et lui préférait celles qu'elle avait remplacées. Martial, au contraire, apparemment par esprit d'adulation, accordait son entière approbation à la mesure qui la ravivait. On se faisait un jeu, disait-il, de violer les saintes lois du mariage,

> Lusus erat sacræ connubia fallere tædæ ;

puis, s'adressant à Domitien, il le félicite du service qu'il vient de rendre aux générations futures :

> ... Populisque futuris
> Succurris, nasci quos, sine fraude, jubes.

Revenant, ailleurs, sur le même sujet, il s'en expliquait en termes non moins élogieux, prétendant que, depuis la renaissance de la loi Julia, la chasteté avait dû rentrer dans les familles :

> Julia lex populis ex quo, Faustine, renata est,
> Atque intrare domos jussa pudicitia est...

Il paraît, du reste, et d'après son témoignage, et d'après celui de Juvénal, que les pénalités contre les femmes adultères avaient été sensiblement aggravées : car on pouvait, lorsqu'elles étaient reconnues coupa-

bles de ce délit, les obliger à porter un vêtement dont
la forme ou la couleur signalait à tous les yeux la condamnation qu'elles avaient encourue. On donnait à ces
femmes le nom de *togatæ*.

> ...Matrisque togatæ
>
> Filius...
>
> (MART.)

Voulez-vous, dit Martial, parlant d'une femme qui se
livrait notoirement au concubinage adultérin, la gra-
tifier du présent qu'elle a mérité? Envoyez-lui la toge:

> Vis dare quæ meruit munera? mitte togam.

Il faut croire cependant qu'on ne parvenait pas aisément à faire porter cette toge ignominieuse par celles
qui y avaient été condamnées. C'est ce qui ressort de
ce passage de Juvénal :

> Damnetur, si vis, etiam Carfinia ; talem
> Non sumet damnata togam...

Il est, en effet, assez difficile de comprendre comment
on aurait pu contraindre une femme à se montrer, en public, couverte d'une pareille livrée. Quand le législateur
en est réduit à porter de telles peines, c'est la preuve
qu'il n'a plus guère que la ressource de l'empirisme,
pour remédier au mal dont il entreprend la cure. On
en était là, dans le siècle où ces dispositions étaient
prises, pour la répression de l'adultère; et quoi qu'en
ait dit Martial, la chasteté ne rentra pas au logis conjugal, à la suite et à la faveur des nouvelles mesures
par lesquelles on essayait de rendre force à la loi Julia.
Il semble même que, plus tard, on dût en revenir, au
moins en partie, à l'ancien mode de répression : car,
parmi les dispositions que Justinien remettait en vigueur, par la promulgation des Pandectes et du Code,
on trouve celles-ci : « Marito adulterum uxoris suæ,
deprehensum domi suæ, occidere permittitur. — Sacrile-
gas nuptiarum gladio puniri oportet. ».

J'ai déjà dit, en traitant du mariage, que les lois romaines plaçaient l'inceste au nombre des crimes, et le
punissaient sévèrement. J'ajoute ici que, lorsqu'il se
joignait à l'adultère, il était considéré comme une circonstance aggravante, et entraînait l'application de plus

fortes peines. Le poëte Rutilius en cite une espèce dans le vers suivant :

> Incesti pœnam solvet adulterii.

Je me suis bien longuement étendu sur ce sujet de l'adultère. Mais on me le pardonnera, je l'espère, par cette considération, qu'il me fournissait une ample moisson de textes prouvant, avec une incontestable évidence, que les poëtes de l'antiquité romaine étaient versés dans la connaissance du droit, et se tenaient parfaitement au courant de la législation de leur pays. C'est, du reste, une qualité qu'ils paraissent avoir transmise à leurs imitateurs du Parnasse latin moderne : car, dans le cours de mes recherches, j'ai rencontré, sur ce même sujet de l'adultère, les vers suivants d'un juriste poëte du XVᵉ siècle, qui déterminent le cas dans lequel la femme adultère devait être privée de sa dot, aux termes des lois alors en vigueur :

> Sponte virum mulier fugiens, et adultera conjux
> Dote suâ careat, nisi sponsi sponte retracta.

C'était, sans doute, la traduction de cette règle de l'ancien droit coutumier, ainsi conçue : Femme qui forfait en son honneur perd son douaire s'il y a eu plainte par son mari ; autrement, l'héritier n'est recevable d'en faire querelle.

XI. Outrages publics à la pudeur.

Terminons ce chapitre des attentats aux mœurs par quelques observations de la poésie latine sur une autre nature de délits qui s'y rattache, sur les outrages publics à la pudeur.

Certains législateurs de l'antiquité professaient, comme on sait, peu de respect pour les lois de la pudeur. Ils ne craignaient pas de placer au nombre de leurs institutions des jeux et des exercices de corps, dans lesquels la jeunesse devait paraître en état de nudité complète. C'était jeter un bien téméraire défi aux instincts passionnés, que la nature elle-même inspire au cœur humain. Cette coutume spartiate, établie, dit-on, par Lycurgue, s'introduisit-elle à Rome, dans les premiers âges de sa fondation ? Il est permis de le croire. Mais l'expérience ne tarda pas à faire reconnaître combien elle était pernicieuse pour les bonnes mœurs. Le poëte Ennius en signalait tout le danger par ce vers :

Flagitii principium est mudare inter cives corpora.

Cette vérité était trop évidente, pour n'être pas comprise, et acceptée comme règle de morale publique.

Il fut même un temps, au dire de Juvénal, où la pudeur des femmes était tellement respectée, qu'il était défendu d'exposer, sans voile, dans certains lieux sacrés qui leur étaient réservés, la figure d'un homme, même en peinture :

...Ubi velari pictura jubetur,
Quæcumque alterius sexûs imitata figuram est.

Mais le poëte a soin de nous apprendre, qu'à l'époque où il écrivait, les choses avaient bien changé, et que les mœurs des dames romaines n'en étaient plus à ce point de pruderie.

J'arrive à un autre ordre de délits contre les personnes, celui des coups et blessures volontaires, des excès et voies de fait, des diffamations et des injures.

XII. Coups et blessures. — Voies de fait.

De tout temps la race humaine s'est entre-déchirée. L'homme est loup pour l'homme, disait un proverbe latin : « Homo homini lupus. » De tout temps aussi, le fort a opprimé le faible : car chacun sent sa force et l'abus qu'il en peut faire,

Sentit enim vim quisque suam, quâ possit abuti.
(LUCRET.)

C'est malheureusement l'une des lois de nature. En ceci, les hommes ne font qu'imiter tous les autres animaux. Ne voit-on pas les gros poissons manger les petits, et le milan dévorer les frêles oiseaux ?

Naturâ humanis omnia sunt paria :
Qui pote plus urget; pisces ut sæpè minutos
Magnu' comest, et aves enecat accipiter.   (VARRO.)

...Plus potest, qui plus valet.   (PLAUT.)

8.

Il suit de là que, dans une rixe, c'est presque toujours le plus faible qui porte les coups,

> Si rixa est, ubi tu pulsas, ego vapulo tantùm.
>
> (Juv.)

et que, bien rarement, la partie est égale, comme dans
ce cas dont parle Horace :

> Cædimur et totidem plagis consumimus hostem.

Cette loi du plus fort, un proverbe, tiré du grec, l'appelait la loi des mains, *«lex in manibus»* ; loi barbare,
et contre laquelle ont dû protester et se garantir les gou-
vernements de tous les peuples civilisés. A Rome, la loi
Cornelia accordait l'action *injuriarum*, «ob eam rem, quod
quis se pulsatum verberatumve dicit ; » et les jurisconsultes l'interprétaient en ce sens que *verberare* devait
s'entendre d'un coup plus ou moins douloureux, et *pulsare*, d'une simple voie de fait, ne causant aucune douleur : « Verberare est cum dolore cædere ; pulsare, sine
dolore. » Labéon, ce criminaliste qu'Horace traitait
d'insensé, « *Labeone insanior*, » considérait comme
voie de fait atroce, non-seulement le coup suivi de bles-
sure, mais même un simple soufflet : « Atrocem injuriam haberi Labeo ait, ut putà, si vulnus illatum, vel
os alicui percussum. » Souffleter quelqu'un, c'est, suivant Juvenal,

> ...Plenâ faciem contundere palmâ ;

Et le point d'honneur chez les anciens comme de nos
jours, tenait cette voie de fait pour un sanglant outrage.
Il n'y avait pas jusqu'aux esclaves, qui n'en jugeassent
ainsi, et ne préférassent des coups d'étrivières à un soufflet : « Sic invenies servum, dit Sénèque, qui flagellis,
quàm colaphis, cædi malit». Le Digeste en donne cette
raison, d'après Démosthène : « Non enim plaga repræ-
sentat contumeliam, sed dedecoratio. »

Quant aux voies de fait, suivies de blessures ou de
douleur, la poésie latine les a dépeintes sous tous les
aspects imaginables ; voies de fait par coups de pied et
de poing. « *Unguibus et pugnis, pugnis et calcibus.* »
Voies de fait par morsure, par coups de pierre, de bâton,

de fouet, de nerf de bœuf, ou de tous autres instruments ; rixes de cabaret,

> Turpis in obscurâ sonuit cùm rixa tabernâ ;
> (Propert.)

mêlées générales, où toute une population se rue contre une autre,

> ...Multo cum sanguine sæpè
> Rixantes...
> (Lucret.)

yeux pochés, nez endommagés, dents et mâchoires brisées, visages meurtris et méconnaissables.

> Vix cuiquam aut nulli, toto certamine, nasus
> Integer ; adspiceres jam cuncta per agmina vultus
> Dimidios, alias facies, et hiantia ruptis
> Ora genis, plenos oculorum sanguine pugnos.
> (Juv.)

Rien n'est omis. Mais j'épargne, sur ce point, les citations. Qu'il me suffise de dire que la plupart des scènes que nous voyons journellement se retracer devant nos tribunaux correctionnels y sont décrites avec des traits et des couleurs, qui feraient envie aux plus habiles rédacteurs des débats de ces tribunaux.

Constatons seulement que les poëtes avaient en horreur les provocateurs de pareilles scènes. Il est des hommes, dit Juvénal, à qui les rixes nocturnes tiennent lieu de sommeil,

> '... Quibusdam
> Somnum rixa facit...

et qui ne se plaisent, ajoute Tibulle, qu'à briser des clôtures et à susciter du désordre :

> ... Frangere portas
> Non pudet, et rixas inseruisse juvat.

Les Latins nommaient bête à cornes, « *cornuata bellua* », le querelleur qui, ne cherchant que plaie et bosse, est toujours prêt à jouer des mains ;

> Litium et rixæ cupidus protervæ.
> (Hor.)

> Vecordem parat excitare rixam.
> (Catul.)

il a du foin aux cornes, dit Horace; fuyez-le du plus loin
que vous l'apercevez :

> Fenum habet in cornu ; longè fuge...

Ces fauteurs de rixes, ces provocateurs,

> ...Qui prima movent collatâ prælia dextrâ,

étaient mis au ban de la loi, et c'est à leur encontre que
la règle , *qui prior læsit*, a été ainsi versifiée par un
poëte :

> ...Denuntio
> Ulturum me hominem, qui prior irritârit.

XIII. Calomnie.—Diffamation —Libelles diffamatoires.— Injures.

Des voies de fait matérielles, passons aux voies de
fait morales , c'est-à-dire aux délits de calomnie, de
diffamation et d'injure.

Tel coup de langue, dit un proverbe, est pire qu'un
coup de lance. C'est la traduction d'une sentence de
Publius Syrus, ainsi conçue :

> Injuriæ plus in maledicto quàm in manu.

En reproduisant cette sentence, Quintilien ajoute :
« Maledicus à malefico non distat, nisi occasione ».

En effet,

> Contre la médisance, il n'est point de rempart.
> (MOLIÈRE.)

> Non est remedium adversùs sycophantæ morsum.
> (PUBL. SYRUS.)

« hæret nonnunquàm », dit encore Quintilien ; « telum
illud occultum, et, hoc ipso quod non apparet, eximi
non potest » (9-1). (1)

Chez les anciens, qui n'avaient point de presse, c'était

---

(1) On a dit plus tard, dans le même sens : La calomnie est comme
le charbon : quand elle ne vous brûle pas, elle vous noircit.

La médisance est un feu dévorant, qui flétrit tout ce qu'il touche.
(MASSILLON.)

La calomnie laisse toujours des cicatrices, quand on n'écrase pas le
scorpion sur la plaie. (VOLTAIRE.)

Qui ne connaît ce mot de Bacon, reproduit par Beaumarchais ? « Calomniez, calomniez hardiment ; il en restera toujours quelque chose. »

principalement par la langue que s'exerçaient la calomnie et la médisance ; et ils disaient de ce petit organe que, si rien n'est meilleur, quand il est bon, rien aussi n'est pire, quand il est mauvais.

> ...Nil melius linguâ ; nil pejus eâdem.

Rien n'est pire que la langue, lorsqu'elle est envenimée :

> ... Cùm lingua est suffusa veneno.
> (PROPERT.)

La perfide ! de quoi n'est-elle pas capable ?

> Quid non audebis, perfida lingua, loqui ?
> (PROPERT.)

Elle s'attaque à tout, même aux amis absents :

> ... Absentem rodit amicum.
> (HOR.)

elle va même, parfois, jusqu'à médire des princes :

> ... Ausus erat dictis incessere Reges,
> (OV.)

même alors qu'ils ne sont émis que légèrement, et sans intention de nuire, ses propos diffamatoires n'en font pas moins de mal :

> Grave crimen, etiam cùm leviter dictum est, nocet [1].
> (PUBL. SYRUS.)

Si elle ne fait que répéter une médisance, elle manque rarement de l'empirer par ses commentaires :

> Maledictum interpretando, facies acrius [2].
> (PUBL. SYRUS.)

Tenons, d'ailleurs, pour certain que toute méchanceté de la langue est l'indice d'un mauvais cœur :

> Lingua maliloquax, indicium est malæ mentis [3].
> (PUBL. SYRUS.)

---

(1) Le mal qu'on dit d'autrui ne produit que du mal.
(BOILEAU, *Sat.*, VII.)

(2) Le monde est plein d'échos, tout se répète,
On envenime, on interprète
Souvent le bien en mal, jamais le mal en bien.
(IMBERT. *La jalouse sans amour.*)

(3) Bouche qui dit du mal décèle un mauvais cœur. (*prov.*)

De même qu'un homme de cœur ne la peut souffrir,
un homme de cœur ne se la permet pas,

> Contumeliam nec fortis fert, neque ingenuus facit ;
> (PUBL. SYRUS.)

et mieux vaut encore la subir que la commettre ;

> Satius est injuriam admittere quàm inferre ;
> (PUBL. SYRUS.)

car la plupart de ceux qui s'en rendent coupables se
diffament eux-mêmes ; l'offense salit qui la fait :

> Plerique ubi alii maledicunt, faciunt sibi convicium [1].
> (PUBL. SYRUS.)

Aussi l'engeance des diffamateurs et des médisants
était-elle honnie par la poésie latine. Quiconque médit
d'un absent, dit Horace, est un homme à fuir :

> Hic niger est ;... hunc tu, Romane, caveto.

Mais ce n'était pas assez d'en faire justice par le mépris ;
il fallait mettre un frein à ces mauvaises langues et les
tenir fortement en bride, par l'intimidation pénale. C'est
ce que conseillait Publius Syrus, par ce premier hémistiche de l'une de ses sentences :

> Frenos impone linguæ...

il y a des peines contre le calomniateur, disait Phèdre,
dans la fable intitulée : « Calumniatorem sua poena
manet » ; et il est des gens à qui un méchant mot a coûté
cher :

> Est cui magno constitit dicterium [2].

> Plerùmque stulti, risum dùm captant brevem,
> Gravi distringunt alios contumeliâ,
> Et sibi nocivum concitant periculum.

La loi romaine, en effet, accordait l'action « injuriarum » contre les calomniateurs et les propagateurs de
diffamations verbales. Mais c'était surtout contre les
auteurs de libelles diffamatoires qu'elle déployait toute

---

(1) On descend, par l'offense, au rang de l'offensé.
> (CASIMIR DELAVIGNE.)

(2) Et tel mot, pour avoir réjoui le lecteur,
A coûté bien souvent des larmes à l'auteur.
> (BOILEAU, *Sat.* VII.)

ses sévérités. Ecoutons, là-dessus, un poëte juriste fort
compétent. Dans l'une de ses épîtres, Horace expose
l'abus, qui se faisait anciennement, des diatribes en vers
fescenniens ; puis il ajoute que, pour le faire cesser, on
dut porter une loi qui défendit d'attaquer qui que ce
fût par de pareils vers, sous peine de fustigation jusqu'à
mort, et qui força ainsi les écrivains à changer de ton :

> ... Quin etiam lex
> Pœnaque lata, malo quæ nollet carmine quemquam
> Describi. Vertère modum, formidine fustis...

La loi, dont Horace fait ici mention, est celle des Douze
Tables, qui contenait, en effet, une disposition ainsi conçue : « Si quis occentassit malum carmen, sive condidissit,
quod infamiam faxit flagitiumve alteri, capital esto ».
Cette diposition, par trop rigoureuse, fut depuis notablement atténuée. Mais la peine était encore fort grave ;
c'était celle de l'infamie. Les auteurs de libelles diffamatoires, dit le Digeste, « intestabiles ex lege esse dicuntur ». C'est cette dernière loi que rappelle Horace,
dans les vers suivants de l'une de ses satires :

> Sed tamen, ut monitus caveas, ne forte negotî
> Incutiat tibi quid sanctarum inscitia legum ;
> Si mala condiderit in quem quis carmina, jus est
> Judiciumque...

Arrêtons-nous quelque peu sur les locutions juridiques que renferme ce remarquable passage : « *Si mala
condiderit in quem quis carmina* ». Ce mot légal *condiderit*, il est visible que le poëte l'a emprunté à
l'article de la loi des Douze Tables, que je viens de citer.
Jus est judiciumque. Le *jus*, suivant Horace, c'était
le droit donnant action, c'était la loi qui prévoyait le cas
et le punissait. Le *judicium*, c'était le jugement par la
Cour d'assises de ce temps-là, par les *judicia publica*. Est-il besoin de faire remarquer qu'ici encore la
poésie parle la langue du droit, avec la plus parfaite
exactitude ?

Maintenant, pourquoi le législateur punissait-il plus
sévèrement les diffamations écrites que les diffamations
verbales ? Un autre poëte, Publius Syrus, nous en donne
la raison : c'est que les calomnies ou médisances que l'on

voit et qu'on lit sont plus cruelles que celles qu'on ne fait qu'entendre; c'est que les yeux les supportent plus difficilement que les oreilles :

> Injuriam aures, quàm oculi, faciliùs ferunt.

Quant aux simples outrages par paroles, appelés *convicia* ou *jurgia*, la loi et les poëtes les traitaient avec plus d'indulgence, lors, par exemple, qu'ils avaient échappé dans la chaleur d'une dispute : « Neque enim lubricum linguæ ad pœnam facile trahendum est. » On en jugeait ainsi notamment par rapport aux injures proférées par une femme en colère :

> Quæ rabidà mulier jactat convicia linguâ.
> (Propert.)

Les jurisconsultes romains les excusaient en ces termes : « Lubricum linguæ feminis condonari, juris æquitas et muliebris petulantiæ ratio postulat; et ils ajoutaient : Feminarum maledicta et contumelias in judicium vocare, hominis est litigiosi». On disait même, et c'est à Aristote qu'on prête ce mot : «Est juris mulierum maledicum. »

C'était aussi le sentiment de Plaute. Les injures, disait-il, sont le vocabulaire habituel du sexe. Vouloir les empêcher, c'est engager une lutte avec la nature; c'est vouloir extirper une intempérance congéniale, qu'elle-même a implantée dans la langue féminine; c'est, en un mot, tenter l'impossible :

> Quisquis feminarum convicia, quæ mulierum est supellex,
> Curiosè adeò inquirere et coercere voluerit,
> Pugnet cum naturà, et insitam muliebris linguæ
> Intemperantiam tollat...

XIV. Contraventions de police.

Je n'ajouterai plus que quelques lignes à cette nomenclature des actions délictueuses sur lesquelles la poésie latine s'est expliquée; et ce sera pour constater qu'elle a porté son attention jusque sur de simples contraventions de police, en matière de poids et mesures. En effet, Juvénal remarque, qu'il appartenait aux édiles de prononcer sur la légalité des mesures de capacité, et

de faire briser celles qui n'avaient pas la contenance
voulue :

> Et de mensurâ jus dicere, vasa minora
> Frangere...

Le vers suivant de Perse contient la même observation :

> Frangeret heminas arreti ædilis iniquas.

Nous voyons également, dans le *Rudens* de Plaute,
qu'il était dans les attributions de l'Edile de détruire
les marchandises falsifiées ou nuisibles :

> OEdilis est : si quæ improbæ sunt merces, jactat omnes.

C'en est assez sur ces détails ; quittons-les pour abor-
der celles des questions de criminalité sur lesquelles les
poëtes se sont expliqués.

§ 3. — *Question de culpabilité.*

1. La volonté de nuire est de l'essence de la criminalité.

I. Les jurisconsultes romains admettaient comme
règle que la volonté de nuire ou l'intention coupable
est de l'essence des crimes et délits, et que, sans elle,
le crime ou le délit n'existe pas. Voici les distinctions
qu'ils établissaient en cette matière : « Delinquitur,
aut proposito, aut impetu, aut casu. Proposito delinquunt
latrones, qui factionem habent; impetu autem, quùm
per ebrietatem ad manus, aut ad furtum venitur; casu
verò, cùm, in venando, telum, in feram missum, hominem interfecit. — Crimen contrahitur, si et voluntas no-
cendi intercedat. Cæterùm, ea quæ ex improviso casu,
potiùs quàm fraude accidunt, fato plerùmque, non noxæ
imputantur. — In maleficiis, voluntas spectatur, non exi-
tus. »

Les poëtes professaient la même théorie. Sénèque le
Tragique la formulait dans un vers, qu'on pourrait prendre pour un texte du Digeste :

> Non est nocens, quicumque non spontè est nocens.

En effet, en pareil cas, comme le fait observer Ovide,

9

il y a plus de la faute du hasard, que de celle de l'auteur du fait :

> At benè, si quæras fortunæ crimen in illo,
> Non scelus invenias ..

Par application de la même doctrine, Phèdre décide que celui-là doit être excusé, qui ne pèche que par accident :

> ... Veniam ei dari decet,
> Qui casu peccat...

Tel, par exemple, ne veut que porter un coup, qui tue :

> Interdùm perimit, qui tantùm cædere quærit [1].

C'est une faute sans doute, mais une faute à laquelle l'imprudence a plus de part que la volonté :

> Si id est peccatum, peccatum imprudentiæ est.   (Ter.)

II. Question du summum jus.

On concevra sans peine, d'après ce qui précède, que sur la question, si souvent agitée par les jurisconsultes romains, de savoir si l'équité devait prévaloir sur le droit strict, les muses latines aient pris parti pour la solution affirmative, et qu'en conséquence elles se soient déclarées contre le *summum jus*, en matière criminelle surtout. C'est Térence qui nous a transmis ce dicton si connu des partisans de l'équité : «Summum jus, summa injuria ». On le trouve formulé ainsi qu'il suit dans l'une de ses comédies :

> Dicunt : jus summum sæpè summa malitia est.

Depuis, une sentence de Publius Syrus l'a reproduit dans ces termes plus usités :

> Summum jus, summa plerùmque injuria est [2].

---

[1] « Tel croit férir, qui tue, » disait notre droit coutumier.

[2] Cette maxime est ainsi traduite par Racine dans les *Frères ennemis* :

Une extrême justice est souvent une injure,

Et par Voltaire, dans *OEdipe* :

Une extrême justice est une extrême injure.

Nous disons proverbialement dans le même sens : « Justice ne veut pas dire dureté. »

Telle était, en effet, la formule ayant cours au temps où vivait Publius Syrus, ainsi que nous l'apprend Cicéron dans son traité *de Officiis*, où on lit : « Exsistunt sæpè injuriæ calumniâ quâdam, et nimis callidâ, sed malitiosâ juris interpretatione; ex quo illud « Summum jus, summa injuria », factum est jam tritum sermone proverbium (1).

Les jurisconsultes, ennemis du summum jus, soutenaient que le juge devait toujours tenir compte du fait, dans l'application de la loi et du droit, c'est-à-dire des circonstances de temps, de lieu, de personnes, etc., etc. Ovide émet le même avis :

Judicis officium est, ut res, sic tempora rerum,
Quærere : quæsito tempore tutus eris.

Et Juvénal fait l'application de cette règle dans l'une de ses satires, où, à propos du parricide commis par Oreste, fils d'Agamemnon, sur Clytemnestre, sa mère, il dit que, si ce crime est de même nature que celui dont Néron s'est rendu coupable, en faisant mourir sa mère Agrippine, il en diffère notablement par la cause, qui rendait le premier moins odieux que le second :

Par Agamemnonidæ crimen, sed causa facit rem
Dissimilem...

D'où suit que, selon lui, le juge doit toujours prendre en grande considération, dans l'appréciation des questions de culpabilité, le mobile qui a fait agir le coupable. Il est, en effet, certaines actions qui, bien que qualifiées crimes par les lois, semblent pourtant excusables, et même parfois honorables, par la pureté de leur mobile, et dont on peut dire, avec Tite-Live, qu'on ne sait si elles ne méritent pas plutôt des louanges qu'un châtiment : «ignarus ... laus, an pœna merita esset ; » ou, avec Ovide, qu'on en est à douter si elles sont honnêtes ou coupables :

...Dubium pius, an sceleratus...

Ovide semble même admettre qu'il y a des crimes qui n'en sont vraiment pas, des crimes pieux et dignes

_____
(1) On disait aussi, suivant Columelle : « Summum jus, summa crux. »

d'éloges, des crimes qu'on ne pouvait se dispenser de commettre, sans se rendre criminel. Les citations qui suivent montrent qu'il en reconnaissait plusieurs espèces :

Peccavi citra scelus...

A culpâ facinus scitis abesse meâ.

Conscius in culpâ non scelus esse meâ.

Delicti tamen est causa probanda mei.

     ... Ipso sceleris molimine...
Creditur esse pius...

     ... Facto pius et sceleratus eodem.

Et, ne sit scelerata, facit scelus...

Tout ceci prouve assez que la poésie latine ne faisait pas consister le crime ou le délit dans le seul fait matériel, mais qu'elle ne le voyait que dans l'intention plus ou moins coupable de son auteur. Elle voulait donc que le législateur, dans ses prévisions, le jurisconsulte, dans ses interprétations, et le magistrat, dans l'application qu'il avait à faire des lois pénales, examinassent à ce point de vue les questions de culpabilité.

III. Légitime défense.

A bien plus forte raison excusait-elle, dans le cas de légitime défense, le fait qualifié crime ou délit. Un suprême péril, disait-elle, excuse le mal qu'il a fait faire :

     ... Suprema pericula culpæ
Dant veniam... [1].

Il y a là, en effet, force majeure et contrainte de la

_____

[1] Tous les jurisconsultes connaissent les nombreux textes de la loi romaine, qui consacrent le droit de légitime défense. Je me borne à noter ici ceux qui se rapprochent le plus de la règle posée ci-dessus : — « Adversùs periculum naturalis ratio permittit se defendere. Vim vi defendere, omnes leges, omniaque jura permittunt. — Qui, cùm aliter se tueri non possunt, damni culpam dederint, innoxii sunt. — Vim vi repellere licet ; idque jus natura comparatur. Apparet autem ex eo arma armis repellere licere. — Jure hoc evenit, ut quod quisque ob tutelam corporis sui fecerit, jure fecisse existimetur. »

volonté, et, quand on est en péril de perdre la vie, mieux vaut, comme dit un proverbe, tuer le diable, que le diable nous tue (1).

Mais il faut que la violence défensive soit nécessitée par la violence agressive. Si la défense dépasse les justes bornes, elle cesse d'être légitime, elle encourt la responsabilité pénale :

Se nimis ulciscens, exstitit indè nocens (2).

(Ov.)

IV. Autres excuses.

L'inexpérience de la jeunesse, l'ignorance et l'erreur sont, aux yeux des poëtes, une cause d'atténuation de la culpabilité.

1° L'inexpérience de la jeunesse. — Ce genre d'excuse n'a pourtant pas passé sans conteste dans la jurisprudence poétique. Publius Syrus semble le repousser par la sentence suivante, portant que, plus les débuts dans le crime sont précoces, plus ils sont flétrissants :

Quantò priùs peccatur, tantò incipitur turpiùs.

La loi romaine ne l'admettait également qu'avec réserve : «In criminibus, disait-elle, ætatis suffragio minores non juvantur : etenim malorum mores infirmitas animi non excusat. — Malitia supplet ætatem.» Cependant, c'était une règle de droit qu'en matière criminelle on devait tenir compte de l'imprudence du jeune âge : « Ferè in omnibus pœnalibus judiciis, ætati et imprudentiæ succurritur »; et c'est, sans doute, sur le fondement de cette règle que Juvénal a dit :

Indulge veniam pueris...

(1) « Leges non se exspectari jubent, dit Cicéron, cùm ei qui exspectare velit antè injusta pœna luenda sit, quàm repetenda. »

(2) Ovide avait sans doute en vue, en écrivant ce vers, la disposition de la loi romaine, qui s'exprime ainsi : « Illum solum qui vim infert ferire conceditur; et hoc, si tuendi duntaxat, non etiam ulciscendi, causâ factum sit. » — Montesquieu dit de même : Entre les citoyens, le droit de la défense naturelle n'emporte pas avec lui la nécessité de l'attaque. Au lieu d'attaquer, ils n'ont qu'à recourir aux tribunaux. Ils ne peuvent donc exercer le droit de cette défense que dans les cas momentanés où l'on serait perdu, si l'on attendait le secours des lois. (*Esprit des lois*, 10-2.)

2° L'ignorance et l'erreur. — On lit, dans la loi romaine, la règle que voici : « Rusticitati aliquandò parcendum est. » Le poëte Alcime exprimait la même pensée dans ce vers :

... In ignaro minor est peccante reatus.

Nous la trouvons reproduite dans les vers suivants de Térence et d'Ovide:

... Si peccavi, inscius feci.
(TER.)

Et partem nostri criminis error habet.
(OV.)

... Quid enim scelus error habebat ?
(*Id.*)

Il y a, en effet, des délits, et ceux qui proviennent de l'ignorance ou de l'erreur sont de ce nombre, auxquels on voudrait pouvoir pardonner, si les lois le permettaient :

Sunt delicta tamen quibus ignovisse velimus.
(HOR.)

Ignoscenda quidem, scirent si ignoscere (leges).
(VIRG.)

Cependant, si l'ignorance ou l'erreur est par trop grossière, elle ne saurait être un motif d'excuse. C'est l'opinion de Sénèque le Tragique :

Sæpè error ingens sceleris obtinuit locum.

On s'est demandé souvent si l'ivresse pouvait être admise comme excuse, sinon péremptoire, au moins atténuante, des crimes ou délits dont elle a été la cause occasionnelle.

Les fragments poétiques que j'ai recueillis sur ce point penchent évidemment pour la solution négative.

Dans l'*Aulularia* de Plaute, un des personnages mis en scène, se reconnaissant coupable d'une mauvaise action, en rejette la responsabilité sur le vin : « Vitio vini feci », dit-il pour sa justification. A quoi le poëte fait répondre par l'interlocuteur, victime du méfait, que, si le droit autorisait une pareille excuse, il serait loisible

à chacun même de voler en plein jour, quitte à dire
ensuite qu'il était ivre au moment du fait :

> Si istuc jus est, ut sic tu istuc excusare possies,
> Luce clarâ diripiamus aurum matronis palàm ;
> Post id, si prehensi sumus, excusemus ebrios.

Ce serait, ajoute-t-il, une bien détestable chose que
le vin, s'il avait la vertu d'innocenter ainsi les délits
qu'il fait commettre, et d'en assurer l'impunité :

> ... Nimis vile'st vinum...
> Si ebrio... impunè facere quod lubeat licet.

Je n'aime pas, ajoute-t-il encore à ce propos, les coupables qui cherchent à se disculper par de semblables
raisons :

> Non mihi homines placent, qui, quandò malefecerunt, purgitant.

Dans le *Truculentus*, Plaute revient encore sur cette
excuse, et ne l'apprécie pas plus favorablement.

« Pardonnez-moi, fait-il dire à l'un de ses personnages,
la faute que j'ai commise, dans un moment d'égarement
causé par la boisson :

> Mihique ignoscas quod, animi impos vini vitio, fecerim.

« Mauvaise raison, » réplique le poëte par la bouche
de l'interlocuteur auquel s'adresse cette prière; « il est
vraiment par trop facile de s'excuser ainsi, en accusant
un agent muet et incapable de répondre : certes, si le
vin pouvait parler, il saurait bien se défendre. En effet,
user du vin avec modération, c'est l'affaire de ceux qui
le boivent, et non la sienne. Les gens honnêtes n'en
usent pas autrement. Quant aux hommes vicieux, qu'ils
soient ivres, ou non, quand ils commettent un délit,
c'est à leur mauvaise nature, et non à la boisson, qu'il
faut s'en prendre » :

> Non places : in mutum culpam confers, qui nequit loqui.
> Nam vinum, si fabulari posset, se defenderet.
> Non vinum hominibus moderari, sed vino homines solent ;
> Qui quidem probi sunt. Verùm qui improbus est, sive subbibit,
> Sive adeo caret temeto, tamen ab ingenio est improbus.

Depuis, on a dit proverbialement sur le même sujet :

> ... Non vini, sed culpa bibentis,

> La faute n'en est pas au vin, mais au buveur ;

Ce qui, sans doute, a donné naissance à cet autre brocard français :

On excuse le vin, mais on pend la bouteille.

Le système de l'ancien législateur Pittacus était plus
rigoureux encore ; non-seulement il ne voyait dans l'i-
vresse aucune excuse atténuante, mais il la considérait
elle-même comme une circonstance aggravante du délit : « Ebrii duplò majorem quàm sicci pœnam luant, »
disait une de ses lois, citée par Aristote.

V. Préméditation. — Tentative.

Pour le crime volontaire, et surtout prémédité, les
poëtes latins le jugeaient indigne de toute indulgence.
Phèdre s'en explique très-nettement :

Sponiè peccanti nullus est veniæ locus.

... Qui consilio est nocens,
Illum esse quàvis pœnâ dignum judico.

Juvénal dit de même :

Illam ego non tulerim, quæ computat et scelus ingens
Sana facit...

Bien plus, par une application rigoureuse de cette
maxime du droit romain « voluntas habetur pro facto, »
et de cette autre que Quintilien formule ainsi : Pro
facto est, quidquid volumus », Juvénal décide que la
seule intention de commettre un crime doit être punie
comme le crime accompli :

Has patitur pœnas peccandi sola voluntas.

Nam scelus intrà se tacitum qui cogitat ullum,
Facti crimen habet...

Théorie partagée par Sénèque, qui, dans son traité *de
Constantiâ*, écrivait ceci : «Potest aliquis nocens fieri,
quamvis non nocuerit. Omnia scelera perfecta sunt,
quantùm satis est culpæ, etiam ante effectum operis.»

Les lois criminelles romaines n'allaient pas aussi loin.
D'après elles, la seule pensée du crime ne constituait
pas le crime : « Sola cogitatio furti non facit furem. » Il
fallait un acte extérieur, un commencement d'exécution, car : « Factum lex, non sententiam notat.»

Mais, ce commencement d'exécution une fois existant, le crime était consommé et punissable, quelque minime que fût le préjudice causé. Telle était l'opinion d'Horace ; voici comment il s'en explique : «Si de mille mesures de légumes secs, on ne m'en soustrait qu'une seule, le dommage en est plus léger sans doute, mais le délit n'en est pas moindre »:

> Nam de mille fabæ modiis quùm suscipit unum,
> Damnum est, non facinus, mihi pacto lenius isto.

Un réquisitoire ne dirait pas mieux :

VI. Complicité.

Venons aux questions de complicité :

L'auteur principal, « princeps atque architectus sceleris,» et le complice, c'est-à-dire, selon Phèdre, celui qui

> Fecit partes facinoris,

sont placés par Lucain sur la même ligne. Ils ne méritent pas plus d'indulgence l'un que l'autre :

> ...Facinus quos inquinat, æquat.

C'est prendre part au crime, et s'en rendre complice, que prêter aide à l'auteur principal :

> Socius fit culpæ, qui nocentes sublevat.
> (PUBL. SYRUS.)

Ainsi, il est larron, qui larron emble :

> Callidus est latro, qui tollit furta latronis.

Ainsi, assez escorche, qui le pied tient :

> Pellem vellenti, par pœna, pedemque tenenti ;
> Excoriat vaccam, qui tenet usque pedem.

comme, autant pèche qui tient le sac, que celui qui met dedans.

Ainsi encore : assez fait qui fait faire :

> Æquè est nocens, qui mandat et qui facit ;
> (FAERNUS.)

traduction poétique de ces deux adages du droit romain : « Qui mandavit, ipse gessisse videtur.—Gessisse videtur, qui per alium gessit. »

9.

Ainsi enfin : Qui peut et n'empêche, pêche,

Qui non vetat peccare, cùm possit, jubet (1).

(PUBL. SYRUS.)

Autre versification de cette règle du Digeste : « Eos favere delinquentibus arbitramur, qui, cùm possint, manifesto facinori desinunt occurrere ».

On conviendra, je pense, après avoir lu ces citations, que la poésie latine n'a pas trop mal précisé les caractères les plus saillants de la complicité criminelle.

VII. Circonstances atténuantes.

J'ai déjà touché quelques mots de sa théorie sur les circonstances atténuantes. En voici quelques autres qui ne paraîtront pas surabondants, je l'espère.

Si peu tendre qu'elle fût pour les criminels, elle ne laissait pas de reconnaître que les rigueurs des lois pénales pouvaient, et devaient fléchir devant certains motifs d'indulgence. Ne désespérez pas, disait Ovide au coupable tremblant : la foudre n'est pas impitoyable, on peut la conjurer par l'expiation.

... Ne nimiùm terrere; piabile fulmen.

Quand les antécédents d'un accusé sont purs, quand il peut dire à ses juges :

Vita prior vitio caret, et sine labe peracta est,

(Ov.)

une première faute, un méfait isolé ne doit attirer sur lui que peu de sévérité. On ne suppose pas toujours que celui-là soit perdu sans retour, qui n'a fait qu'un pas dans la voie du crime; et il est permis d'espérer qu'une légère correction suffira à le ramener au bien, surtout si, par un aveu naïf et spontané de sa faute, il en témoigne un sincère repentir, et s'il en sollicite humblement le pardon :

Si... veniam sibi rogat
Supplex, fatetur peccatum imprudentiæ.

(PHÆDR.)

(1) Ce vers a été imité par Corneille :

Qui la fait et la souffre a part à l'infamie.

Le plus sûr moyen d'atténuer ses torts est de les avouer ingénûment :

> Si eri' verax, tuam rem facies ex malà meliusculam.
>
> (PLAUT.)

> Sæpè impetravit veniam confessus reus.
>
> (PHÆDR.)

> Culpa gravis precibus donatur...
>
> (Ov.)

En effet, comme le fait remarquer Quintilien, « solet nonnunquàm movere lacrymas ipsa confessio », et lorsque le juge est ému, il est bien près de pardonner.

Observons toutefois que les poëtes ne vont pas jusqu'à dire, comme Arnobe : « Illis confitentibus dimittatur ». Ils accordent qu'on doit indulgence au coupable qui, trahissant lui-même le secret de sa propre culpabilité, met, par ses aveux, en pleine lumière ce qu'il était libre de laisser caché dans des ténèbres impénétrables :

> ... Quæ nocte latent, sub luce fatetur.
>
> (Ov.)

et qui de lui-même vient dire à la justice :

> Me me adsum qui feci.
>
> (VIRG.)

> Culpâ peccavi meâ,
>
> (PLAUT.)

> ... Equidem merui, nec deprecor...
>
> (VIRG.)

Pour celui-là point de paroles dures, dit Ovide ; qu'on le traite avec ménagement :

> Aspera confesso verba remitte reo.

Mais ce que n'admettent point les poëtes, ou du moins la plupart d'entre eux, c'est que l'absolution soit le prix de la confession, même alors qu'il s'agit d'une première faute.

En effet, s'il est vrai qu'on arrive rarement, du premier coup, au plus haut degré de criminalité,

> Nemo repente fuit turpissimus...
>
> (JUV.) [1]

_____

[1] Ainsi que la vertu, le crime a ses degrés. (RACINE, _Phèdre._)

il ne l'est pas moins que, bien rarement aussi, celui qui
se rend coupable d'une action criminelle puisse se flatter
d'avoir été jusque-là sans reproches.

L'improbité, dit Publius Syrus, se découvre par le
crime, mais elle date de plus loin :

> Exoritur opere nequitia, non incipit ;

et, le plus souvent, le voleur était larron, même avant
d'avoir volé :

> Latro, antequàm meum inquinet, latro est ;
> (PUBL. SYRUS.)

il s'était déjà familiarisé avec la pensée, peut-être même
avec la pratique du crime :

> ...Sceleris jàm fecerat usum.
> (LUCAN.) [1]

Et puis, est-on véritablement bien fondé à espérer que
le criminel reviendra sur le-champ à résipiscence ? quel
est celui qui s'en tient à son coup d'essai ?

> Quemnam hominum, quem tu contentum videris uno
> Flagitio ?...
> (JUV.)

Combien en voit-on qui mettent un terme à leurs
méfaits, et retrouvent le sens moral, après l'avoir une fois
perdu ?

> ...Nam quis
> Peccandi finem posuit sibi ? quandò recepit
> Ejectum semel attrità de fronte ruborem ?
> (JUV.)

une mauvaise nature ne s'amende que bien rarement ;
presque toujours elle en revient à ses coupables tendances,
et suit la pente de ses vices :

> ...Ad mores natura recurrit
> Damnatos, fixa et mutari nescia...
> (JUV.)

dès qu'elle est entrée dans la voie du crime, elle y persiste ; elle va jusqu'au bout :

> Cùm scelus admittunt, superest constantia...   (JUV.)

---

[1] Ce fragment, comme on peut le remarquer, définit assez exactement la récidive criminelle.

Materiam culpæ prosequiturque suæ.
(Ov.)

N'est-ce pas une règle, pour nombre de malfaiteurs, que tout méfait peut ou doit se voiler par un autre méfait?

Scelere velandum est scelus.
(Sen., *Trag.*)

Après tout, peut-on dire à ceux qui tiennent pour vénielle et pardonnable toute première faute, est-ce donc si peu que d'avoir, même une seule fois, encouru les sévérités de la justice?

An semel est pœnam commeruisse parùm?
(Ov.)

et de ce que cette première faute est avouée, faut-il conclure qu'elle soit plus justement rémissible? ne doit-on pas reconnaître, au contraire, que l'aveu seul est déjà, par lui même, une sorte de flétrissure et de condamnation anticipée,

Solaque deformem culpa professa facit,   (Ov.)

et qu'il va, pour ainsi dire, au-devant de la peine, à laquelle se soumet par avance celui qui confesse sa culpabilité?

Prævenit culpæ supplex confessio pœnam.
(Alcim.)

C'est ce que pensaient les criminalistes romains. Ils posaient en règle que la cause de l'accusé qui avouait ne comportait pas de défense : « Nihil attinet, disait Quintilien, id defendere cujus pœnam non recusamus ». Les poëtes en jugeaient de même. L'un d'eux, qui versifiait sur tout, même sur les rubriques du palais, auxquelles il s'était initié sans doute, à l'époque où, destiné par son père au barreau, il faisait l'apprentissage de la profession d'avocat, Ovide, écrivait ce vers, assez digne, ce me semble, d'être recommandé à l'attention de nos jeunes stagiaires :

Non est confessi causa tuenda rei ;

ce qui signifie, je pense, non que toute défense soit interdite, d'une manière absolue, dans l'intérêt de l'accusé qui confesse son crime, mais que, du moins, on ne doit pas se passionner en sa faveur, au point de réclamer pour lui une complète absolution.

Finalement, tout ce que la poésie latine me paraît concéder à l'aveu d'une première faute, quand du reste cet aveu témoigne d'un véritable repentir, c'est le bénéfice des circonstances atténuantes, ou plutôt (car les déclarations de circonstances atténuantes n'avaient pas encore été inventées de ce temps-là), c'est une certaine mesure d'indulgence, soit dans l'application, soit dans l'exécution de la peine.

VIII. De quelques circonstances de moralité considérées comme aggravantes.

Est-il besoin d'ajouter, après cela, qu'elle n'avait de sympathie ni pour ceux qui n'avouaient leur crime qu'avec impudence, et comme pour s'en faire un titre de gloire :

Fortem animum præstant rebus quas turpiter audent.
(Juv.)

... Laudemque à crimine sumunt.
(Ov.)

ni pour ceux qui n'opposaient à l'accusation que des injures :

... Diro convicia facto
Adjecit...
(Ov.)

... Maledictaque culpæ
Addidit...
(Id.)

ni pour ceux qui ne se défendaient que par des dénégations mensongères et obstinées, ou par des excuses de mauvais aloi.

... Adspice quantâ
Voce neget, quæ sit ficti constantia vultûs !

disait Juvénal de l'un de ces criminels imposteurs ;

Ovide leur adressait le même langage :

Addis, ait, culpæ mendacia...

... Erroris sub imagine crimen obumbras.

... Speciosaque nomina culpæ
Imponis...

Prætendis culpæ splendida verba tuæ.

Mensonges, réticences, faux prétextes ; tout cela ne peut être qu'une aggravation de la culpabilité. Par de tels moyens de défense, dit Publius Syrus, on ne fait qu'acérer davantage et rendre plus redoutables les armes de l'accusation.

Factum tacendo, crimen facias acrius.

D'où ces adages de l'Ecole : « Inficiatione crimen crescit. — Ipsa quidem inficiatio non est furtum, sed propè furtum. — Encore que nier ne soit larrecin, si est-ce de larrecin. »

Je demande pardon de cette avalanche de citations, comprenant combien j'en fais abus. Mais je tenais à montrer que, sur le droit criminel, non moins et plus encore peut être que sur le droit civil, les poëtes latins possédaient des notions parfaitement exactes, et qu'ils en raisonnaient, non pas seulement en hommes du monde et par à peu près, mais en juges compétents, en véritables criminalistes. Or, cette preuve me paraît suffisamment ressortir des divers extraits que je viens de produire. Parmi ces extraits, il en est plusieurs qui témoignent simplement, il est vrai, d'une observation attentive des différents méfaits portant atteinte à l'ordre public, laquelle se peut faire, sans qu'il soit besoin de connaître les dispositions légales qui les prévoient et les répriment. Mais il en est tant d'autres, dans lesquels sont posées, sur des questions de législation pénale, des théories et des doctrines essentiellement juridiques, qu'il serait difficile de ne pas reconnaître que les poëtes, auxquels ils appartiennent, avaient dû en puiser l'idée aux plus pures sources du droit. Il est même, je crois, permis de dire que quelques-unes de ces maximes poétiques, d'une orthodoxie incontestable, seraient dignes de figurer, comme règles, à côté des textes les plus accrédités des lois romaines.

Du reste, je n'en ai pas fini sur ce sujet ; et les nou-

veaux documents que j'aurai à relever, en exposant plus
loin les opinions et les remarques des poëtes sur la procédure criminelle et ses suites, achèveront, si je ne m'a-
buse, de démontrer, jusqu'au dernier degré d'évidence,
la vérité de la thèse que je me suis proposé de justifier.

Mais, avant d'en venir là, quelques explications encore
sur un sujet qui se rattache intimement à celui que je
viens de traiter, sur les pénalités et leur mode d'exécution.

§ 4. — *Pénalités*.

I. Distinction des peines.

Il y avait chez les Romains des peines à la fois afflictives et infamantes, ou simplement infamantes, ou simplement afflictives.

Les peines afflictives et infamantes étaient : la mort ;
— les travaux forcés perpétuels ou temporaires *in metallum* ou *in salinas ;* — l'exil ou la déportation *in insulam ;* — les travaux forcés *in opus metalli*, ou *in opus
publicum*, peine d'un degré inférieur à la *pœna metalli*.

Les peines infamantes seulement étaient celles qui se
bornaient à priver le coupable de la qualité de citoyen, ou
de certains droits civiques, tels que ceux de tester et de
témoigner en justice.

Parmi les peines simplement afflictives, se classaient :
— la correction corporelle, *corporis coercitio*, comme, par
exemple, la fustigation, *ictus fustium*, et la flagellation,
flagellorum castigatio, vinculorum verberatio ; — la
condamnation temporaire aux travaux publics, *in opus
publicum ;* — la relégation sur le continent ou dans
une île, sorte d'exil qui n'entraînait pas, de plein droit,
comme la déportation, l'*amissio civitatis* et la confiscation des biens (1).

Il y avait enfin la peine pécuniaire ou l'amende,
mulcta, laquelle se classait dans une catégorie à part.

_____

(1) Toutes ces peines n'étaient par elles-mêmes qu'afflictives. Mais
l'infamie pouvait en résulter, quand elles avaient pour cause certaines
actions flétrissantes, telles que le vol, ou quand la sentence de condamnation l'ordonnait ainsi.

Quant à l'emprisonnement, il ne constituait pas, à proprement parler, une peine, au moins par rapport aux hommes libres. Nous verrons pourtant qu'il n'était pas sans application.

Celles de ces différentes pénalités qui ont particulièrement provoqué les remarques des poëtes sont la peine de mort, les punitions corporelles, l'exil et l'infamie.

II. Peine de mort. — Son mode d'exécution.

Voyons d'abord leurs observations sur la peine de mort, ou plutôt sur son mode d'exécution.

Le Digeste admettait trois modes d'exécution de cette peine : « Summum supplicium esse videtur, disait-il, ad furcam damnatio, vivi crematio, capitis amputatio ».

Il est fait allusion au premier, dans cet hémistiche d'Horace :

> Ibis ad furcam prudens...

au second, dans ce passage de Lucain :

> Viventes animas et adhuc sua membra regentes
> Infodit busto...

au troisième, dans ce vers d'Ovide :

> Subde caput, corpusque tuum, atque elue crimen.

Il y a lieu de croire qu'aussi longtemps que durèrent les libertés républicaines, le dernier de ces trois genres de supplice, la décapitation par le glaive ou par la hache, fut le seul usité, quand il s'agissait de mettre à mort un citoyen romain quelque peu marquant, et que la fourche patibulaire et le feu n'étaient guère employés qu'à l'encontre des esclaves, ou des condamnés de basse condition : car le législateur recommandait expressément aux magistrats de tenir grand compte, dans l'application des peines, de la position sociale des personnes.

Mais, en dehors de ces trois moyens de mise à mort que je viens d'indiquer, la cruauté de certains maîtres envers leurs esclaves en avait inventé et appliqué beaucoup d'autres. Dans l'*Asinaria* de Plaute, un esclave énumère les instruments de torture qu'il a dû affronter

pour se permettre quelques peccadilles. Voici cette énu-
mération qui, sans doute, n'est pas complète :

> ...Adversùn stimulos, laminas, crucesque, compedesque,
> Nervos, catenas, carceres, numellas, pedicas, bojas,
> Tortoresque acerrimos, gnarosque nostri tergi...

Ainsi, on ne se contentait pas, pour les punir de fautes
souvent très-légères, du cachot, des liens de toute sorte,
des chaînes, des fers aux pieds, du carcan ; on les tor-
turait avec des pointes aiguës, avec des lames rougies
au feu ; on les mettait en croix ; parfois aussi on les faisait
mourir sous le fouet.

> ...Flagellis
> Ad mortem cæsus...
>
> (Hor.)

Ces cruautés devaient un jour se retourner contre
leurs propres inventeurs ;

> ... Obsunt auctoribus artes.
>
> (Ov.)

Devenus esclaves à leur tour, les maîtres eurent à subir de la part de tyrans, tels que Néron, Tibère et autres,
des tortures et des supplices plus cruels encore que ceux
dont ils avaient eux-mêmes donné l'exemple.

> Vive, licet nolis...   (Lucan).

leur disait-on. En effet, parmi les raffinements de cruauté
qu'avaient imaginés ces empereurs, on se rappelle celui qui consistait à prolonger forcément la vie des victimes, afin de les faire mourir à petit feu : « Mori volen-
tibus vis adhibita vivendi » (Tacit.). Tantôt on leur in-
fligeait le long tourment de la faim :

> Protrahens mortem longâ fame ;
>
> (Sen., *Trag.*)

tantôt, après les avoir martyrisés de mille manières, on
leur épargnait le coup de la mort, de façon qu'elles pus-
sent ressentir plus longtemps leurs intolérables souf-
frances :

> Vidimus, et toto quamvis in corpore cæso
> Nil animæ lethale datum, moremque nefandæ
> Durum sævitiæ, pereuntis parcere morti.
>
> (Lucan.)

Aussi en était-on venu à considérer comme un bienfait et comme une sorte de grâce et de miséricorde le supplice qui donnait promptement la mort : « Misericordiæ genus est, citò occidere » (Sen.). Non vita, sed mors, in beneficio erat posita (Val. Max.).

Que les poëtes eussent en horreur de pareilles atrocités, il est à peine besoin de le dire. Ils les décrivaient parfois avec des détails qui font frémir. Virgile, dans son Ænéïde, Ovide, dans ses Métamorphoses, nous ont tracé de main de maître le tableau d'affreux supplices. Ici c'est un Mezence qui accole le supplicié à un cadavre putréfié, mettant main contre main, bouche contre bouche, et qui le laisse mourir, en cet état, d'une mort lente. Là, c'est un émule du tyran d'Agrigente qui fait écorcher tout vif le condamné ou qui lui fait déchirer les membres pièce à pièce. Ailleurs, c'en est un autre qui s'acharne jusque sur le cadavre de la victime :

> ...Pedibusque informe cadaver
> Protrahitur...
>
> (Virg.)

Si ces poëtes s'attachaient ainsi à buriner dans leurs œuvres de tels actes de férocité, qui n'étaient point de pures fictions, et dont plus d'un exemple s'était produit, c'était évidemment pour vouer à l'exécration des siècles ceux qui s'en rendaient coupables. Tous maudissaient cette justice sauvage qui semblait éprouver un sentiment de jouissance au bruit des coups qu'elle faisait appliquer,

> ... Qui gaudet acerbo
> Plagarum strepitu...
>
> (Juv.)

qui se plaisait à retourner le poignard dans la plaie,

> Versavitque manus, vulnusque in vulnere fecit;
>
> (Ov.)

qui ne versait de larmes que lorsqu'elle n'avait pas occasion d'en faire verser,

> Vixque tenet lacrymas, cùm nil lacrymabile cernit;
>
> (Ov.)

Et c'est d'elle que l'un d'eux disait :

Crudelis lacrymis pascitur, non frangitur.
(PUBL. SYRUS.)

Pour certains crimes, tels que le parricide, ils ne désapprouvaient pas, comme nous l'avons vu déjà, une
aggravation des douleurs du dernier supplice. Mais, en
général, pour l'exécution de la peine capitale, tout ce
qui était au delà de la mort simple leur paraissait pure
cruauté. Ils ne voulaient pas de ces exemples appelés
par Tite-Live « exemplum parùm memor legum humanarum ; » ils ne voulaient pas de ces tortures qui traî-
nent le supplice en longueur, « quæ pœnam trahunt, »
suivant l'expression de Sénèque. C'est assez visible d'a-
près les extraits qui précèdent.

Du reste, pas un d'eux, que je sache, ne protestait
contre la peine de mort en elle-même, contre le droit
qu'a la société de retrancher de son sein tout coupable
dont la vie est un danger pour elle. Je ne crois pas qu'il
se puisse trouver, dans leurs œuvres, un seul argument
en faveur du système contraire. Ceci me paraît utile à
noter.

III. Autres punitions corporelles.

Sur la pratique des autres punitions corporelles, admises par le Code pénal romain, la poésie latine nous
fournit quelques indications qui autorisent à penser
qu'elle appréciait peu ce genre de pénalité. En effet,
rien ne devait être plus sujet à l'abus. Dans l'esprit des
législateurs, la fustigation et la flagellation n'étaient
que des peines correctionnelles : car ils les appelaient
fustium admonitio, flagellorum castigatio. Mais, dans
l'exécution, c'était souvent un véritable supplice, alors
surtout que cette exécution se faisait par les mains de
bourreaux pareils à ceux que Plaute, dans le passage
cité plus haut, qualifie de *tortores acerrimi*. On en ju-
gera par les citations suivantes, qui ont trait à la manière dont se pratiquaient l'une et l'autre correction :

... Intorto verbere terga seca.
(TIBULL.)
... Mea crudeli laceravit verbere terga.
(OV.)

... Verbera passi
Ictibus innumeris lacerum scindentia corpus.

(SIL. ITAL.)

On conçoit qu'appliquée de la sorte, sur un sujet d'une faible complexion, la correction pouvait et devait assez fréquemment aboutir à un résultat mortel, comme dans ce cas dont parle Horace : « *Flagellis ad mortem cæsus.* »

IV. Emprisonnement.

Quant à l'emprisonnement, j'ai dit que le Code romain ne le classait pas au nombre des peines. Effectivement, pour les hommes libres, la prison n'était considérée que comme maison d'arrêt. « Custodia carcer, disait le Digeste, ad continendos homines, non ad puniendos, haberi debet ». Les personnes de condition servile pouvaient seules être condamnées à l'emprisonnement perpétuel ou temporaire. Il paraît, cependant, qu'on y condamnait aussi parfois des hommes libres, car on trouve dans le Code de Justinien un rescrit où il est dit : « Incredibile est, quod allegas, liberum hominem, ut vinculis perpetuis contineretur, esse damnatum...» Nous lisons aussi, dans Ovide, ce vers qui semble bien attribuer le caractère de peine à l'emprisonnement, sans distinction de la condition des coupables :

Squalidus orba fide pectora carcer habet.

Il est également fait mention de la détention dans ces deux fragments de Virgile :

... Vinclis et carcere frenat.

...Clausi tenebris et carcere duro.

Virgile, il est vrai, ne parlait ici que de prisons fabuleuses; mais il en parlait, sans doute, par allusion à celles dont Salluste fait la description que voici : « Carcerem muniunt undique parietes, atque insuper camera lapideis fornicibus vincta, sed incultu, tenebris, odore fœda. atque terribilis ejus facies. » Peut-être aussi Virgile, en écrivant les vers que je viens de rappeler, avait-il en vue cet autre passage du même auteur, où l'on rencontre les mêmes expressions que celles dont il se sert lui-même : « quidam, quibus relicta anima, *clausi in tenebris*, cum mærore et luctu, morte graviorem vitam exigunt. » Quoi qu'il en soit, si les prisons n'étaient établies à Rome que dans un but préventif, on peut dire que, de fait, elles y remplissaient un rôle éminemment répressif, et qu'à ce titre, l'emprisonnement, quel qu'en fût le caractère légal, pouvait être considéré comme une véritable peine (1).

V. Exil. — Déportation. — Relégation.

La pénalité la plus ordinaire, en matière criminelle, était celle de l'exil. Le Digeste en détermine ainsi les différents degrés : « Exilium triplex est : aut certorum locorum interdictio ; aut lata fuga et locorum omnium interdictio, præter certum locum ; aut insulæ vinculum, id est, relegatio in insulam. »

Nous trouvons dans Ovide une formule de condamnation à l'exil :

Exsulet, et toto quærat in orbe fugam.

Il s'agissait là probablement de l'exil qualifié *lata fuga*. Ovide le connaissait par expérience, lui qui avait été frappé de cette peine, et qui disait de lui-même :

Nec quisquam patriâ longiùs exsul abest.

Sous l'Empire, la peine de l'exil était souvent prononcée par mesure arbitraire et sans jugement, témoin ce vers de Valérius Cato :

Exsul ego, *indemnatus*, egens, mea rura reliqui.

Pour certains condamnés, pour ceux-là que la sentence d'exil dépouillait de leurs biens, en leur interdisant l'eau et le feu dans leur patrie, et en les obligeant à chercher au loin un refuge dans des contrées étrangères, le châtiment était des plus durs :

Exsul, inops, erras, alienaque limina lustrans. (Ov.)

_____

(1) Il résulte du passage suivant de Plaute que les détenus parvenaient parfois à s'évader de prison, en limant ou faisant sauter les ferrements des portes.

Se ex catenis eximunt aliquo modo ;
Tùm compediti januam limâ proterunt,
Aut lepidè excutiunt clavum... (Menoechmi.)

>...Vagus, exsul in orbe
> Errabat toto, patriis ejectus ab oris.
>
> (SIL. ITAL.)

Publius Syrus comparait cette situation à celle d'un mort abandonné sans sépulture :

> Exsul, cui nusquam domus est, sine sepulchro est mortuus.

Mais pour d'autres, pour ceux, par exemple, qui, condamnés seulement à la relégation dans un lieu déterminé et même dans une île, étaient laissés en possession de leurs biens, ou qui s'exilaient volontairement eux-mêmes, en expiation de leurs crimes, comme il arrivait fréquemment, en pareil cas, cette peine était quelquefois assez légère. Cicéron la considérait même, dans ces dernières conditions, comme une sorte d'impunité : «Exilium non supplicium est, disait-il dans l'*Oratio pro Cæcinâ*, sed perfugium portusque supplicii : nam qui volunt pœnam aliquam subterfugere, aut calamitatem, eò solum vertunt, hoc est, sedem ac locum mutant..... Cùm homines vincula, neces, ignominiamque vitant, quæ sunt legibus constitutæ, confugiunt, quasi ad aram, in exilium ». On a vu plus haut que Juvénal appréciait de même l'exil infligé au proconsul d'Afrique, Marius Priscus, à qui la sentence du sénat n'avait pas fait regorger l'argent qu'il avait volé dans sa province, et que le poëte qualifiait cette condamnation de dérisoire : *inane judicium.*

VI. Peines infamantes seulement.

Il y avait, ai-je dit, dans les lois criminelles romaines, des peines simplement infamantes, entre autres, celle qui privait le condamné du droit de tester et de témoigner en justice. C'est à cette dernière peine que se rapportent les deux passages suivants de Plaute et d'Horace :

> Semper curato ne sis intestabilis.   (PLAUT.)

> ...Is intestabilis et sacer esto.
> (HOR.)

L'hémistiche d'Horace a même tout l'air d'être formulé dans les termes suivant lesquels se prononçait une condamnation à l'infamie.

Je termine ici ce qui a rapport au droit pénal, et j'arrive aux observations de la poésie latine, touchant l'instruction criminelle, la procédure, le jugement et ses suites.

SECTION II.—DE L'INSTRUCTION CRIMINELLE ET DE SES SUITES.

§ 1er. — *Instruction criminelle.*

I. Mode de procéder en matière criminelle.

Quel était, chez les Romains, le mode de procéder en matière criminelle? Comment et par qui se dirigeaient les poursuites? La poursuite d'office avait-elle lieu? En cas d'arrestation préventive, une instruction préalable était-elle formalisée? Existait-il des juges instructeurs?

Il y aurait beaucoup à dire sur ces questions. Mais il n'entre pas dans mon sujet de les approfondir, et je ne veux que les effleurer dans leurs rapports avec les documents poétiques que j'ai à produire.

Sous le régime de la loi des Douze Tables, la plupart des faits délictueux étaient abandonnés à la poursuite particulière. Un justiciable avait-il à se plaindre d'un vol, de voies de fait ou de quelque autre délit plus ou moins grave, commis à son préjudice, il avait le droit de traîner le délinquant en justice, *obtorto collo*, tout comme pour un procès civil, après avoir rempli la formalité de la *vocatio in jus*. Seulement, il était tenu, pour obtenir audience, de rédiger préalablement et de remettre au magistrat un libelle d'accusation, où ses griefs devaient être précisés suivant une certaine formule, indiquée par le Digeste, et très-fidèlement reproduite par ce passage de Martial :

> ...Lis est mihi de tribus capellis;
> Vicini queror has abesse furto.

Puis, au jour fixé, il produisait sa preuve.

Voilà ce qui se pratiquait dans les cas les plus ordinaires; et ceci s'appliquait également aux *judicia publica*, qui, ainsi que je l'ai déjà fait remarquer, étaient la juridiction criminelle la plus élevée, et devant lesquels toute personne, même sans intérêt personnel dans l'affaire, pouvait se porter accusatrice.

C'est d'une accusation de ce genre qu'il est fait mention dans le passage suivant du *Truculentus* de Plaute, où l'un des personnages mis en scène menace une *meretrix* de la dénoncer à tous les magistrats, et de la traduire en justice, pour crime de supposition d'enfant :

> Jàm berclè, apud omnes magistratus faxo erit nomen tuum :
> Postideà, ego te manum injiciam quadrupli, venefica,
> Suppositrix puerûm...

Ces mots, *manum injiciam quadrupli*, ont trait à la prime que la dénonciation procurait au délateur, lorsqu'elle était suivie de la condamnation et de la confiscation des biens de l'accusé. Le quart de ces biens était attribué au délateur. Cette sorte de gain s'appelait *quadruplum*, et le bénéficiaire, *quadruplator*. On comprend qu'un pareil appât devait être un encouragement à la délation : aussi, pour certaines gens, le rôle de dénonciateur était-il devenu une industrie professionnelle. Ceux qui s'en faisaient un métier encouraient nécessairement la réprobation publique. Plaute faisait dire à l'un de ces parasites qu'il a si souvent vilipendés sur la scène, que mieux valait encore sa profession, si abjecte qu'elle fût, que celle de *quadruplator* :

> Neque quadruplari me volo, neque me decet
> Sine meo periculo ire aliena ereptum bona.
> Neque illi, qui id faciunt, mihi placent; planè loquor.
> Nàm, publicæ rei caussâ, qui non id facit,
> Magis quàm sui quæsti, animus haud induci potest
> Eum et fidelem et civem esse, et virum bonum,
> Sed legirupam...

(*Persa*, acte 2.)

Il ressort clairement de ce passage que, déjà du temps de Plaute, on avait reconnu les dangers de ce système qui remettait aux mains du premier citoyen venu le droit d'exercer l'action publique. Les réflexions du poète sur ce sujet méritaient d'être prises en sérieuse considération. Elles préoccupèrent, en effet, les législateurs romains, qui durent prendre de nombreuses dispositions

10

pour obvier à l'abus des dénonciations, et pour soumettre
à une sévère responsabilité les accusateurs téméraires.
Cependant, en l'absence d'une partie publique ayant pouvoir d'agir d'office, la mise en accusation sur poursuite
des particuliers ne cessa pas d'être la règle. Quintilien
recommandait même aux avocats de ne point hésiter à
s'en charger, le cas échéant : « bonum virum decet,
disait-il, malos odisse, publicâ vice commoveri, ultum
ire scelera et injurias (xi-1) ; — defendere quidem reos
profectò, quàm facere, vir bonus malet : non tamen ità
nomen ipsum accusatoris horrebit, ut nullo neque pu-
blico, neque privato duci possit officio, ut aliquem ad
reddendam rationem vitæ vocet : nam et leges ipsæ nihil
valent, nisi actoris idoneâ voce munitæ ; et si pœnas
scelerum expetere fas non est, propè est ut scelera ipsa
permissa sint, et licentiam mâlis dari, certè contra bonos
est » (xii-vii). Personne, du reste, n'ignore que cette
règle fut plus d'une fois pratiquée par les orateurs du
barreau romain, et que des accusations furent assez fréquemment provoquées et poursuivies par eux.

Mais, lorsqu'il se commettait l'un de ces crimes dont
la répression intéresse la société tout entière, et qu'aucun accusateur ne se produisait pour en dénoncer et
poursuivre l'auteur ou les auteurs, l'autorité publique
demeurait-elle inactive et impassible ? N'agissait-elle
pas d'office, et ne prenait-elle pas l'initiative pour mettre
les coupables sous la main de la justice ? A défaut d'une
institution pareille à celle de notre ministère public,
les juges criminels n'étaient-ils pas autorisés à se saisir
eux-mêmes de la poursuite, à faire arrêter les inculpés,
à les détenir préventivement, à les interroger, à instruire leur procès ? il ne se pouvait pas qu'il en fût autrement : car le cas devait être assez fréquent, et il ne
se rencontrait pas toujours un Cicéron ou un Pline pour
se charger de poursuivre et d'accuser soit un Verrès,
soit un Marius Priscus. Même sous la législation des
Douze Tables, les magistrats investis du pouvoir judiciaire avaient nécessairement le droit et le devoir d'agir
d'office, dans de pareilles circonstances. Quand il y
avait lieu d'arrêter et de détenir préventivement un citoyen inculpé d'un grand crime, c'était évidemment à

eux seuls qu'il appartenait de l'ordonner et de dire aux
agents de la force publique :

> ...Vim duram et vincula capto
>
> Tende...
>
> (VIRG.)
>
> ...Ducantur, manibus post terga retortis
>
> (Ov.)

Et comme c'eût été un criant abus de détenir préventivement l'inculpé pendant un temps plus ou moins
long, sans qu'il intervînt quelque acte d'instruction,
tel, par exemple, qu'un interrogatoire, ne fût-ce que
pour vérifier l'identité du détenu et les moyens de défense qu'il pouvait avoir à présenter, ces mêmes magistrats avaient dû aussi être amenés, par la force des
choses, à procéder, en de tels cas, à des informations
préalables à la mise en jugement. Qu'il n'en ait pas été
ainsi dès l'enfance du droit criminel, à Rome, c'est possible ; mais, sans nul doute, ce progrès arriva par la
suite. J'en pourrais citer plusieurs preuves légales, em-
pruntées au Digeste et au Code. Qu'il me suffise de
celle-ci : « In quâcumque causâ, reo exhibito, lit-on
dans le Code, sive accusator existat, sive eum publicæ
sollicitudinis causa produxerit, statim debet quæstio
fieri, ut noxius puniatur, innocens absolvatur. » Il résulte clairement de ce texte, d'une part, que certains
procès criminels étaient intentés d'office : *Publicæ
sollicitudinis causâ*, sans l'intervention d'un accusateur, et, d'autre part, que l'inculpé arrêté devait être
interrogé sur-le-champ. C'est ce qu'on appelait *auditio
apud acta*. Il y avait donc des magistrats instructeurs.
Quelle était leur mission ? Un poëte du siècle d'Auguste, Manilius, auteur de l'*Astronomicon*, va nous
l'expliquer :

> Quæsitor scelerum veniet vindexque reorum,
> Qui commissa suis rimabitur argumentis,
> In lucemque trahet tacitâ latitantia fraude.

Sa mission consistait donc à rechercher et mettre en
lumière les méfaits des accusés. Virgile la définissait
en termes plus précis, en parlant du juge des enfers :

> ...Vitasque et crimina discit.

Tel est bien, en effet, le rôle qu'ont à remplir les juges d'instruction, et les nôtres ne sauraient trouver une plus juste devise pour caractériser leur fonction.

II. Du juge instructeur. — Ses devoirs. — Difficultés de sa tâche.

Examinons maintenant, avec les poëtes, comment le *Judex expressor veritatis* (c'est ainsi que Tertullien désignait le juge instructeur) doit procéder à l'accomplissement de sa tâche.

S'il s'agit d'informer sur un crime capital, inquirere de re capitali, il y faut mettre le temps; tel est l'avis de Juvénal :

> Nulla unquàm de morte hominis cunctatio longa est.

Il faut vérifier avec soin la nature et les circonstances du fait incriminé, et le degré de confiance que peuvent mériter et l'accusateur et les témoins produits :

> ... Meruit quo crimine servus
> Supplicium, quis *testis* adest, quis detulit...
> ... Quo cecidit sub crimine, quisnam
> Delator, quibus indiciis, quo teste probavit?

C'est d'autant plus nécessaire, dit encore quelque part Juvénal, qu'il est des accusateurs capables du crime même qu'ils dénoncent :

> ... Faciet quod deferat ipse.

Mais, en général, même dans les affaires de cette importance, l'instruction doit marcher aussi rapidement que possible: car il importe, et c'est encore un poëte qui l'a dit, que le jour du châtiment suive de près celui du crime :

> ... Repentino restringite crimina ferro.
> (ALCIM.)

La loi romaine disait de même : « Non est differenda reorum condemnatio, sed citiùs proferenda sententia in scelerosos. »

Entre autres raisons qui faisaient considérer, comme l'une des premières conditions d'une bonne administration de la justice criminelle, la célérité de l'instruction et la prompte solution du procès, on donnait celle ci, qui est fort juste : c'est que les affaires de ce genre *amendent en vieillissant*. En effet, les preuves ou disparaissent, ou s'affaiblissent avec le temps, et comme le dit Ovide, l'oubli de la faute en atténue le scandale :

> ... Famam tenuant oblivia culpæ.

Toutefois, il ne dépendait pas toujours du juge de marcher vite.

En certains cas, sans doute, rien n'était plus aisé, lors, par exemple, que le voleur, s'il s'agissait d'un vol, était pris la main dans le sac,

> ... Prensus manifesti furti :
> (PLAUT.)

car le fait lui-même criait contre l'inculpé,

> Res clamabit ipsa quid deliqueris.
> (PHÆDR.)

Il en était de même, quand le malfaiteur était trouvé en possession des dépouilles de sa victime,

> Fert secum spolium sceleris... (Ov.)

ou bien lorsque, le délit venant de se commettre, son auteur était poursuivi par la clameur publique, et que le juge pouvait se borner à lui dire :

> Vides peccatum tuum esse latum foràs,
> Neque jàm id celare posse te... (TER.)

> ...Nec magis
> Manifestum ego hominem unquàm ullum teneri vidi.
> (PLAUT.)

> Manifestò teneo in noxià... (*Id.*)

Dans tous ces cas de flagrant délit, prévus par la poésie latine, l'œuvre du magistrat instructeur était fort simple, et sa procédure pouvait arriver promptement à solution.

C'était bien plus tôt fait encore, lorsque l'inculpé se rendait lui-même son propre accusateur, en venant dire à la justice :

> Eloquar infelix dedecus ipse meum. (Ov.)

> Et veniam culpæ proditor ipse meæ. (*Id.*)

10.

car, en ce cas, la cause était jugée. « Confessus pro judicato est, disait le droit romain ; nam quodammodò suâ sententiâ damnatur », et l'accusation n'avait pas besoin d'autres preuves :

> ...Crimenque patet sine teste probatum,
> (Ov.)

à moins pourtant qu'il n'apparût, ce qui devait être fort rare, que l'accusé voulait se perdre lui-même, car, dans ce cas, s'appliquait la règle : « Nemo auditur, perire volens ».

Mais la justice, chez les Romains, de même que chez nous, avait souvent affaire à des malfaiteurs qui commettaient leurs crimes à la faveur des ténèbres, et n'en avaient d'autre témoin que la nuit :

> ... Quorum nox conscia sola est ;
> (Ov.)

souvent aussi à de grands criminels qui, après avoir obtenu le succès de leurs audacieuses entreprises,

> Ausi omnes immane nefas, ausoque potiti,
> (Virg.)

comptaient que leur passé demeurerait inaperçu, et que le manque de preuves leur vaudrait l'exemption de toute peine,

> Præteritæ veniam dabit ignorantia culpæ,
> (Ov.)

et qui, se croyant sûrs de l'impunité par le bénéfice du temps,

> Securi veniæ...
> (Lucan.)

osaient dire au magistrat : si nous sommes coupables, prouvez-le :

> Si quid est peccatum à nobis, profer.
> (Ter.)

Souvent enfin, les éléments de conviction manquaient ; le corps du délit et ses traces avaient disparu, lors, par exemple, que, s'agissant d'un incendie attribué à la malveillance, la cause en demeurait latente,

... Quæ tantùm incenderit ignem
Causa latet...

(VIRG.)

ou lorsque, s'agissant d'un meurtre, l'auteur avait sup-
primé le cadavre de sa victime :

Et tanquàm tolli cum corpore crimina possint,
Exanimem scopulo subjectas misit in undas.

(Ov.)

ou bien encore, lorsque, s'agissant d'un vol, le juge n'en
apercevait, tout d'abord, aucun vestige :

... Nulla videt vestigia furti.

(Ov.)

En de pareils cas, l'instruction criminelle était nécessairement difficile et laborieuse ; il lui fallait cheminer
par la voie tortueuse et compliquée des indices ; et chacun peut comprendre que, dans un temps où la police
judiciaire n'existait pas, ou du moins, n'était que fort
imparfaitement organisée, ses investigations ne devaient
que fort tardivement aboutir, si elles ne demeuraient
pas complétement infructueuses.

III. Épreuve de la question.

C'est, sans doute, à cette grande difficulté de parvenir
à la manifestation de la vérité, qu'il faut attribuer l'introduction dans la procédure criminelle romaine d'un
moyen d'instruction que les peuples civilisés ont depuis
longtemps réprouvé. Je veux parler de l'épreuve de la
question, dont Sénèque le Tragique fait mention en ces
termes :

Vincite ferro ; verberum vis
Extrahat secreta mentis.

Cette épreuve était d'usage habituel chez les Romains.
« In criminibus eruendis, lit-on au Digeste, quæstio
adhiberi solet ». Appliquer la question s'exprimait par
les mots : « Admovere cruciatus ». Ce n'était pas seulement aux accusés qu'on en imposait le supplice. Souvent
on y soumettait les esclaves, même alors qu'il ne s'agissait que d'obtenir d'eux des déclarations testimoniales.

En témoignage de ce fait, on peut citer les deux passages suivants de Plaute :

> ...Servos pollicitus est dare
> Suos mihi omnes quæstioni...

> ... Hoc primùm volo,
> Quæstioni accipere servos...

(MOSTELLARIO.)

Et tel est l'empire des préjugés, quand ils ont pour eux la consécration du temps, qu'à l'époque où vivait Cicéron, on en était encore à penser que la confession arrachée par la torture « expressa cruciatu confessio » était l'expression de la vérité. « Quæ tormentis verberibus, igne, rei defatigati dicunt, veritas ipsa dicere videtur » (Cic.). Empressons-nous d'ajouter pourtant que, même en ce temps-là, cette barbare doctrine ne passait pas sans de vives contradictions. On la battait en brèche ; on arguait de son inefficacité, comme moyen d'instruction. En effet, disait une sentence de Publius Syrus, la douleur force les innocents eux-mêmes à mentir :

> Etiam innocentes cogit mentiri dolor,

et comme on ne gagne pas plus à dire le vrai qu'à mentir, ajoutait plus tard Quinte-Curce : « Quoniam et vera confessis et falsa dicentibus, idem doloris finis obtenditur », quelle confiance attacher à des déclarations ainsi obtenues ?

IV. Examen de l'accusé.—Preuves qui peuvent s'induire de son attitude et de son langage.

N'a-t-on pas, d'ailleurs, d'autres moyens de s'éclairer ?

Qu'on observe tout d'abord la physionomie de l'accusé. Elle seule suffira parfois à faire reconnaître s'il est capable du crime qu'on lui reproche : car il est de ces physionomies qui portent, pour ainsi dire, le crime empreint dans tous leurs traits :

> Vultusque præ se scelera truculenti ferunt.

(SEN., Trag.)

Qu'on observe attentivement aussi, dans sa personne, les signes extérieurs, par lesquels se manifestent d'ordinaire les impressions intimes : s'il a le sentiment de sa culpabilité, quelque effort qu'il fasse pour le dissimuler, il lui sera bien difficile de n'en pas laisser apparaître quelque trace sur son visage :

> ...Difficile est crimen non prodere vultu.
>
> (Ov.)

Le plus souvent, quand l'accusation vient le surprendre, on le voit se troubler, changer de couleur, rougir et pâlir tour à tour :

> Huic manat tristi conscius ore rubor ;
>
> (Catul.)

> ...Alternos vultus pallorque ruborque
> Mutat...
>
> (Stat.)

> ... Tacitoque animum pallore fatetur.
>
> (Ov.)

Il s'effraie de rien, et montre par cela même qu'il a peur de tout. En effet, de vaines terreurs sont presque toujours la preuve qu'on a de sérieux sujets de crainte.

> ...Qui pavet vanos metus,
> Veros fatetur...
>
> (Sen., *Trag.*)

Quelquefois, prenant l'antidote avant le poison, « priùs antidotum quàm venenum », il se défend, avant même d'être accusé, et se trahit par l'excès même de son empressement à se disculper. C'est là un des plus graves indices de culpabilité; on en peut dire avec Térence :

> Nescio quid peccati portat hæc purgatio.

Plus son système de défense est artistement combiné, plus il décèle son embarras, plus il le rend suspect. Rien n'est plus vrai que cette pensée de l'un de nos poëtes :

> Le crime, à force d'art, parvient à se trahir [1].

Du reste, quelque soin qu'il prenne à garder son secret, à le couvrir d'un mystère impénétrable, souvent il lui échappe malgré lui. On le peut surprendre pen-

_____
(1) Dubelloy (*Gaston et Bayard*).

dant son sommeil, ou dans le délire de la fièvre : car, ainsi que le fait remarquer Lucrèce,

> ...Multi, per somnia sæpè loquentes,
> Aut morbo delirantes, procraxe feruntur,
> Et celata diù in medium peccata tulisse.

Rien de pareil ne se produit chez l'homme dont la conscience est nette. S'il arrive qu'il soit accusé ou d'un vol, ou d'un acte d'impudicité, ou même d'un parricide, il ne change pas de couleur, il ne tremble pas devant cette fausse et calomnieuse imputation :

> Si populus clamet furem, neget esse pudicum,
> Contendat laqueo collum pressisse paternum,
> Mordear opprobriis falsis, mutemve colorem (1) ? (HOR.)

Il ne prend pas une attitude suppliante ; il ne s'abaisse pas à la prière ; il n'implore pas la pitié des juges :

> Conscientia animi nullas invenit linguæ preces;
> (PUBL. SYRUS.)

Fort de sa conscience, il s'appuie sur elle, comme sur un mur d'airain :

> ...Murus aheneus esto,
> Nil conscire sibi, nullà pallescere culpâ. (HOR.)

Tout son être se révolte contre l'injuste inculpation dont il est l'objet ; il se défend avec hardiesse et fermeté :

> ...Qui non deliquit, decet
> Audacem esse, confitenter pro se, et protervè loqui ;

Car, comme le dit Phèdre,

> Difficulter continetur spiritus,
> Integritatis qui sinceræ conscius,
> A noxiorum premitur insolentià.

En un mot, ce qui distingue, le plus ordinairement, le coupable de l'innocent, c'est que l'un s'humilie et que l'autre s'indigne.

---

(1) Horace dit encore ailleurs :

> . . . . mendax infamia terret
> Quem ? Nisi mendosum et medicandum ?...

Tout ceci est fort contestable. Celui qui a dit : « Si l'on m'accusait d'avoir volé les tours de Notre-Dame, je commencerais par me sauver », me paraît être plus dans le vrai.

Nocens precatur, innocens irascitur.
(Publ. Syr.)

Le coupable lève les yeux et les mains au ciel ; il a recours aux excuses, aux larmes :

Squalidus ad superos tollit reus ora manusque, (Ov.)

... Verba excusantia dicit. (*Id.*)

Excusat crimen lacrymis...

et, par cela seul, il s'accuse lui-même, car toute cause qui fait appel à la miséricorde est mauvaise :

Mala causa est, quæ requirit misericordiam.
(Publ. Syrus.)

L'innocent, au contraire, proteste avec énergie de la pureté de sa conduite et de ses intentions :

Ah ! potiùs peream, quàm crimine vulnerer isto ? (Ov.)

Si qua fides miseris, hoc me per numina juro
Non meruisse nefas, patior sine crimine pœnam.
Viximus innocui... (Ov.)

Dii sciunt culpam meam illic non esse ullam. (Plaut.)

Il y a enfin, entre le coupable et l'innocent, cette différence, toujours facile à discerner, que le premier redoute la loi ; le second, la chance seulement d'une injustice :

Legem nocens veretur, fortunam innocens,
(Publ. Syrus.)

et que l'innocent seul conserve quelque confiance, parce que seul il a droit d'espérer le salut dans son malheur.

In malis sperare bonum, nisi innocens, nemo potest.
(Publ. Syrus.)

Aussi ne fuit-il pas la justice. Celui-là seul la fuit, dont la conscience n'est pas tranquille. Sa contumace est déjà une sorte d'aveu de sa culpabilité :

Fatetur facinus is qui judicium fugit. (Sen.)

On peut juger, par les citations qui précèdent, que la poésie latine attachait une grande importance à l'examen de la personne même de l'accusé, de son attitude, de son langage, et qu'une étude approfondie du cœur humain lui faisait reconnaître la possibilité de trouver, dans ces premiers éléments de conviction, et dans les observations qu'ils suggèrent, de quoi suppléer à l'insuffisance des preuves matérielles.

Au surplus, nombre d'autres indices du même genre peuvent venir utilement en aide au magistrat instructeur.

Je disais tout à l'heure que fréquemment le coupable se trahissait par sa défense même. C'est ce qui arrive, principalement quand il invoque, sans succès, un de ces moyens, tels, par exemple, que l'alibi, qui le sauvent, s'il parvient à les prouver, mais qui le tuent, s'ils sont démontrés faux. Le poëte Ausone a donné de ces moyens-là une définition qui mérite d'être notée : ce sont, dit-il, de ces arguments,

> Quæ, firmata, probant, aut, infirmata, relidunt.

V. Preuve testimoniale.

Quant à la preuve testimoniale, la poésie latine semble assez peu l'apprécier. Elle avait sous les yeux trop d'exemples de subornation de témoins et de faux témoignages, pour avoir pleine confiance dans cet élément d'information judiciaire. Rien, en effet, n'était plus commun que de produire en justice de faux témoins :

> ...Falsas lites falsis testimoniis
> Petunt...   (PLAUT.)

> ...Litem apisci postulant perjurio
> Mali, res falsasque impetrant apud judicem.   (Id.)

> ...Sæpè, ætate in suâ,
> Perdidit civem innocentem falso testimonio.   (Id.)

> ...Te testem feci, falsòque citavi.   (Ov.) [1]

(1) Voici un passage du Pœnulus de Plaute, qui peut donner une idée de la forme dans laquelle on prenait à témoins ceux dont on voulait invoquer le témoignage en justice, à l'appui d'une plainte. Il s'agit ici d'un délit consistant en ce que, contrairement aux prohibitions des lois, un *leno*, ou entrepreneur de prostitution, aurait reçu une somme d'argent des mains d'un esclave appartenant à autrui :

> Vidisti leno cùm aurum accepit ?—Vidimus.
> Eum vos esse meum servum scitis ? — Scimus.
> Rem adversùs populi leges ? — Sæpè scivimus.
> Hem ! Isthæc volo ego vos commeminisse omnes,
> Mox cùm ad prætorem usus veniet. — Meminerimus

On faisait dire aux témoins ainsi recrutés, qu'ils avaient vu ce qu'ils n'avaient pas vu :

> ...Dices, sub judice, vidi,
> Quod non vidisti...   (Juv.)

Chacun pouvait aisément s'en procurer de la sorte ; car ils vendaient leur parjure au prix le plus minime :

> Falsus erit testis ; vendet perjuria summâ
> Exiguâ...   (Juv.) [1]

Leur morale était, suivant Plaute, que le serment avait été inventé pour gagner de l'argent, et non pour en perdre :

> Jusjurandum, servandæ rei, non perdendæ, conditum est.

Ils se parjuraient intrépidement, la main étendue sur tout autel, si sacré qu'il fût :

> Atque adeò intrepidi ; quæcumque altaria tangunt. (Juv.)

Et quand on leur reprochait leur parjure, ils s'en riaient, en répondant : c'est vrai, mais l'argent est à nous :

> Perjuravisti, sceleste.—At argentum intrò condidi.
>   (Plaut.)

Juvénal s'indignait de cette immoralité, ainsi érigée en système ; et c'est à cette occasion qu'il écrivait ces beaux vers :

> ...Ambiguæ si quandò citabere testis
> Incertæque rei, Phalaris licet imperet ut sis
> Falsus, et admoto dictet perjuria tauro,
> Summum crede nefas animum præferre pudori.

Mais cet éloquent appel à la sincérité des dépositions testimoniales était impuissant à moraliser des hommes qui s'étaient fait un jeu du faux témoignage, et dont quelques-uns le pratiquaient comme une sorte de profession. A Rome, où la preuve orale tenait, en matière civile comme en matière criminelle, la plus large place parmi les moyens d'instruction des procès, c'était-là une des plus honteuses plaies de la justice. Les efforts

---

(1) De tout temps, la preuve par témoins a été jugée de la sorte. On connaît ces deux brocards de notre droit coutumier : « Fol est qui se mest en enqueste. — Qui mieux abreuve, preuve. » Seulement, au dire de Racine dans *les Plaideurs*, les faux témoins ne s'obtenaient pas chez nous aussi facilement et à aussi bas prix qu'à Rome.

Les témoins sont fort chers, et n'en a pas qui veut.

que firent, aux diverses époques de son gouvernement,
ses législateurs et ses jurisconsultes, pour raffermir l'autorité de cette preuve, montrent assez qu'ils n'y avaient
guère plus de foi que les poëtes. Ils la maintinrent
pourtant : car ils la jugeaient indispensable : « Testimoniorum usus frequens ac necessarius est, disait le Digeste » (1). Si peu de confiance qu'elle leur inspirât,
les poëtes l'admettaient également, parce que, le plus
souvent, on ne pouvait s'en passer. Du moins ne la réprouvaient-ils pas d'une manière absolue. Mais ils accordaient aux témoins *de visu* toute préférence sur les
témoins *de auditu*. On doit en croire les yeux plus que
les oreilles, dit une sentence de Publius Syrus :

> Oculis habetur, quàm auribus, major fides.

C'était aussi l'opinion de Plaute. Selon lui, un seul
témoin oculaire vaut mieux que dix témoins auriculaires :

> Pluris est oculatus testis unus, quàm auriti decem (2).

Pourquoi? Parce que, dit encore Plaute, les témoins
auriculaires ne font que rapporter ce qu'ils ont ouï dire,
tandis que les témoins oculaires savent, de science personnelle et certaine, ce dont ils rendent compte,

> Qui audiunt, auditu dicunt ; qui vident, planè sciunt ;

Et parce qu'il n'est guère de récit, par ouï-dire, qui, passant de bouche en bouche, ne finisse par se dénaturer :

> Nihil est quin, malè narrando, possit depravarier. (Ter.)

VI. Preuve par indices.

Il ne faudrait pas cependant conclure de là, que la

---

(1) Cette preuve avait également prévalu dans notre droit coutumier, malgré tous les dénigrements dont elle était l'objet ; car on disait : *Témoins passent lettres.*

(2) De là ces deux proverbes cités par Loysel, dans ses *Maximes du droit coutumier* :

> Un seul œil a plus de crédit,
> Que deux oreilles n'ont d'audivi.

> Témoin qui l'a veu est meilleur,
> Que cil qui l'a ouy, et plus seur.

jurisprudence poétique n'admît, comme pouvant faire preuve, que les seuls témoignages oculaires et directs ; son rigorisme, en cette matière, ne va certes pas jusques-là ; elle reconnaît parfaitement, au contraire, avec les gens du métier, que tout peut faire preuve, les témoignages *de auditu,* comme les témoignages *de visu,* les témoignages indirects, comme les témoignages directs ; et que de simples indices, qui, pris isolément, n'auraient aucune force probante, peuvent, par leur multiplicité, par leur ensemble et leur concordance, opérer une conviction suffisante. Cette doctrine est admirablement exprimée par Ovide dans ces deux vers :

Et quæ non prosunt, singula, multa juvant.

Et quæ non lædunt, singula, multa nocent.

Quintilien définissait de même la preuve par indices. Isolés, disait-il, les présomptions ont peu de poids ; mais leur réunion est écrasante. Si elles ne produisent pas l'effet de la foudre, elles produisent celui de la grêle : « Singula levia sunt et communia : universa verò nocent ; etiamsi non ut fulmine, tamen ut grandine. »

Mais, pour équivaloir à la preuve, il fallait que ces indices ou présomptions eussent un tel caractère de gravité et de précision, et qu'ils formassent un faisceau tellement indestructible, que l'accusé lui-même n'y pût rien objecter : « ut omnium, qui interrogationibus fuerint dediti, in unum conspirante concordanteque testimonio ità convictus sit reus.... ut vix ipse ea quæ commiserit negare sufficiat (Cod.) ». C'est dire assez qu'il ne suffisait pas à l'accusateur de mettre en avant de simples soupçons, et bien moins encore, de simples allégations, ou des arguments qui résolvent la question par la question.

En matière criminelle, plus qu'en toute autre, s'appliquait cette règle, posée par Horace :

Nil agit exemplum litem quod lite resolvit.

L'accusateur avait tout à prouver. Quant à l'accusé, il pouvait se tenir sur la défensive, et se borner à répondre, comme déjà je l'ai noté plus haut :

Si quid est peccatum à nobis, profer.   (Ter.)

Ceci m'amène à dire quelques mots de l'accusation chez les Romains et de certaines remarques ou allusions dont elle a été l'objet de la part des poètes.

§ 2. — Accusation.

1. Comment et par qui s'intentait l'accusation.

On sait que les Judicia publica avaient été institués pour le jugement des affaires capitales, et de divers autres crimes ou délits, dont on avait jugé que la répression devait être exemplaire. L'organisation de cette juridiction criminelle a sans doute varié, suivant les époques. Il paraît qu'au temps de Plaute, c'étaient les comices qui la composaient. C'est ce qui s'induit des passages suivants, extraits des comédies de ce poète :

Ibo, intrò, ubi de capite meo sunt comitia.

Meo illic nunc fiunt capiti comitia.

Pseudolus mihi centuriata habuit, capitis comitia.

L'accusé traduit devant elle était qualifié d'accusé public, reus publicus :

Et peragor populi publicus ore reus.   (Ov.)

Il semble même résulter de ce dernier vers que l'accusation pouvait y être intentée au nom du peuple, comme dans cet autre cas :

Spretarumque agitur legum reus...   (Ov.)

Mais, le plus ordinairement, le rôle de l'accusation était rempli, soit par les parties lésées, soit par des tiers agissant au nom de celles-ci, ou dans l'intérêt de la vindicte publique, après avoir dressé et remis au préteur ou au proconsul, selon les cas, le libelle dont j'ai parlé, et dans lequel ils déclaraient se constituer accusateurs, se reum deferre, suivant la formule indiquée par le jurisconsulte Paul.

Cette formule était sans doute bien connue de Juvénal et de Martial : car ils en reproduisent les propres termes, le premier, dans ce passage, où il recommande de bien examiner, avant de prononcer sur le sort d'un accusé, ce que valent les témoins produits contre lui, ce que vaut aussi celui qui l'accuse ,

> ...Quis testis adest, quis *detulit*...

Et le second, dans ce fragment de l'une de ses épigrammes :

> Ecce *reum* Carus te *detulit*...

J'ai dit que tout citoyen pouvait se porter accusateur devant les *Judicia publica*. Nous apprenons par Juvénal que les femmes en avaient aussi la faculté, au moins dans certaines causes. En effet, en parlant de leur goût pour les procès, il en cite une qui les aimait à ce point, qu'elle accusait, quand elle n'était pas accusée elle-même :

> ...Accusat Manilia, si rea non est.

II. Formules poétiques de réquisitoires.

C'était l'accusateur qui procédait extrajudiciairement aux informations préalables, qui produisait ensuite les témoins et les charges. C'était lui, enfin, ou son avocat, qui portait la parole contre l'accusé, comme le font aujourd'hui les officiers du parquet.

Ne semble-t-il pas voir, dans les deux fragments qui suivent, l'accusateur se levant et développant les charges ?

> Surgit, et his onerat dictis...   (VIRG.)

> Criminibusque premunt veris...   (Ov.)

Du reste, les formules réquisitoriales ne manquent pas dans les poëmes latins. En voici quelques-unes, dont les organes du ministère public pourraient faire usage, au besoin, si, par aventure, le latin redevenait quelque peu de mode parmi nous :

> Hactenùs indulsisse vacat...   (VIRG.)

> Sitque dies ausis olim tàm tristibus ultor!   (STAT.)

> Nec pœnam sceleri invenies, nec digna parabis
> Supplicia...
>
> > (JUV.)

Nunquàm rependam sceleribus pœnas pares.

(Sen., *Trag.*)

...Teque piacula nulla resolvent.   (Hor.)

...Pœnas jàm noxia vincit.   (Manil.)

Il n'est pas jusqu'à la péroraison d'un réquisitoire qu'on n'y retrouve. On a souvent entendu des orateurs du parquet terminer à peu près ainsi leur allocution aux juges criminels : « Je viens d'avoir l'honneur de soutenir l'accusation ; à vous maintenant celui de prononcer la condamnation du coupable ». Ovide termine absolument de même un réquisitoire de son temps :

Accusasse mihi ; vobis damnasse decorum.

III. Défense.

Après l'accusation, venait la défense. Mais je me réserve de m'expliquer sur ce sujet, dans la dernière partie de mon travail.

Disons cependant, dès à présent, que la poésie latine n'a pas négligé de rappeler, à l'occasion, le grand principe du droit de défense des accusés. Dans le *Curculio* de Plaute, on trouve la protestation suivante contre une arrestation opérée sans preuve ni jugement :

...Proh Deûm atque hominum fidem !
Hoccine pacto, indemnatum atque intestatum me arripi !

Et un autre poëte, Faernus, appliquant sans doute la règle de droit, « inauditâ causâ quemquam damnari æquitatis ratio non patitur, » disait à des juges :

...Neu crimine tanto,
Indictâ causâ, quemquam damnare velitis.

§ 3. — *Du jugement et de ses suites.*

I. Mode de procéder aux jugements criminels.

Comment, après le développement de l'accusation et de la défense, était-il procédé au jugement ?

Les formes, sur ce point, se sont diversifiées avec les temps et les institutions. Ovide nous apprend que, longtemps avant le siècle où il vivait, c'était par des cailloux noirs, jetés dans une urne, que la question de culpabilité se décidait pour l'affirmative :

Mos erat antiquus nigris albisque lapillis,
His damnare reos, illis absolvere culpâ.

Calculus immitis demittitur ater in urnam,
Quæ simul effudit numerandos versa lapillos.

Depuis, ce système de votation judiciaire, imité dans nos modernes assemblées délibérantes, a subi des modifications. Chez les Romains, aux cailloux succédèrent les trois lettres initiales, dont l'une signifiait la condamnation, une autre, l'absolution, et la troisième, le doute, *non liquet* : d'où vint la locution proverbiale, « tristis littera », appliquée à celle de ces initiales, qui exprimait la déclaration de culpabilité.

Au temps de Perse et de Martial, la *tristis littera* était le thêta grec. Le fait nous est attesté par ces deux poëtes, dans les passages que voici :

...Et nigrum vitio præfigere theta.
(PERS.)

Nosti mortiferum quæstoris, Gastrice, signum ?
Est operæ pretium discere theta novum.
(MART.

Quand cette lettre était sortie de l'urne en majorité, dans une affaire capitale, la sentence de mort, *formula lethalis*, suivant Martial, ou, comme disaient d'autres, *Carmen cruciatûs*, était prononcée par le président.

II. Exécution des condamnations capitales. — Derniers moments des condamnés.

La condamnation une fois devenue définitive, restait l'exécution de la peine. Sur ceci encore, qu'on me permette quelques réminiscences poétiques.

Si les peines sont principalement instituées dans un intérêt d'exemple, il faut que l'expiation du crime soit de nature à intimider et par les tortures morales qui la précèdent et par l'appareil du supplice qui la consomme ceux qui pourraient être tentés d'imiter le coupable. Pénétrés de cette vérité, les poëtes latins se sont plus d'une fois appliqués à faire ressortir tout ce qu'il y a de lugubre et d'horrible, dans les derniers moments du condamné.

Quand la justice humaine a prononcé son arrêt suprême, quand le condamné, voué à la mort, attend, dans les horreurs du cachot, le coup qui doit le frapper,

> ...Clausus tenebris et carcere cæco,
>> (VIRG.)

> ,..Letho pœnæque relictus,
>> (Ov.)

> Districtus ensis cui super impiâ
> Cervice pendet...,
>> (HOR.)

ils le représentent, comptant les jours, les heures, les minutes, prêtant l'oreille à tous les bruits extérieurs, mesurant ce qui lui reste à vivre, à la longueur du chemin qui le sépare de l'échafaud, en proie à tous les tourments qu'inspirent les approches de la mort :

> Audit iter, numeratque dies, spatioque viarum
> Metitur vitam ; torquetur peste futurâ. [1]
>> (CLAUD., in Rufino.)

Pour lui, les mets les plus délicats et les plus appétissants n'ont plus de saveur ; pour lui, plus de doux sommeil :

> ...Non Siculæ dapes
> Dulcem elaborabunt saporem ;
> Non avium citharæque cantus
> Somnum reducent...
>> (HOR.) [2]

[1] Le rhéteur Calpharius Flaccus dépeignait ce supplice anticipé du condamné en traits non moins saisissants : « Quoties jacentem in carcere ferrati postis stridor excitat, exanimatur, et alienum supplicium aspectando, suum discit. » C'est ce supplice qu'éprouvaient, chaque jour, les nombreuses victimes de notre sanglante révolution. On l'a souvent retracé dans les mêmes termes.

[2] Nos parlements, dit Montaigne, renvoyent souvent exécuter les criminels au lieu où le crime est commis. Durant le chemin, promenez-les par de belles maisons, faictes leur tant de bonne chère qu'il vous plaira, pensez-vous qu'ils s'en puissent resjouir, et que la finale intention de leur voyage, leur estant ordinairement devant les yeulx, ne leur ayt altéré et affadi le goust à toutes ces commodités ? (Essais, 1-19.)

Le moment fatal arrive; on le conduit au supplice :

> Damnatus morti latro ducebatur acerbæ,
> Digna recepturus sceleratæ præmia vitæ.
>
> (FAERNUS.)

il va subir une mort flétrissante :

> Et punitorum turpissima fata reorum;
>
> (PAULINUS.)

meurs comme tu l'as mérité, lui dit le poëte,

> Nunc merito moriare tuo...
>
> (Ov.)

> Quod meritum est ferat...
>
> (TER.)

puis, l'acte d'expiation accompli, il ajoute : le supplice a fait justice du coupable; un grand exemple a vengé la société. Le criminel a subi le juste châtiment qu'il avait encouru.

> ...Magnis injuria pœnis
> Solvitur...
>
> (Ov.)

> ...Mulctam subiêre nocentes.
>
> (*Id.*)

> ...Ex merito pœnas subiêre...
>
> (*Id.*)

III. Considérations sur les tourments de toutes sortes auxquels s'exposent les malfaiteurs.

La poésie latine témoignait, comme on le voit, peu de sympathie pour les condamnés; pour ceux, du moins, qui lui paraissaient avoir mérité toutes les sévérités de la loi pénale.

Mais on doit lui rendre cette justice, qu'elle n'épargnait pas aux méchants les avertissements sur les périls et les maux de toute sorte, auxquels ils s'exposent par leurs criminelles entreprises.

Et d'abord elle leur montrait en perspective la peine qui les poursuit, et qui tôt ou tard les atteindra.

La loi romaine disait : «Noxa sequitur caput.—Et de-

11.

licta et noxa cum capite ambulant », la poésie répétait
avec elle :

> Rarò antecedentem scelestum
> Deseruit pœna pede claudo.
>
> (HOR.) (1)

> Culpam pœna premit comes.
>
> (Id.)

> Repetit auctorem scelus.
>
> (SEN., Trag.)

> Culpam moratur improbus, non præterit.
>
> (PUBL. SYRUS.)

> ...Lentæque irrepunt agmine pœnæ.
>
> (STAT.)

> Ille quidem pœnas, curam hanc dimittite, solvet.
>
> (OV.)

> Supplicia impendent...
>
> (VIRG.)

> ...Te triste manebit
> Supplicium, votisque Deos venerabere seris.
>
> (Id.)

> ...Pendens
> In cruce, vota facit...
>
> (OV.)

Je n'en finirais pas, si je voulais noter ici toutes les réflexions de la poésie latine sur ce texte, qu'un de nos
proverbes traduit en ces termes : « le gibet ne perd pas
ses droits »; mais il faut se borner.

Les peines répressives portées par les lois ne sont
pas, d'ailleurs, les seules qu'ait à redouter le criminel.
S'il n'a pas perdu tout sens moral, celles que lui in-
flige sa propre conscience sont peut-être plus cruelles
encore.

> Sibi ipsi dat supplicium, quem admissi pudet.
>
> (PUBL. SYRUS.)

> Pœna autem vehemens, et multò sævior illis,
> Quas et Cœditias gravis invenit et Rhadamantes,
> Nocte dieque suum gestare in pectore testem.
>
> (JUV.)

---

(1) La peine suit le crime; elle arrive à pas lents.
(VOTAIRE, Oreste.)

...Cui frigida mens est
Criminibus, tacitâ sudant præcordia culpâ.

(Juv.)

Nihil est miserius, quàm animus hominis conscius.

(Plaut.)

N'est-ce rien que cet état de terreur dans lequel vit incessamment le coupable? « Tuta esse scelera possunt, dit Sénèque, secura non possunt. — Proprium est nocentium timere semper et expavescere (1).

Le crime ne dort pas; son sommeil est sans cesse agité par la peur.

...Trepidâ quatitur formidine somnus.

(Juv.)

Bien plus, la préméditation même du crime est' dejà une sorte de supplice, pour celui qui le prépare :

Sæpè metu sceleris pallebant ora futuri. (Ov.)

plus il approche de la perpétration, plus il s'en effraye et maudit son audace; souvent il voudrait reculer, quand il n'en est plus temps.

Quòque suo propior sceleri est, magis horret, et ausi
Pœnitet, et vellet non cognita posse reverti.

(Ov.)

Le succès même saurait-il compenser tous ces tourments? On a dit plus d'une fois, avec vérité, que le crime est un acte d'aberration et d'insanie (2). En effet, il faut être dépourvu de raison, pour ne pas comprendre qu'il n'est pas au monde de plus fausse et de plus folle spéculation, que celle qui cherche le bien-être par les méfaits. Ne fût-ce que par l'inquiétude et les anxiétés qui s'attachent inséparablement à toute vie criminelle, le mal-

---

(1) La crainte suit le crime, et c'est son châtiment.

(Voltaire, Oreste.)

Tout coupable est timide. (Id., Semiramis.)

(2) Neminem malum esse, nisi stultum eumdem, non modò à sapientibus, sed vulgò quoque semper creditum est. (Quintilien.)

Scelera non habent rationem. (Id.)

Nullum scelus rationem habet. (Tit-Liv.)

Qui cogitat malé facere, stultus est. (Salomon, Prov.)

faiteur se damne lui-même, le jour où il se rend coupable :

> Illo nocens se damnat, quo peccat, die.
> (Publ. Syrus.)

il a beau fuir ; son crime demeure inhérent à sa personne, et ne fait qu'empirer davantage,

> Fugissem : inhæret ac recrudescit nefas ;
> (Sen., *Trag.*)

et si un seul jour lui suffit pour encourir la peine, beaucoup s'écoulent avant qu'il cesse de la craindre :

> Unus dies pœnam affert ; multi cogitant.
> (Publ. Syrus.)

Voilà ce que la poésie latine s'efforçait de faire entendre, pour les détourner de la voie du crime, aux hommes qui se mettent en lutte contre la société. Qu'on ne s'étonne pas, après cela, de la voir impitoyable pour leur supplice, quand ils ont sciemment et volontairement affronté le glaive de la justice.

IV. Sympathie des poëtes pour les condamnés politiques.

Les seuls condamnés auxquels elle s'intéressât, étaient ceux qui, tels que les victimes des réactions politiques, subissaient la peine de leur dévouement à la bonne cause, ou, du moins, à celle qu'ils croyaient la meilleure.

C'est une honorable ignominie que celle de l'échafaud, disait Publius Syrus, quand on la subit pour la bonne cause :

> Est honesta turpitudo, pro bonâ causâ mori.

Une sentence grecque, dont on a fait un vers latin, exprimait la même idée :

> De pulchro ligno etiam strangulari convenit [1].

---

[1] C'est sur ce texte qu'ont été composés les vers suivants :
Le crime fait la honte, et non pas l'échafaud.
(Corneille, *Comte d'Essex.*)
L'appareil de la mort n'étonne que le crime.
(Gresset, *Edouard.*)
Qui meurt dans sa vertu, meurt sans ignominie.
(*Idem.*)

En de pareils cas, comme aussi lorsque la peine était excessive, les poëtes demandaient pardon et merci pour le condamné :

Pœnarum exhaustum satis est...
(Virg.)

Dedit satis superque pœnarum...
(Hor.)

Hàc sævisse tenùs...
Sufficiat...
(Stat.)

C'était aussi à l'intention des victimes de la justice politique, que Publius Syrus écrivait ces deux sentences, par lesquelles il invitait le Pouvoir à la clémence :

Multa ignoscendo, fit potens, potentior,

Cùm inimico ignoscis, amicos complures facis.

Il est beau, disait également Claudien, de pardonner au malheureux déjà sur les marches de l'échafaud ; il est beau de le voir autorisé à solliciter la commutation de sa peine :

...Ignoscere pulchrum
Jàm misero, pœnæque genus vidisse precantem.

Et c'est aussi pourquoi, alors qu'on pouvait avoir à regretter, soit la perte d'un innocent, soit un excès de sévérité, Sénèque conseillait de laisser écouler un certain délai entre la condamnation et l'exécution d'une peine irréparable : « Potest pœna dilata exigi ; non potest, exacta, revocari. »

V. Grâce. — Ses effets.

Du reste, tout en approuvant, et même en provoquant l'exercice du droit de grâce, la poésie latine entendait, comme je l'ai déjà montré, qu'on n'en devait faire usage que dans de rares et exceptionnelles occurences, et dans une mesure très-limitée. C'est ici le lieu de noter le sentiment de l'un de ses organes, sur la portée légale de la grâce obtenue par excès d'indulgence du Pouvoir. La peine peut être effacée par là, dit Ovide ; mais le crime, jamais :

Pœna potest demi ; culpa perennis erit.

La loi romaine a dit de même : « Indulgentia quos li-
berat notat ; nec infamiam criminis tollit, sed pœnæ
gratiam facit ».

Je n'ose aller plus loin sur ce terrain du droit criminel, si fécond en textes de poésie juridique. Je n'y ai
déjà que trop moissonné. Que pourrais-je, d'ailleurs,
utilement ajouter à la preuve que je voulais faire ? N'est-
il pas surabondamment démontré par tous les extraits
classés dans cette troisième partie de mon travail, que
les poëtes, dans les œuvres desquels je les ai puisés,
n'ignoraient pas le Code pénal et le Code d'instruction
criminelle de leur époque, non plus que les principes qui
régissaient la matière ?

Je m'en tiens donc là-dessus à ce que je viens d'exposer ; et j'aborde la quatrième partie de mon explora-
tion, laquelle a pour objet les aperçus de la poésie latine sur la justice distributive, sur son organisation, et
sur sa direction bonne ou mauvaise.

QUATRIÈME PARTIE.

DE LA JUSTICE DISTRIBUTIVE ET DES JUGES.

I. Idées générales sur l'esprit de justice.

La justice, dit une sentence grecque, versifiée en latin, est la mère de toutes les vertus :

Justitia in sese virtutes continet omnes.

Cicéron la définissait à peu près de même : « Justitia est omnium domina et regina virtutum. — In justitiâ virtutis splendor est maximus » (1).

Certains poëtes prétendent qu'au commencement du monde elle régnait sans partage sur la terre, et que, dans ce temps fortuné, tous les hommes étant justes, on n'avait que faire de tribunaux :

Nullus erat justis reddere jura labor.
(Ov.)

Mais le règne absolu de cette justice vierge n'appartient guère qu'aux époques fabuleuses de l'histoire du genre humain. Virgile ne la retrouvait plus, dans sa pureté originelle, même parmi les hommes des champs, dont il décrivait les mœurs innocentes. Elle a quitté la terre, disait-il, et c'est, chez eux, qu'elle a fait ses derniers pas :

...Extrema per illos
Justitia, excedens terris, vestigia fecit.

Il en resta, toutefois, le sentiment : car l'esprit de justice est inné dans tous les cœurs. « Sumus ad justitiam nati, neque opinione, sed naturâ constitutum est

_____

(1) Boileau a paraphrasé ainsi cette pensée :

Dans le monde, il n'est rien de beau que l'équité.
Sans elle, la valeur, la force, la bonté,
Et toutes les vertus dont s'éblouit la terre,
Ne sont que faux brillants, et que morceaux de verre.

jus» (Cic.). Il n'est pas jusqu'aux barbares qui n'en
aient une idée plus ou moins nette : « Justitiæ rusticis
quoque ac barbaris apparet aliqua imago» (Quint.). Et
telle est la puissance de ce sentiment instinctif, qu'il
agit sur les malfaiteurs eux-mêmes. Ecoutons encore
Cicéron : «Justitiæ tanta vis est, ut ne illi quidem, qui
maleficio et scelere pascuntur, possint sine ullâ parti-
culâ justitiæ vivere : nam qui eorum cuipiam, qui unâ
latrocinantur, furatur aliquid aut eripit, is sibi, ne in
latrocinio quidem, relinquit locum. Ille autem qui ar-
chipirata dicitur, nisi æquabiliter prædam dispertiat,
aut interficitur à sociis, aut relinquitur. Quin etiam leges
latronum esse dicuntur, quibus pareant, quas observent.»

Les poëtes ont fait la même remarque. Ceux-là même,
dit Publius Syrus, qui sont injustes envers les autres,
ne peuvent supporter qu'on le soit envers eux :

> Etiam qui faciunt, oderint injuriam.

Parfois le sacrilége a recours aux autels, dit également Ovide :

> Confugit interdùm templi violator ad aras. [1]

En effet, comme l'a fait observer un écrivain moderne,
le premier sentiment de la justice ne vient pas de celle
que nous devons, mais de celle qui nous est due.

C'est donc, à priori, un sentiment d'égoïsme. Or, cet
égoïsme venant à prendre le dessus, il arriva qu'assez
généralement, on ne tint guère à la justice, que par rapport
à soi-même, et qu'on fût peu porté à l'observer vis-à-vis

---

[1] Toutes ces réflexions des anciens ont été imitées par les modernes
dans les passages que voici :

> Mais, jusqu'en ces pays, où tout vit de pillage,
> Chez l'Arabe et le Scythe, elle est de quelqu'usage; (la justice)
> Et du butin acquis, en violant les lois,
> C'est elle, entr'eux, qui fait le partage et le choix.
> (Boileau, Sat. xi.)

> Même aux yeux de l'injuste, un injuste est horrible ;
> Et tel qui n'admet pas la probité chez lui,
> Souvent à la rigueur l'exige chez autrui.   (Id., Ibid.)

> Tant au cœur des humains la justice et ses lois
> Même aux plus endurcis font entendre leur voix.
> (Voltaire, Oreste.)

d'autrui, dans les circonstances où l'intérêt personnel conseillait d'en agir autrement.

L'esprit de justice voulait qu'en pareil cas, on préférât le juste à l'utile :

> Justitia utilibus rectum præponere suadet. (CLAUD.)

L'intérêt disait, au contraire : la justice, c'est notre utilité :

> ...Utilitas, justi propè mater et æqui. (HOR.)

II. Origine de la justice distributive et de la magistrature judiciaire.

De là est née l'injustice : de là aussi, la nécessité, pour les humains, de constituer entre eux une sorte d'assurance mutuelle, et de se donner des lois et des chefs, pour leur commune protection ; car ils ne pouvaient voir avec indifférence les dommages injustement éprouvés par quelqu'un de leurs semblables, cette atteinte isolée contre un des membres de la société étant une menace contre la société elle-même :

> Multis minatur, qui uni facit injuriam. (PUBL. SYRUS.)

Quiconque fait violence à autrui, semble, par cela même, s'attaquer à tous ceux qui font partie du même corps social : « Qui injustè impetum in quempiam facit... is quasi manus afferre videtur socio » (CIC.) (1).

C'est donc l'affaire de tous :

> Tunc tua res agitur, paries cùm proximus ardet. (HOR.)

Ainsi furent inventées les lois repressives de l'injustice.

Mais c'est peu, dit le Digeste, d'avoir des lois, si l'on n'a en même temps des hommes capables de les bien appliquer : « Parùm est jus in civitate esse, si non sint qui jura reddere possint. » Et de là encore le besoin d'une justice distributive et de magistrats chargés de la rendre : on créa donc une magistrature judiciaire.

(1) Les protestations contre l'injustice se rencontrent assez fréquemment dans les poésies latines. En voici une que j'emprunte à Plaute :

> ...Adversùm jus legesque insignitè injuria hic
> Facta est...

> Facito hic lege potiùs liceat, quàm vi vitam vivere.

III. Position élevée des tribunaux.

Dans l'antiquité, cette magistrature était considérée comme un véritable sacerdoce. Le juge, aux yeux des poëtes du moins, était le prêtre de la loi :

> ...Juris legumque sacerdos.

Comme aujourd'hui, les magistrats, exerçant cette fonction, devaient siéger, c'est-à-dire, juger étant assis :

> Nimiò plus sapit sedens...

disait Plaute; et d'autres répétaient après lui : « Sedendo quiescit animus, et, sedendo, ac quiescendo, fit animus prudens. »

De plus, ils devaient être assis sur de hauts siéges : Undè conspicere et conspici possint :

> ...Sedibus altis,
> Augustâ gravitate sedent...
> (Ov.)
> Et e curuli jura gentibus reddunt.
> (Mart.)

Pourquoi ces hauts siéges ? Parce que, dit Prudence, le pouvoir judiciaire doit dominer tous les justiciables :

> ...Supereminet omnes
> Jure potestatis...

C'est dire qu'on le voulait honoré et entouré du respect, comme de la confiance des populations.

On va voir que les poëtes accordaient toute leur estime, et, à l'occasion, tous leurs hommages, à ceux des représentants de ce pouvoir, en qui se réunissaient les qualités distinctives du bon juge.

IV. Aptitude judiciaire. — Discernement.

L'une de ces qualités, celle que l'on peut dire professionnelle, consiste à savoir nettement discerner le vrai du faux, le juste de l'injuste, ce qui est droit de ce qui ne l'est point ; à savoir démêler et découvrir la vérité même au milieu de la plus inextricable confusion, en mettant le doigt sur le nœud et sur le point de solution des difficultés litigieuses, sans se laisser égarer par les artifices de parole, et par les arguties spécieuses des plaideurs. Cette rectitude et cette sûreté de jugement, ce coup d'œil vif et prompt, cette clairvoyance et cette pénétration d'esprit, étaient fort appréciés, dans le juge, par les poëtes. Voici ce qu'ils en disaient :

> ...Justo secernit iniquum.
> (HOR.)

> ...Rectum discernit, ubi inter
> Curva subit, vel cùm fallit pede regula vero.
> (PERS.)

> ...Dignoscere cautus
> Quid solidum crepet, et pictæ tectoria linguæ.
> (*Id.*)

> Nodosæ litis solvere fila potes.
> (FORTUNAT.)

> ...Dubiis quis litibus addere finem
> Justior, et mersum latebris educere verum ?
> (CLAUD.)

A ces traits, on reconnaît le juge intelligent, sagace, et doué, à un haut degré, de la faculté de discernement. C'est ce magistrat éminent dont parle Horace :

> Quo multæ magnæque secantur judice lites.

V. Incorruptibilité.—Rareté de cette vertu chez les juges de l'ancienne Rome.

Mais ce n'est pas assez de posséder cette grande aptitude judiciaire. D'autres qualités plus essentielles sont exigées du magistrat remplissant les fonctions de juge.

Sa vertu principale, c'est l'honnêteté, l'incorruptibilité ; et c'est celle-là que louaient en lui, avant toutes autres, les poëtes latins :

> Sancta incorruptâ jura reddebat fide.
> (PHÆD.)

> Res quoque privatas statuit sine crimine judex.
> (Ov.)

> Vindex avaræ fraudis, et abstinens
> Ducentis ad se cuncta pecuniæ.
> (HOR.)

> Judex honestum prætulit utili ; et
> Rejecit alto dona nocentium
> Vultu...
>
> (HOR.)

Pour qu'on en vînt à faire ainsi à certains juges un
mérite de ne se point laisser corrompre par l'argent, et
de repousser dédaigneusement les dons offerts par les
coupables, il fallait que cette vertu fût peu commune,
et que les tribunaux fussent assez généralement accessibles à la séduction. Il semble, en effet, d'après les
témoignages qui vont suivre, que les juges romains n'é-
taient rien moins qu'insensibles aux cadeaux de leurs
justiciables, et qu'ils les acceptaient sans vergogne. C'est
à ce sujet qu'Ovide disait malicieusement :

> Munera, crede mihi, placant hominesque deosque.
>
> Placatur donis Jupiter ipse datis [1].

S'il est permis d'en croire le même poëte, les présents
faits au juge étaient parfois d'un grand prix ; car, plus
le plaideur avait à cœur le gain de son procès, plus il
enchérissait sur les offrandes de son adversaire :

> Tantaque vincendi cura est ! Ingentibus ardent
> Judicium donis sollicitare meum.

Nous savons, d'ailleurs, par une épigramme déjà citée
de Martial, que le juge ne se contentait pas d'accepter ;
qu'il demandait :

> Et petit et judex...

Un fait, ainsi affirmé, devait être de notoriété publique.

D'autres fois, c'était la faveur qui poussait le préteur
à dénaturer le vote, en glissant dans l'urne des boules
ou des lettres fausses :

> ...Improba quamvis
> Gratia fallacis prætoris vicerit urnam.   (JUV.)

D'autres fois encore, la justice se rendait au gré du
favori d'un magistrat immoral :

> ...Tribunal
> Vendit acersecomes...   (JUV.)

---

(1) On disait proverbialement : « Qui multa rapuerit, paucis suffra-
gatoribus dederit, salvus est. » C'est la traduction d'un dicton grec.

Les muses latines ne pouvaient manquer de s'élever contre de pareils scandales. Tout juge corrompu, disaient-elles, est incapable de juger selon le droit et le juste :

...Malè verum examinat omnis
Corruptus judex...   (HOR.)

Accepter des présents de l'une des parties, c'est se rendre sourd et aveugle pour l'autre :

...Accepto munere, surdus erit.   (Ov.)
...Excæcant hominesque deosque
Munera...   (*Id.*) (1)

Quant à ceux qui, pour obtenir le gain d'une cause injuste, soudoyaient ainsi la justice, dans la personne de l'un de ces juges qu'on appelait, à Rome : « *Nummarii, donivori judices* », Publius Syrus leur adressait la sentence suivante :

Benè perdit nummos, judici cùm dat nocens.

VI. Inpartialité.

De la probité du juge, dérive nécessairement son impartialité. L'une et l'autre vont de pair. Sans l'une, comme sans l'autre, il n'est point de bon juge, point de justice. Aussi la poésie recommandait-elle aux magistrats l'impartialité, à l'égal de la probité. Etre impartial, c'est, selon Lucain, n'avoir aucune prévention, ni favorable, ni défavorable :

...Studiis odioque carere ;

c'est juger sans considération des personnes ; c'est n'écouter que le droit et l'équité, comme ce juge à qui Plaute faisait dire :

Bonum jus dicis : impetrare oportet qui æquum postulat.

Pesez exactement la cause selon le poids du droit de chacun, disait Ovide à ceux qui rendaient la justice :

...Meritis expendite causam.

(1) On trouve la même pensée dans l'Écriture sainte et dans les Proverbes de Salomon : « Munera exocular oculos sapientùm, et mutant verba justorum. » (*Deutér.* 16.)

«Munera impius judex accipit, ut pervertat semitas judicii. »
(SALOM., *Prov.*)

Virgile, leur offrant l'exemple du maître des dieux, écrivait ces beaux vers à leur intention :

...Rex Jupiter omnibus idem.

Tros Rutulusve fuat, nullo discrimine habebo.

C'est encore Virgile qui, pour l'édification de la justice humaine, représente la justice divine tenant en main une balance dont les plateaux sont en parfait équilibre,

...Duas æquato examine lances
Sustinet...;

équilibre que Tibulle définit en ces termes si gracieux :

Justa pari premitur veluti cùm pondere libra
Prona, nec hâc plus parte sedet, nec surgit ab illâ.

Tenir cette balance égale pour tous, et peser, comme dit l'un de nos proverbes, les droits de chacun au poids du sanctuaire, « pari lance, æquali trutinâ », c'est le devoir le plus sacré du juge ; devoir souvent plus difficile à remplir qu'on ne pense, alors, par exemple, que, de part et d'autre, les droits semblent être d'un poids égal, comme dans le cas indiqué par ce vers d'Ovide :

Vincere erant omnes digni, judexque verebar.

Aussi Perse accorde-t-il des éloges au savoir-faire d'un juge de son temps, qui s'entendait, mieux que beaucoup d'autres, à maintenir ses plateaux en exact équilibre :

Scis etenim justum geminâ suspendere lance
Ancipitis libræ...

VII. Le juge doit entendre toutes les parties.

La première condition de l'impartialité du juge, est d'entendre toutes les parties :

Judicium differ, partes dùm audiveris ambas,

disait un proverbe grec, dont ce vers est la traduction. En effet, qui n'entend qu'une partie, n'entend rien, ou qui n'entend qu'une cloche, n'entend qu'un son. La même pensée est formulée proverbialement par ces deux bro-

cards du droit coutumier de France : « Il plaide bel, qui
plaide sans partie :

> Litigat ex voto, qui secum litigat uno.

« car tout passe, s'il n'est contredit. »

Sénèque le Tragique réprouve cette singulière façon
de justice distributive, qui consiste à juger sur le dire
d'une seule partie, souvent même sans avoir entendu ni
l'une ni l'autre :

> ...Unâ tantùm
> Parte auditâ, sæpe et neutrâ.

il déclare inique, fût-elle même équitable au fond, toute
sentence rendue, sans que l'une des parties ait pu faire
entendre sa défense :

> Qui statuit aliquid, parte inauditâ alterâ,
> Æquum licet statuerit, haud æquus fuit.

Bien plus, Publius Syrus, traduisant en vers un précepte de Solon, pose en règle que le magistrat doit prêter l'oreille à l'injuste, comme au juste :

> Justa atque injusta audire magistratum decet ;

ce qu'enseigne également cet adage : « Nemini defensio
neganda est, ne quidem diabolo ».

VIII. Nul ne peut être juge dans sa propre cause.

Une autre condition d'impartialité, dont les poëtes, de
même que les lois, ont dû plus d'une fois rappeler la
nécessité, c'est que le juge soit personnellement désin-
téressé dans les causes sur lesquelles il est appelé à
statuer. Nul, en effet, ne peut être juge dans sa propre
cause : « Nemini sibi jus dicere permittitur». Cette règle
du droit romain est ainsi versifiée par Publius Syrus :

> Nemo esse judex in suâ causâ potest.

par application de cette sentence, le poëte mimique
ajoute :

> Ubi judicat qui accusat, vis, non lex, valet ;

c'est-à-dire qu'on ne peut être à la fois juge et partie.

Il paraît que ce dernier précepte n'était pas, chez les anciens, hors de saison; car on lit, dans le poëme grec d'A-

ratus, traduit en vers latins par Avienus, que l'accusateur
était parfois lui-même le juge de l'accusation :

> ...Criminis auctor,
> Punitorque idem est... [1]

IX. Le juge ne doit favoriser ni le pauvre aux dépens du riche, ni le riche aux dépens du pauvre.

Ce n'est pas être impartial que favoriser, en justice,
le pauvre aux dépens du riche, par cela seul qu'il est
pauvre. A ce propos, chacun se rappelle le conseil donné aux juges par l'Écriture sainte : « Pauperis quoque
non miseraberis in judicio ». Les juges romains avaient
sans doute quelque besoin de ce conseil, s'il faut en
croire ce que Térence dit d'eux, en ces deux vers :

> Sæpè propter invidiam adimunt diviti ;
> Aut propter misericordiam addunt pauperi.

mais les poëtes n'eurent pas souvent à leur faire un pareil reproche. La partialité de la justice pour le riche et
pour les hommes en crédit est, au contraire, de la part
des muses latines, l'objet de nombreuses censures, dont
on me permettra de citer quelques-unes.

Térence lui-même, après avoir rappelé que les lois
romaines n'accordaient à l'esclave le droit ni de plaider,
ni même de témoigner en justice,

> Servum hominem causam orare leges non sinunt ;
> Nec testimonii dictio est...,

Térence faisait dire à l'un de ses personnages, remplissant le rôle d'esclave : « Je n'aurais pas même le droit
de réclamer, devant les tribunaux, ce qui est de droit
public et universel :

> Anne hoc quidem adipiscar, quod jus publicum est?

de son côté, Ovide faisait remarquer qu'il suffisait du
moindre prétexte, pour perdre la cause du faible,

> ...Infirmis causa pusilla nocet;

(1) Ce vers, et les deux précédents viennent à l'appui de ce que je
disais plus haut, à savoir, que, chez les Romains, les juges intentaient,
parfois, eux-mêmes, et d'office, les accusations sur lesquelles ils avaient
à statuer : « Reum fecit et condemnavit », disait-on de l'un d'eux.

C'est aussi ce qu'exprimait, en termes symboliques, un proverbe grec, dont on a fait en latin le vers suivant :

Vel si asinus canem momorderit, pœnas dabit.

Parlant de lui-même, Ovide se plaignait fréquemment de la partialité de la justice, partialité qu'il attribuait à son défaut de crédit :

Difficilem tenui sub iniquo judice causam.

...Et mea cùm sit
Optima, tùm nullo causa tuénte perit.

d'où l'on peut conclure que, de son temps, bon droit avait besoin d'aide, et qu'un peu d'aide faisait grand bien.

Qui ne se rappelle ce vers proverbial de Juvénal?

Dat veniam corvis, vexat censura columbas.

Dans son acception générale, c'est principalement à la justice distributive que s'applique cette remarque satirique.

Juvénal, d'ailleurs, la reproduit avec insistance, et la développe, en termes plus explicites, dans différentes parties de ses satires. « Ici, dit-il, nous pardonnons tout à la richesse. Pour de petites gens, la passion du jeu, l'adultère, sont choses infamantes ; pour les riches, c'est moins que rien ; c'est même presque un mérite. — Ce que nous trouvons détestable chez les hommes de basse condition, nous le trouvons charmant chez des hommes haut placés. —Qu'un autre qu'eux en fasse autant, il ne manquera pas d'encourir la flétrissure. »

...Ibi fortunæ veniam damus : alea turpis,
Turpe adulterium mediocribus : hæc eadem illi
Omnia cùm faciant, hilares nitidique vocantur.

...Et quæ
Turpia Cerdoni, Valesos Brutosque decebunt.

...Alter,
Si fecisset idem, caderet sub judice morum.

Cette choquante inégalité des appréciations de la justice des hommes, par rapport aux fautes commises par des personnes de conditions différentes, Juvénal la voyait encore dans la préférence accordée par les tribunaux en

matière de témoignage, aux témoins riches sur les témoins pauvres. « Produisez pour témoin, dit-il, le plus
saint homme du monde. Ce qu'on demandera tout d'a-
bord, pour juger du degré de confiance qu'il mérite,
c'est, s'il a de la fortune. Quant à sa moralité, on ne
s'en enquerra que très-subsidiairement. »

Tant vaut le coffre-fort, tant vaut le témoignage.

Da testem, Romæ, tàm sanctum quàm fuit hospes
Numinis Idæi...
Protinùs ad censum : de moribus ultima fiet
Quæstio...
Quantùm quisque suâ nummorum servat in arcâ,
Tantùm habet et fidei...

Juvénal entendait faire ici, je le suppose, la critique
de certaines règles du droit romain, par lesquelles il
était recommandé aux juges de tenir grand compte,
dans l'appréciation des témoignages, de la position de
fortune des témoins, par la raison que les témoins pauvres sont plus facilement accessibles à la séduction que
les riches. On lit, en effet, dans le Digeste : « Testium
fides diligenter examinanda est, ideòque in personâ
eorum exploranda erunt *in primis*, conditio cujusque,
utrùm quis decurio an plebeius sit... an locuples, vel
egens sit, ut, lucri causâ, quid facilè admittat. » C'était
là une sorte de mise en suspicion des classes pauvres ;
et il est à croire que Juvénal la goûtait peu.

Avant Juvénal, Térence avait exprimé les mêmes
plaintes sur l'indulgence de la justice pour le fort, et sur
sa sévérité contre le faible. Selon lui, cette justice avait
deux poids et deux mesures, dont elle usait suivant la
qualité des personnes :

Hoc licet impunè facere huic : illi non licet ;
Non quòd dissimilis res sit, sed quòd is qui facit.

Ce n'est, ajoute-t-il ailleurs, ni pour l'épervier, ni pour
le milan, bien qu'ils appartiennent à la classe des animaux malfaisants, que sont tendus les filets ; on n'y prend
que les oiseaux faibles et inoffensifs :

Non rete accipitri tenditur, neque milvio
Qui malè faciunt nobis ; illis qui non faciunt [1].

(1) A ceci se rapportent et le proverbe : «Magni fures parvum ducunt»

Le fabuliste Phèdre donnait aussi de pareils coups de patte à la justice de son pays. « Les vrais coupables, disait-il, sont ceux dont on se doute le moins; ce sont les innocents qui payent pour eux :

> Et illi peccant, quos minimè putes ;
> Et qui non peccant, impugnantur fraudibus.

plus tard, Lucain écrivait, sous Néron, que c'était au crime qu'on donnait droit et raison,

> Jusque datum sceleri...;

et enfin, au 4ᵉ siècle de notre ère, le poëte Prudence, qui fut successivement avocat, magistrat et homme de guerre, faisait dire à certain criminel haut placé :

> Nec formido malum ; falluntur publica jura.
> Lex armata sedet, sed nescit crimen opertum ;
> Aut, si res pateat, judex corrumpitur auro.
> Rara reos justâ percellit pœna securi.

La poésie latine, comme on le voit, ne se montrait que fort peu édifiée à l'endroit de l'impartialité des juges de son époque. Du reste, ses vers en disaient moins de mal encore que la prose de quelques écrivains des plus accrédités. Cicéron, entre autres, ne les ménageait pas. On lit ce qui suit, dans son traité *De Officiis :* « Veri juris germanæque justitiæ solidam et expressam effigiem nullam tenemus; umbris et imaginibus utimur. »

Et dans l'une de ses Verrines :

« Inveteravit jam opinio perniciosa reipublicæ, nobisque periculosa, quæ, non modò Romæ, sed et apud cæteras nationes omnes sermone percrebuit, his judiciis, quæ nunc sint, pecuniosum hominem, quamvis sit nocens, neminem posse damnari. »

Dans le même temps, Salluste dirigeait contre la justice romaine cette accusation que chacun se rappelle : « Quàm quisque pessumè fecit, tàm maxumè tutus est. » Plus tard, Sénèque, bravant l'honnêteté dans les mots, la qualifiait en ces termes : « Omnes justitiæ nostræ sunt tanquam pannus menstruatæ, » comparaison qui ne

et ce dicton cité par Aulu-Gelle : « Fures privatorum furtorum in nervis atque in compedibus ætatem agunt : fures publici, in auro atque in purpurâ. »

comporte pas de traduction dans notre langue. La poésie
n'était pas aussi peu réservée dans l'expression de ses
plaintes (1).

X. Le juge doit prêcher d'exemple.

Les anciens reprochaient à certains de leurs magistrats de ne point prêcher d'exemple, et de se rendre
coupables des délits mêmes qu'ils punissaient. On trouve
ce reproche très-nettement exprimé dans les passages
suivants, que j'emprunte à différents auteurs : « Judex
damnaturus quæ fecit eligitur (SEN.). — Gravissimè
puniunt, quos maximè imitantur (PLIN. JUN.). — Qui

(1) Dans les derniers siècles, de pareilles médisances avaient cours
contre la justice distributive. En voici quelques échantillons, en prose
comme en vers :

> Contre fort et contre faux,
> Ne valent lettres de sceaux.
> *(Prov.)*

> A chevaux maigres vont les mouches. *(Prov)*.

> Le gibet n'est que pour les malheureux.

> Justice est sans miséricorde
> A l'égard d'un petit larron.
> Mais au gros elle fait pardon,
> Quand il se peut rachepter de la corde.
> *(Prov.)*

Il n'est pas absolument impossible qu'une personne qui se trouve
dans une grande faveur, perde un procès.
(LABRUYÈRE, Chap. XIV.)

> Au pied des tribunaux, une fois amené,
> L'accusé, s'il est pauvre, est déjà condamné.
> (CHÉNIER, *Calas.*)

> ...De tout temps le faible eut toujours tort.
> (BOURSAULT, *Esope à la Cour.*)

Il s'en faut bien que l'innocence trouve autant de protection que le
crime.
(LAROCHEFOUCAULD.)

> Je ne sais, de tout temps, quelle injuste puissance
> Laisse le crime en paix et poursuit l'innocence.
> (RACINE, *Andromaque.*)

Tout ceci, heureusement, n'est plus aujourd'hui que de l'histoire
ancienne.

sedet crimina vindicaturus, admittit. (St-Cyprien.) (1)

Un tel scandale était bien fait pour attirer l'attention et les censures de la poésie latine. Voici comment elle s'en expliquait. On lit dans Térence :

Vous qui jugez les autres, voyez si vous n'êtes point punissable vous-même :

Tu es judex ; ne quid accusandus sis vide.

Ovide précisait davantage ; il disait : Le délit que vous punissez, vous le commettrez vous-même :

Delicti fies idem reprehensor et actor.

Or, quelle peut être l'autorité de la correction et de l'exemple, quand le juge lui-même commet ce qu'il condamne chez les autres ?

Sic agitur censura, et sic exempla parantur,
Cùm judex alios quod monet ipse facit.

Et voilà pourtant, ajoutait ailleurs le poëte, par quel juge je serai, moi, déclaré infâme :

Illo convincar judice turpis ego.

Qu'il se soit fréquemment rencontré, à Rome, des juges capables, ou même coupables des crimes ou délits qu'ils étaient appelés à réprimer, on n'a pas lieu d'en être surpris, quand on sait que, pour le jugement de la plupart des procès de quelque importance, c'était le sort qui désignait ces juges.

XI. Juges ignorants.

Par la même raison, les justiciables devaient souvent être exposés à avoir pour juges des hommes fort peu éclairés, jugeant à tort et à travers, suivant l'expression

(1) Au xvıᵉ siècle, Montaigne formulait une accusation du même genre contre les juges de son temps. « De ce mesme papier, dit-il, où il vient d'escrire l'arrest de condamnation contre un adultère, le juge en desrobbe un lopin, pour en faire un poulet à la femme de son compaignon. » (*Essais*, 3-9.) Mais ce n'était-là, sans doute, qu'une façon de parler ; car, même à l'époque où vivait le philosophe périgourdin, l'adultère devait être fort rare chez les gens de robe ; c'est d'eux, au contraire, que l'on disait :

Jurisconsultus, cui vivit adultera conjux.

12.

de notre la Fontaine (1), et laissant pencher leur balance au gré du hasard, *regulam incurvantes quàlibet.*

Les Grecs, chez qui la justice se rendait à peu près de même qu'à Rome, avaient fait, à l'adresse de ces juges ignorants et aveugles, divers brocards, que les Romains leur ont empruntés. L'un de ces brocards, versifié en latin, disait que de tels juges ne faisaient aucune différence entre l'innocent et le coupable :

Insontem sontem nullo discrimine habebunt.

Un autre dicton grec, également traduit en latin, faisait de cette justice le tableau que voici : « Surdaster cum surdastro litigabat; judex autem erat utroque surdior ».

Sur ce texte, un poëte du xve siècle, le chancelier Thomas Morus, qui, sans doute, avait trouvé plus d'un juge ignare dans son pays, a brodé l'épigramme suivante :

Lis agitur ; surdusque reus, surdus fuit actor :
Ipse tamen judex surdus utroque magis.
Pro ædibus hic petit æs, quinto jàm mense peracto ;
Ille refert : totâ nocte mihi acta mola est.
Adspicit hos judex : et quid contenditis ? inquit :
Annon utrique est hæc mater ? utrique alite ? (2)

Ce sont de pareils juges qui ont fait dire de la justice : « Judicia numerantur inter casus fortuitos, » et d'un coupable acquitté : « gaudeat de bonâ fortunâ» (3).

(1)   Le juge prétendait qu'à tort et à travers,
        On ne saurait manquer, condamnant un pervers.
                        (LA FONTAINE.)

(2) On trouve dans les treize livres du parlement de Larocheflav, une traduction libre de cette épigramme, ainsi conçue :

        Un sourd fit un sourd adjourner
        Devant un sourd, en un village ;
        Puis vint hautement entonner
        Sa demande étant d'un fromage ;
        L'autre répond de labourage.
        Sur quoi, le juge fort suspens,
        Déclara bon le mariage,
        Et les renvoya sans dépens.

(3) Nos anciens parlements, quoique bien supérieurs en lumières à la plupart des juges de l'antiquité, n'ont pas été à l'abri de semblables brocards. Qu'on me permette d'en citer un, que quelque mauvais plai-

XII. Point de précipitation dans les jugements.

Il en était d'autres qui dépêchaient et brusquaient la décision des affaires dont ils avaient à connaître, jugeant sur l'étiquette du sac, sans examen sérieux et suffisamment approfondi. Cela s'appelait, en langage judiciaire, expédier promptement, *præcipitare causas*. Dans l'opinion de Publius Syrus, c'était une coupable légèreté. Le juge qui se hâte ainsi de prononcer sa sentence, disait-il, a tout l'air de désirer une condamnation, et de chercher autre chose que la vérité et l'exacte justice ; si tel n'est pas son but, le résultat lui fera sûrement regretter sa précipitation :

In judicando criminosa est celeritas.

Propè est ut libens damnet, qui damnat citò.

Properare in judicando, est crimen quærere.

Ad pœnitendum properat, citò qui judicat.

Longtemps après que Publius Syrus écrivait ces vers, cette promptitude d'expédition n'avait fait que progresser davantage, en raison sans doute de l'accroissement du nombre des procès. Même dans les affaires capitales, c'était à peine si on laissait à la défense de l'accusé son libre cours ; ce qui motivait cette remontrance, déjà citée, de Juvénal :

...Audi ;
Nulla unquàm de morte hominis cunctatio longa est.

Les juges avaient alors la faculté, dont je rappellerai plus loin la cause et le mode d'exercice, de limiter, à leur gré, la durée des plaidoiries. Il paraît qu'ils en usaient largement, qu'ils en abusaient même, en écourtant, outre mesure, les discussions. Pline le Jeune en gémissait : « Prétendons-nous, écrivait-il à l'un de ses

sant avait fait à l'adresse du Parlement de Paris, et qu'on a jugé digne de figurer dans un dictionnaire de proverbes ; le voici :

On fait tant de faux pas dans la jurisprudence,
Que, pour en garantir ceux qui sont du métier,
On a fait, au Palais, sur le grand escalier,
Un garde-fou de conséquence.

amis, être plus sages que nos ancêtres, plus justes que
ces lois, par lesquelles ils accordaient tant d'heures, tant
de jours, tant de délais aux plaideurs? Serait-ce que
leur intelligence était obtuse, et leur lenteur extrême?
Serait-ce que, de nos jours, on s'explique plus clairement, que l'on saisit plus vite, que l'on juge plus reli-
gieusement, parce qu'on expédie précipitamment, et en
quelques instants, ce qui, autrefois, ne se décidait qu'a-
près plusieurs jours de débats et d'examen? « On objecte, ajoutait Pline, qu'il se dit, dans les plaidoiries,
beaucoup de choses inutiles; soit : mais ne vaut-il pas
mieux encore les laisser dire, que s'exposer à ne pas
entendre ce qui est nécessaire? Comment, d'ailleurs,
savoir si ces choses sont inutiles, quand on ne les a pas
entendues? (1)

Pline le Jeune était donc sur ce point complétement
de l'avis de Publius Syrus. Il voulait que le juge ne se
hâtât que lentement, et protestait de toutes ses forces
contre l'usage, qui s'était introduit de son temps, d'accé-
lérer outre mesure l'expédition des affaires.

Mais ce système de précipitation des jugements était
destiné à trouver de nombreux imitateurs. Car, beaucoup plus tard, nous le voyons encore dénoncé par la
poésie latine. Dans le XVIᵉ siècle, un poëte florentin,
Verinus, qualifiait de fou juge celui qui le pratiquait :

> Judicium præceps, insani judicis index ;
> Omnia sunt longis discutienda modis.

C'est ce que disaient également, et ce brocard si connu,
à temerario judice præceps sententia, et les adages
suivants de notre droit coutumier :

> Sage est le juge qui escoute et tard juge ; car de fol juge
> [briefve sentence.]

(1) Voici le texte du passage cité de Pline le Jeune :

« An nos sapientiores majoribus nostris? Nos legibus ipsis justiores,
quæ tot horas, tot dies, tot comperendinationes largiuntur? Hebetes
illi et suprà modum tardi? Nos apertiùs dicimus, celeriùs intelligimus,
religiosiùs judicamus, qui paucioribus clepsydris præcipitamus causas,
quàm diebus explicari solebant?..... At quædam supervacua dicuntur.
Etiam : sed satiùs est et hæc dici, quàm non dici necessaria : prætereà,
an sint supervacua, nisi cùm audieris, scire non possis.

(Lib. VI, Epist. 2.)

Qui veult bien juger escoute parties.

Qui tost juge, et qui n'entend,
Faire ne peult bon jugement. [1]

Une même maxime, qui date de si loin, et qui se reproduit, dans la suite des siècles, sous tant de formes
diverses, doit être acceptée comme un axiôme. La morale judiciaire qu'elle renferme est excellente ; et je crois
qu'il serait bon de la toujours placer en regard des re-
commandations, qui sont justement faites aux tribunaux,
de presser, autant que possible, la solution des procès (2).

XIII. Excès d'indulgence ou de sévérité.

Ainsi que je l'ai déjà montré, en exposant leur théorie en matière pénale, les poëtes latins étaient généralement partisans d'un certain degré de sévérité dans
la répression. L'impunité du crime leur était odieuse.
Aussi étaient-ils loin d'approuver l'indulgence systé-
matique de ces juges, qui excusaient tout, et croyaient
toujours pouvoir laisser dans son fourreau le glaive de
la justice :

                    ...Omnia, quanquàm
Temporibus diris, tractanda putabat inermi
Justitiâ...

                    (JUV.)

De tels juges, dit Publius Syrus, se condamnent
eux-mêmes, quand ils acquittent un coupable :

      Judex se damnat, cum nocens absolvitur (3).

---

(1) Voltaire a dit, dans *Catilina :*

      Un jugement trop prompt est souvent sans justice.

(2) On a grande raison, sans doute, de stimuler le zèle des tribunaux et de les inviter à multiplier leurs efforts pour désencombrer leurs
rôles et ne point trop se laisser déborder par l'arriéré. Mais il faut prendre garde aussi de trop insister sur la prompte et rapide expédition des
affaires, et surtout d'exciter entre les juges une émulation qui les porte à
se gagner, l'un l'autre, de vitesse. Je crois que la bonne administration de
la justice y perd plus qu'elle n'en profite.

(3) Il faut être sévère pour être juste. Souffrir la méchanceté qu'on
a le droit et le devoir de réprimer, c'est être méchant soi-même.

            (J.-J. ROUSSEAU, *Économie politique.*)

XIV. Excès de sévérité.

Mais autant ils blâmaient l'excès d'indulgence, autant ils désapprouvaient l'excès de rigueur dans l'application des peines.

Il punirait, disaient anciennement les Grecs d'un juge impitoyable, pour les plus légères peccadilles, il enverrait au supplice jusqu'à une chèvre qui aurait mordu un chien hargneux, jusqu'à une souris qui aurait donné un coup de dent à l'homme qui la veut écraser : « Vel canem capra mordeat nocentem ; — Virum improbum vel mus mordeat. »

Qui se plaît à sévir de la sorte, à tout propos, est inhumain, et semble user de la vindicte publique pour satisfaire sa propre cruauté :

> Qui fruitur pœnâ ferus est, legumque videtur
> Vindictam præstare sibi...
> (CLAUD.)

C'est être cruel envers tous, que de ne pardonner à personne :

> Tùm omnibus crudelitas est, atque nulli ignoscere ;
> (PUBL. SYRUS.)

Et c'est presque condamner injustement, que de condamner trop sévèrement :

> Propè est non æquè ut damnet, qui damnat nimis.
> (PUBL. SYRUS.)

Rien de plus impolitique, d'ailleurs, que cette sévérité qui ne fléchit jamais : car, par son assiduité même, elle finit par perdre de sa force ;

> Assidua pondus non habet severitas.
> (PUBL. SYRUS.) [1]

---

[1] Sénèque, dans son traité de la clémence, exprime la même pensée, à peu près dans les mêmes termes : « Severitas amittit assiduitate authoritatem. »

Et il ajoute :

Civitatis mores magis corrigit parcitas animadversionum : temperatus timor est qui cohibet : assiduus et acer, vindictam excitat.

Et qui veut trancher la plaie trop au vif, risque souvent de l'ulcérer davantage :

> Latiùs excisæ pestis contagia serpunt.   (RUTILIUS.)

Arrière donc, ces magistrats qui apportent plus de zèle et d'ardeur qu'il n'en faut dans leurs poursuites :

> ...Qui fronte nimis crimina tetricâ
> Quærunt...
>
> (SEN., *Trag.*)

Arrière, ceux qui font de leur charge un ministère de persécution, qui s'acharnent sur l'accusé comme le tigre sur sa proie et l'autorisent à dire :

> Ergò ego sufficiam reus in nova crimina semper !
>
> (Ov.)

> Quid ergò tantùm sceleris admisi ? miser !   (TER.)

Le juge sage et honnête ne doit prêter l'oreille aux accusations qu'avec réserve et défiance :

> Difficilem oportet habere aurem ad crimina.
>
> (PUBL. SYRUS.)

Il sait que, si ce n'est pas toujours chose aisée de forger une accusation contre un innocent,

> Non facile de innocente crimen fingitur,
>
> (PUBL. SYRUS.)

la calomnie pourtant s'attache parfois à lui, avec succès,

> Maligna imbellem deprimit suspicio ;   (PHOEDR.)

et que, le mal étant voisin du bien, souvent la vertu même peut être accusée de vice :

> Et mala sunt vicina bonis ; errore sub illo,
> Pro vitio virtus crimina sæpè tulit.
>
> (Ov.)

Il sait aussi que mieux vaut mille fois laisser échapper un coupable, que s'exposer à condamner un innocent :

> Nocentem absolvere satiùs est, quàm innocentem damnare.
>
> (PUBL. SYRUS.) [1]

---

(1) C'est la règle du droit romain ainsi conçu : « Satiùs est impunitam relinqui facinus nocentis, quàm innocentem damnari. »

> Malo etiam parcas, si unà est periturus bonus.
>   (PUBL. SYRUS.)

En effet, quelle calamité que l'injustice d'une condamnation! Pour l'innocent, elle est pire que la peine :

> Plus est, quàm pœnæ, injuriæ succumbere.
>   (PUBL. SYRUS.)

Celui qui a la conscience d'avoir mérité le châtiment,
peut le supporter avec quelque résignation ; mais pour
qui ne se sent pas coupable, c'est une double et intolérable souffrance :

> Ullius essem culpæ mihi si conscius,
> Æquo animo ferrem..
>   (PHÆDR.)

> Quæ venit indignis pœna, dolenda venit.
>   (Ov.)

Et quelle honte pour le juge, que cette inique oppres-
sion de l'innocent ! En le condamnant, il se condamne
lui-même :

> Se damnat judex, innocentem qui opprimit.
>   (PUBL. SYRUS.)

Disons plus : il suffit que l'innocent puisse avoir à redouter la justice, pour que cette justice elle-même soit
condamnable ; car, s'il la redoute, c'est qu'elle n'offre
point de garanties aux justiciables :

> Ubi innocens formidat, damnat judicem.
>   (PUBL. SYRUS.)

Ajoutons que le sang du malheureux, injustement
frappé d'une peine irréparable,

> ...Falso damnati crimine mortis,
>   (VIRG.)

retombe sur la tête de ceux qui l'ont condamné, et devient pour eux la source d'éternels regrets, de remords
impérissables :

> Insontem infando judicio...
> Demisère neci ; nunc cassum lumine lugent.
>   (VIRG.)

Après tout, lors même qu'il lui faut sévir, le juge ne

doit-il pas tenir quelque compte des faiblesses de l'humanité, se souvenir qu'il est homme lui-même, et se dire, avec Térence ?

Peccatum magnum, humanum tamen.

Homo sum ; nihil à me humani alienum puto.

Admirable pensée, de laquelle nous est venue, sans doute, cette sage maxime, que la justice doit juger humainement les choses humaines.

Qu'il soit ferme, mais sans exagération ; et que, jamais, il ne s'expose, en outrepassant la mesure d'une juste répression, à s'entendre dire par celui qu'il aurait condamné trop sévèrement :

...Tanton' me crimine dignum
Duxisti, et tales voluisti expendere pœnas ?
(Virg.)

Enfin, si son devoir l'oblige à prononcer une condamnation rigoureuse, que, du moins, il ne la prononce qu'avec l'expression d'un sentiment de tristesse, à l'exemple de ce magistrat dont parle Ovide,

Qui, cùm triste aliquid statuit, fit tristis et ipse.

XV. Conclusion de la IV° partie.

On a sans doute remarqué que la plupart des observations qui précèdent ont particulièrement trait à la justice répressive. C'est qu'en effet, comme je l'ai noté déjà, l'attention des poètes devait naturellement se porter, avec plus de propension, sur cette partie de l'administration de la justice, qui est celle à laquelle le vulgaire attache généralement le plus d'intérêt. Aussi, est-ce à ce point de vue surtout qu'ils ont envisagé les fonctions de la magistrature judiciaire et les devoirs qu'elles imposent, comme aussi les vices de ceux qui les exerçaient au détriment des justiciables. Observons, pourtant, que plusieurs de leurs remarques sur ce sujet ne s'appliquent pas moins à la justice civile qu'à la justice criminelle, et montrent que, s'ils s'attachaient de préférence à la dernière, apparemment parce qu'elle leur paraissait exiger plus de surveillance, ils ne per-

13

daient cependant pas de vue la première. Concluons
aussi de toutes ces remarques, qu'elles attestent, de la
part de leurs auteurs, non-seulement des notions pratiques sur ce qui se passait dans les tribunaux, mais
aussi des doctrines d'une parfaite pureté, sur les exigences de la bonne administration de la justice, et que
plus d'un juge de l'époque pouvait y trouver de salu-
taires avertissements, et des règles de conduite d'une
irréprochable droiture.

Il me reste maintenant, et ce sera l'objet de la cinquième et dernière partie de mon travail, à produire
ceux de mes extraits qui renferment les aperçus de la
poésie latine, touchant la profession du barreau.

CINQUIÈME PARTIE.

⤞⬦⬗

DU BARREAU.

SECTION Iʳᵉ. — PROFESSIONS DE JURISCONSULTE ET D'AVOCAT.
—REMARQUES SUR LE TALENT ORATOIRE ET SUR LES MOEURS
DU BARREAU ROMAIN.

Il était naturel que, s'occupant, comme on vient de
le voir, de droit, de procès et de judicature, les muses
latines en vinssent aussi à s'expliquer sur les jurisconsultes et les avocats : elles n'y ont pas manqué; leurs
observations sur ce sujet sont assez nombreuses. Ce que
je vais en rapporter donnera la preuve qu'elles ne connaissaient pas moins le *forum* que le prétoire.

I. Des jurisconsultes ou prudents.

Parlons d'abord des jurisconsultes proprement dits,
plus spécialement désignés sous l'appellation de prudents.

Ce fut longtemps, à Rome, dit Horace, une coutume,
à laquelle on attachait un grand prix, de tenir sa maison ouverte, dès l'aube du jour, pour y recevoir les
clients et leur donner des consultations sur le droit :

> Romæ, dulce diù fuit et solemne, reclusâ
> Manè domo vigilare, clienti promere jura.

Horace se reporte évidemment, ici, à l'époque où les
patriciens, monopolisant, à leur profit, la science du
droit civil et religieux, qu'ils tenaient autant que possible sous le boisseau pour le vulgaire, mettaient leurs
lumières et leurs conseils à la disposition de tout venant, afin de se procurer une nombreuse clientèle et
d'augmenter leur crédit et leur influence par la réci-

procité de services que le patron était en droit d'attendre de ses clients. C'est à cet antique usage que se réfèrent les lignes suivantes de Cicéron : « In jure cavere, consilio juvare, atque hoc scientiæ genere prodesse quàmplurimis, vehementer et ad opes augendas pertinet, et ad gratiam ».

Dans l'exercice de leur ministère officieux, ces prudents étaient de véritables magistrats domestiques, et, comme disait le poëte Manilius, des préteurs permanents du peuple, tenant incessamment audience à domicile :

> Perpetuus populi, privato in limine, prætor.

Ennius les qualifiait ainsi, dans un vers qui nous a été conservé par Aulu-Gelle :

> Multarum veterum legum divùmque hominumque
> Prudentes...

ce qui se rapporte exactement à cette définition donnée par le Digeste : « Jurisprudentia est divinarum atque humanarum rerum notitia ».

Ceux d'entre eux, qui se distinguaient par leur savoir, avaient, à Rome, une position des plus honorées. « Juris civilis, dit Cicéron, summo semper in honore fuit cognitio atque interpretatio. » On les considérait comme de véritables oracles : « Est enim domus jurisconsulti totius oraculum civitatis », ajoute encore Cicéron, qui, dans son livre de l'Orateur, les compare à l'Apollon Pythieu, et leur applique ces vers que le poëte Ennius mettait dans la bouche de ce dieu consultant :

>   ...Ego sum,
> Undè sibi populi et reges consilium expetunt,
> Suarum rerum incerti ; quos ego, meâ ope, ex
> Incertis certos, compotesque consilî
> Dimitto, ut ne res temerè tractent turbidas.

Les patriciens, cependant, ne furent pas toujours seuls en possession de la science du droit. Lorsque l'élément plébéien vint à prendre de la prépondérance, cette science cessa d'être pour eux un monopole, et plus d'un plébéien devint, à son tour, interprète des lois. Il en était déjà ainsi du temps de Cicéron ; et plus tard, sous l'Empire, la jurisprudence, accessible à tous, comptait plus d'adeptes parmi les plébéiens, que dans les rangs du patriciat. Il y a même toute apparence que le patriciat s'en était laissé à peu près complétement déposséder : car on lit, dans le dialogue *de Oratore*, attribué à Tacite, le passage suivant, duquel il résulte que les hommes les plus haut placés, par leur naissance, leur rang et leur fortune, étaient obligés de confesser, en allant consulter les jurisconsultes, qu'ils ne possédaient pas ce qu'il y avait de plus précieux au monde, la science du droit : « Ullane tanta ingentium opum ac magnæ potentiæ voluptas, quàm spectare homines veteres et senes, et totius urbis gratiâ subnixos, in summâ omnium rerum abundantiâ, confitentes, id quod optimum sit, se non habere? (1) » C'est ce qui, plus tard encore, sous Domitien, faisait dire à Juvénal que souvent les meilleurs juriconsultes sortaient de la classe la plus infime, et que les nobles ignorants étaient heureux d'avoir recours à quelqu'un de ces savants du petit peuple, pour lui confier la défense de leurs intérêts :

> ...Tamen imâ plebe Quiritem
> Facundum invenies : solet hic defendere causas
> Nobilis indocti : veniet de plebe togatâ
> Qui juris nodos et legum ænigmata solvat ;

En sorte que cet humble savant était autorisé à faire à son noble client l'application de ce vers d'Ovide :

> Qui modò patronus, jàm cupis esse cliens.

Du reste, pour avoir changé de maître, la science du droit n'en était pas moins respectée. Les poëtes, même les satiriques, ne parlaient qu'avec vénération de ceux qui la professaient avec honneur, leur reconnaissant une sorte de sainteté :

> Interpres legum *sanctissimus*...
>   (Juv.)

(1) Loysel avait sans doute ce passage en mémoire, lorsqu'il écrivait ce qui suit, dans son dialogue des avocats : « N'y ayant prince, seigneur ni personnage de si grande estoffe ou fortune, qui n'ayt affaire du conseil ou de l'assistance de l'advocat, dans ses plus importantes affaires; et non-seulement pour la conservation de ses biens temporels, mais aussi de son honneur, et quelquefois de sa propre personne ».

> Juris et æquarum cultor *sanctissime* legum,
> Veridico Latium qui regis ore forum.
>
> (MART.)

Aucune affaire de quelque importance ne se réglait, sans leur concours ; ils étaient la sauvegarde de tous les intérêts compromis :

> Hic poterit cavere te, jura qui et leges tenet.   (PLAUT.)

Leur intervention et leurs conseils prévenaient bien des contestations litigieuses ; et l'on pouvait dire d'eux ce qu'Ovide disait du dieu Terme :

> Omnis erit, sine te, litigiosus ager.

On sait, d'ailleurs, que leurs décisions doctrinales avaient souvent toute l'autorité de la loi.

Voilà pour les jurisconsultes qui donnaient des réponses sur le droit, « qui jus de jure respondebant », suivant le langage de Cicéron.

II. Des avocats. — Origine de leur institution.

Occupons-nous maintenant de ceux qui reçurent le nom de *causidici*, et dont la fonction était ainsi définie par Lucrèce :

> Causidici causas agere, et defendere leges.

Quand les patriciens avaient seuls accès au forum, il ne se pouvait pas qu'ils se contentassent de consulter. Pour maintenir et pour étendre leur clientèle, il leur fallait souvent faire plus : il leur fallait, à l'occasion, prendre en mains la gestion des intérêts litigieux de leurs clients, parfois aussi leur défense en justice :

> Et spondere levi pro paupere, et eripere atris
> Litibus implicitum...
>
> (HOR.)

Les exigences du patronage durent, en conséquence, en amener un certain nombre à la nécessité de plaider, devant les tribunaux, la cause de leurs hommes-liges. C'est ce qu'on appelait alors *causas orare*. Cette défense en justice ne s'exerçait point à titre de profession, mais à titre de pur patronage. Aussi, le patron, qui plaidait ainsi pour son client, n'était-il point appelé *causidicus* (cette dénomination ne fut usitée que plus tard), mais simplement *patronus* ou *orator*. Telle est, si je ne me trompe, l'origine de l'institution du barreau; elle dérive du patronage exercé par le patriciat romain.

Mais, une fois lancés dans la vie active du forum, dont les exercices oratoires étaient devenus, pour eux, un moyen de briller à la tribune politique, et de se pousser, par là, aux plus hautes dignités de la République, beaucoup de patriciens négligèrent la consultation, pour s'adonner tout entiers à la plaidoirie. De là, la distinction, entre la fonction de jurisconsulte et celle d'*orator causarum*. Le patriciat négligea bien davantage encore la consultation, et, par suite, la science des lois, dès l'instant que les plébéiens lui vinrent en concurrence. Il ne retint plus guère, de son ancien apanage, que la plaidoirie ; si bien que certains orateurs de cette caste n'avaient plus, sur le droit, que des notions fort incomplètes et fort confuses : ce qui explique cette réponse, déjà citée, que fit le jurisconsulte Quintus Murcius à l'orateur patricien Servius, qui venait le consulter sur un point de droit : « Turpe est patricio et nobili viro, et *causas oranti*, jus in quo versatur ignorare » (1). Il n'en était pourtant pas ainsi de tous. Quelques-uns conservaient encore le culte du droit, au temps de Cicéron, qui l'atteste, en ces termes, dans son dialogue *de Oratore* : « Clarissimi cives ei studio etiam hodiè præsunt; » mais ils étaient rares. Les patriciens, d'ailleurs, n'avaient pas été supplantés dans la jurisprudence seulement par les plébéiens ; ils les avaient aussi pour concurrents au barreau, où étaient venus les *causidici*, dont parlait déjà Lucrèce, sous Scylla, dans le vers que j'ai rappelé plus haut. Ce fut alors que la défense des causes en justice commença à perdre son caractère de patronage, pour devenir une profession. Cicéron, qui la pratiquait, on sait comment, et qui la pratiquait encore sous le titre bien mérité d'*orator*, la distinguait, ainsi qu'il

(1) Ce trait d'histoire est rapporté dans le fragment de Pomponius, sur l'origine du droit, inséré au Digeste. L. I, tit. 2. Il y est dit que Servius fut tellement humilié du reproche de Quintus Murcius, que, tout aussitôt, il s'appliqua sans relâche à l'étude du droit, et devint, par la suite, l'un des plus savants jurisconsultes de l'époque.

suit, de la profession de jurisconsulte : « huic arti, disait-il, en parlant de cette dernière profession, huic arti
finitima est dicendi gravior facultas, et gratior, et orna-
tior. Quid enim eloquentiâ præstabilius, vel admiratione
audientium, vel spe indigentium, vel eorum, qui de-
fensi sunt, gratiâ ? Huic quoque ergò à majoribus nostris
est in togâ dignitatis principatus datus » (de Offic., 2).
On voit assez, par ce passage, que Cicéron accorde à la
profession d'orator ou d'avocat, plus de relief et de
brillant, qu'à celle de jurisconsulte, interprète des lois.
Mais, s'il les distingue, il ne les sépare pas. L'une est
limitrophe de l'autre, dit-il ; « finitima est ». Et il a
bien prouvé, par son exemple, qu'il les considérait
comme inséparables. Selon lui, en effet, comme selon
Quintilien, on n'était bon avocat qu'à la condition d'être
bon jurisconsulte. C'est ce que comprenaient la plupart
des avocats d'origine plébéienne. Ils cumulaient, assez
généralement, la profession de jurisconsulte avec celle
d'avocat plaidant. Nous en trouvons une preuve dans les
fragments suivants d'Horace :

...Consultor juris, et actor

Causarum...

Seu linguam causis acuis, seu civica jura
Respondere paras...

Voilà bien le cumul de la consultation et de la plaidoirie.

Ceci dit, voyons comment les poëtes appréciaient
cette partie de la profession d'avocat, qui s'exerce en
public. Mais, auparavant, disons un mot d'une question
qui n'intéressait pas moins les avocats consultants que
les avocats plaidants : je veux parler de la question de
prééminence entre la robe et l'épée, qui s'agitait, à
Rome, dès le temps où vivait Cicéron, et sur laquelle
la poésie latine s'est aussi prononcée.

III. Question de prééminence entre la robe et l'épée.

On a souvent comparé la carrière du barreau à celle
des armes. Dans son plaidoyer *pro Murænâ*, Cicéron
fait le parallèle du jurisconsulte et du général d'armée. Il représente le jurisconsulte, prenant sur son

sommeil, pour être en mesure de donner ses consultations ; le général, pour faire arriver ses troupes, en temps utile, sur le point qu'il veut occuper : celui-là, s'éveillant au chant du coq ; celui-ci, au bruit des trompettes guerrières ; le premier, préparant et disposant ses moyens d'attaque ou de défense ; le second, son plan de bataille : l'un, veillant à la garde de ses clients ; l'autre, à celle de ses villes et de son camp. Le général, ajoute-t-il, sait comment il s'y faut prendre, pour se garer de l'ennemi ; le jurisconsulte, pour se garer des eaux pluviales ; à l'un, la défense des frontières ; à l'autre, le règlement des limites : « Vigilas, tu, de nocte, ut tuis consultoribus respondeas ; ille, ut eò quò intendit, maturè cum exercitu perveniat : te gallorum, illum buccinarum cantus exsuscitat : tu actionem instituis ; ille, aciem instruit : tu caves ne consultores tui, ille, ne urbes aut castra capiantur : ille tenet et scit ut hostium copiæ, tu, ut aquæ pluviæ arceantur : ille exercitatus est in propugnandis finibus, tu, in regendis ».

Le même parallèle a été établi par les poëtes latins entre le métier de la parole et celui des armes. De là, ces appellations si fréquemment appliquées par eux au barreau et à ses luttes, « *Mars forensis, togata militia, garrula bella, arma civica, arena fori* » :

...Forensi
Marte valet...   (Ov.)

...Licet exercere togatæ
Munera militiæ...
                                    (*Id.*)

...Verbosi garrula verba fori.
                                    (*Id.*)

Civica pro trepidis qui tulit arma reis.
                                    (*Id.*)

...Fori pugnamus arenâ.
                                    (Juv.)

De cette comparaison, dont Quintilien fait ressortir la justesse, sous un grand nombre de rapports, est résulté le conflit de préséance entre la robe et l'épée ; conflit qui dure depuis des siècles, et n'est pas encore bien définitivement résolu. On s'est demandé quelle était celle des deux qui devait céder le pas à l'autre ; en d'autres termes, quelle était la plus glorieuse, la plus recommandable par ses services. La question n'était pas sans gravité ; car elle impliquait celle de la prééminence de l'autorité civile sur l'autorité militaire, ou de l'autorité militaire sur l'autorité civile. On sait comment Cicéron l'a tranchée, dans son traité *de Officiis.* C'est à lui qu'on attribue ce fameux vers, par lequel il termine une discussion ayant pour objet d'établir que les magistrats civils sont plus utiles encore à l'Etat, que les commandants d'armée :

Cedant arma togæ, concedat laurea linguæ.

Cette prétention était appuyée par l'auteur du *Carmen ad Pisonem,* dans lequel on lit cet autre vers, à peu près contemporain du précédent :

Armorumque decus præcede forensibus actis.

Mais il faut ajouter que, plus tard, le jugement des poëtes ne fut plus aussi favorable à la robe. L'un d'eux, Juvénal, se préoccupant surtout de la question des profits que pouvaient procurer à leurs adeptes l'une et l'autre profession, n'hésitait pas à donner la préférence à celle des armes.

En effet, dans l'une de ses satires, il exalte les avantages de l'état militaire,

Quis numerare queat felicis præmia, Galle,
Militiæ?...

et, dans une autre, il demande ce que rapportent à ceux qui l'exercent la profession d'avocat et toute la paperasserie dont elle s'entoure ; ajoutant, en réponse à cette question, que les biens réunis de cent avocats pèsent à peine autant que ceux d'un seul militaire, du nom de Lacerna,

Dic igitur quid causidicis civilia præstent
Officia, et magni comites in fasce libelli.
. . . .
Hinc centum patrimonia causidicorum,
Parte aliâ solum russati pone Lacernæ :

à quoi l'on pouvait répliquer, du temps de Cicéron du moins, que le barreau était le chemin des honneurs,

« est corpus advocatorum seminarium dignitatum » (1). Cicéron lui-même reconnaissait qu'il n'était entré dans cette carrière que par ambition, et que, s'il continuait d'en supporter les labeurs, c'était afin de mieux sauvegarder, par la faveur qu'elle lui procurait, les hautes dignités qu'il s'y était acquises : « forensem laborem, écrivait-il à Atticus, anteà propter ambitionem sustinebam ; nunc, ut gratiâ dignitatem tueri possim ».

Mais, ce qu'il y avait de plus vrai à dire sur cette question du plus ou moins d'avantages des deux professions, c'est que l'une comme l'autre avait son bon et son mauvais côté.

IV. Inconvénients de la carrière du barreau.

L'un des inconvéniens du barreau, dans l'antiquité, de même que de nos jours, était l'excès des occupations et du travail, lesquels s'accroissaient, à mesure que s'accroissait la clientèle.

Du temps où le jurisconsulte se levait au chant du coq, c'était un devoir pour lui de tenir sa maison ouverte de grand matin et d'y rester en permanence, à la disposition du public.

Depuis, il est vrai, et lorsque la plupart des jurisconsultes durent cumuler la plaidoirie avec la consultation, ces habitudes matinales se relâchèrent quelque peu. Ce n'était plus guère que de six à huit heures du matin, que l'avocat donnait audience à ses clients et recevait leurs salutations :

Prima salutantes atque altera conterit hora.
(MART.)

Mais, alors, il lui fallait être

Tous les jours le premier aux plaids, et le dernier.

Gnavus mane forum, et vespertinus pete tectum ;
(HOR.)

(1) Si, dans le métier de la parole, dit Labruyère, il y a plus de risques que dans celui de la guerre, auquel il ressemble en quelque chose, en revanche la fortune y est plus rapide.
(Chap. 14.)

et nous savons que les audiences s'ouvraient dès la troisième heure du jour.

Il lui fallait suer sous le harnais :

> Cùm Pedius causas exsudet...   (Hor.)

Ce n'était pas tout : s'il avait à parler dans quelque affaire majeure, devant la juridiction des Centumvirs, tous ses instants devaient être consacrés à l'étude de sa cause, et à la préparation de sa plaidoirie :

> Dùm centum studet auribus virorum,
> Totos dat tetricæ dies Minervæ.
>
> (Mart.)

Aussi, quand le plaideur, trop fidèle à l'ancienne coutume, venait frapper à sa porte, et troubler le cours de ses élucubrations sitôt que le coq avait chanté, se prenait-il à envier le sort et la vie paisible de l'homme des champs :

> Agricolam laudat juris legumque peritus,
> Sub galli cantum consultor ubi ostia pulsat.
>
> (Hor.)

aussi encore lui arrivait-il parfois d'échapper, par une porte de derrière, au client qui attendait dans l'antichambre :

> Atria servantem postico fallo clientem.   (Hor.)

C'était là, pour les jurisconsultes et les avocats en renom, le revers de la médaille. Cicéron s'en plaignait à l'un de ses intimes : « sic habeto », lui écrivait-il, « nunquàm me causis districtiorem fuisse ». Pour quelques-uns, cette surcharge d'affaires était tellement accablante, que quelquefois on les voyait déserter le barreau.

> Deseris lites, tua prædia ;

disait Martial à l'un de ces déserteurs qui, de guerre lasse, prenait congé du forum.

Martial, du reste, ne devait point s'en étonner, lui qui, dans cet autre passage, faisait entendre que le métier de laboureur lui paraissait préférable à celui d'avocat :

> Cogit me Titus actitare causas,
> Et dicit sœpè mihi : magna res est.
> Res magna est quam facit colonus.

V. Compensations. — Honorabilité de la profession pour ceux qui l'exerçaient avec talent. — Grands avocats.

Mais ce mauvais côté de la profession était largement compensé par l'honneur qu'en retiraient ceux qui se faisaient remarquer par l'éminence de leur savoir et de leur talent. J'ai relevé plus haut quelques-uns des témoignages de profond respect qu'adressaient les poëtes aux grands jurisconsultes. Citons maintenant quelques échantillons des éloges qu'ils prodiguaient aux avocats plaidants, je veux dire, aux avocats plaidant bien, aux véritables orateurs du barreau, à ceux qui s'étaient illustrés par l'éloquence,

...Quibus eloquio partum decus...
(SIL. ITAL.)

Ces éloges, comme on va le voir, affectaient des formules, sinon plus respectueuses, du moins plus admiratrices, que ceux dont ils gratifiaient les prudents :

Fama, decusque fori...
Eloquii merito primis præstande... (AUSON.)
...Tibi sola potentis
Eloquii virtus...
(STAT.)
...Fandique opibus sublimis abundas. (Ov.)
...Nec deindè relinques
Par decus eloquii cuiquam superesse nepotum.
Eloquio tantùm nobilitatis inest ! (Ov.)

Ceci, je le répète, ne pouvait s'adresser qu'à l'un de ces princes du barreau dont le talent savait agrandir jusqu'aux petites causes, les rendre fortes quand elles étaient faibles, et dans la main desquels il n'était point d'affaire qui ne devînt bonne :

Causam humilem dictis amplans...
(PACUVIUS.)
Addidit invalidæ robur facundia causæ.
(LUCRET.)
Quælibet eloquio fit bona causa tuo.
(Ov.)

VI. Des différents caractères de l'éloquence judiciaire.

Chacun de ces grands orateurs avait son cachet particulier, son aptitude spéciale. Ce qui va suivre montrera que la poésie latine avait parfaitement observé et distingué les différents caractères, qui diversifiaient leur éloquence.

La parole de celui-ci roule avec fracas, comme un torrent impétueux,

> Eloquio torrens...
> (FORTUNAT.)

ou, comme disaient Quintilien et Cicéron, « velut quoddam eloquentiæ flumen, — cursu magno sonituque fertur ». — Elle tonne et fulmine :

> Densaque vibratâ jaculatur fulmina linguâ.
> (AD PISONEM.)

Celui-là, au contraire, laisse écouler doucement la sienne ; c'est du miel qui s'épanche de ses lèvres : on croirait entendre le vieux Nestor ;

> ...Liquidi mel fluit eloquii.   (AUSON.)

> Ille foro auditus, cùm dulcia solveret ora,
> Æquabat Pyliæ neleia mella senectæ.
> (SIL. ITAL.)

L'un a le don de la persuasion, et sachant à merveille mettre en pratique ce précepte d'Horace,

> Et quòcumque volent animum auditoris agunto,

il s'insinue adroitement dans les cœurs, s'en empare, les domine et les entraîne où il lui plaît :

> Ille regit dictis animos, et pectora mulcet.
> (VIRG.)

Tel autre a le rare talent de faire vibrer, chez ses auditeurs, la fibre lacrymale.

> Et fletum invitis ducere luminibus.
> (PROPERT.)

> ...Cunctorum lumina solvit
> In lacrymas...
> (LUCAN.)

Celui-ci possède la maîtresse qualité de l'orateur, la clarté (1). Son langage a toute la limpidité de l'eau la plus pure :

...Liquidus, puroque simillimus amni.

(Hor.)

Celui-là a reçu du ciel la faculté d'improvisation ; il est du nombre de ces élus auxquels Dieu a dit :

Sponte fluens dabitur dicendi copia vobis.

(Juvencus.)

Chez lui, la parole coule de source, sans préparation, sans effort, et sans jamais se heurter contre un obstacle :

O linguam miro verborum fonte fluentem !
........Liquidoque fluentia cursu
Verba...

(Ad Pisonem.)

Je pourrais multiplier davantage ces citations poétiques sur les divers genres d'éloquence. Mais c'en est assez, je crois, pour faire reconnaître que les poètes latins, dont la compétence, en cette matière, ne saurait, d'ailleurs, être douteuse pour personne, savaient en faire très-nettement la distinction.

VII. Défense des accusés.

De tout temps, le patronage des accusés a été considéré comme le côté le plus brillant et le plus honorable de la profession d'avocat. Il en était, du moins, ainsi dans l'ancienne Rome. Aussi rencontrons-nous dans les œuvres de la poésie latine, d'assez nombreux éloges à leur adresse, tels, par exemple, que ceux-ci :

Insigne mœstis præsidium reis.

(Hor.)

Pro reis non tacitus...

(Id.)

Officio trepidis qui solet esse reis.
(Ov.)

(1) Prima est eloquentiæ virtus perspicuitas.   (Quintil.)

...Tua mœstos
Defensura reos vocem facundia mittit.
(Ad Pisonem.)

...Stant patroni fortiter
Causam tuentes innocentis.
(Phoedr.)

Defensor probe tristium litium,
Cujus voce sacrum tonat tribunal.
(Anthologia.)

VIII. Vir probus dicendi peritus.

Mais remarquons, dès à présent, que c'est seulement
le défenseur à la fois éloquent et honnête homme, qui
reçoit les hommages de la poésie,

Vir probus, omne forum quem spectat et omne tribunal.
(Hor.)

Nous verrons ailleurs ce qu'elle pensait des autres.
Celui-là, le « vir probus dicendi peritus », les clients
se l'arrachent, parce qu'il a l'oreille de la justice, « de-
ripitur ille patronus », comme dit Senèque. Ils ne parlent de lui qu'avec déférence et respect :

Hunc loquitur grato plurimus ore cliens.
(Mart.)

Quel contentement, pour lui, de voir tous les yeux
fixés sur sa personne, pendant qu'il parle !

Gaudes quòd spectant oculi te mille loquentem ;
(Hor.)

de recueillir les bénédictions du client,

Di tibi benefaciant semper, cùm advocatus mihi benè es !
(Plaut.)

et de se pouvoir dire :

Sæpè peroratâ præcepi lite coronam.
(Maximianus.)

IX. Effet de la véritable éloquence.

Ici, je ne résiste pas au désir, quelque peu frivole et
puéril, j'en conviens, de transcrire, en les disposant
dans l'ordre d'une sorte de compte rendu, quelques

vers extraits de différents poëmes, dans lesquels se dépeint, ce me semble, avec des couleurs pleines de vérité, l'effet produit sur l'auditoire, par l'un de ces orateurs de l'antiquité qui seuls avaient le privilége d'exciter une admiration enthousiaste, et de faire récolte de couronnes.

Concinnaturum plebs sedula circumsistit.
(SIDONIUS.)

Sine apparatu, nullis adjutoribus,
Silentium ipsa fecit exspectatio.
(PHOEDR.)

Conticuére omnes, intentique ora tenebant.
(VIRG.)

...Silent, arrectisque auribus adstant.
(Id.)

Auribus intentis exspectat concio...

Adstitit, atque oculos, paulùm tellure moratos,
Sustulit ad proceres, exspectatoque resolvit
Ora sono...
(Ov.) (1)

Densum humeris bibit ore vulgus.
(HOR.)

...Pendent narrantis ab ore.
(VIRG.)

...Depascimur aurea dicta.
(LUCRET.)

Causa perorata est...
(PROPERT.)

...Quid facundia possit
Tunc patuit...
(Ov.)

Dixerat hæc : unoque omnes eadem ore fremebant.
(VIRG.)

(1) C'est Ulysse, qu'Ovide, d'après Homère, nous représente dans cette attitude oratoire, au moment où il va prendre la parole pour soutenir sa cause contre Ajax. Cette attitude, au début d'un discours, Quintilien la recommande, comme étant à la fois la plus naturelle, la plus convenable et la plus modeste. Combien d'orateurs, avocats ou autres, ont imité, en ce point, Ulysse, sans peut-être s'en douter !

...Tantùm valet ille loquendo !
(Ov.)

...Tantà dulcedine captos
Afficit ille animos ! tantàque libidine vulgi
Auditur !...

(Juv.)

Ces triomphes oratoires que, dans le bon temps de l'éloquence, les anciens regardaient comme la plus précieuse récompense du talent de la parole, il n'était donné qu'à bien peu de pouvoir y prétendre :

...Paucis, quos æquus amàvit
Jupiter...

(Juv.)

Rien, en effet, de plus rare que la haute et véritable éloquence. Un avocat romain disait, au rapport de Quintilien, « disertos à se visos esse multos, eloquentem verò neminem ». Il eût peut-être été plus vrai de dire, « eloquentem ferè neminem. » Mais ce qu'on ne saurait contester, c'est qu'en aucun temps, on ne rencontre, que très-exceptionnellement, cette véritable éloquence qui vient du cœur, celle qui mérite, à tous égards, les grands éloges que lui décernait parfois la poésie latine (1).

X. Avocats médiocres, mais suffisants.

Quant aux beaux parleurs, aux avocats diserts, il n'en a jamais manqué. Mais pour ceux-là, les louanges de nos poëtes étaient beaucoup plus réservées. Il s'y mêlait même assez souvent quelque peu d'ironie. C'est ainsi que Martial disait à certain avocat de son époque :

Declamas bellè, causas agis, Attice, bellè.

C'est ainsi encore, qu'à propos d'un autre, on lit, dans Ovide, le compliment suivant, qui paraît être plus malicieux que sincère :

Fortia ventosi natus ad arma fori.

(1) La véritable éloquence est bien différente de cette facilité de parler, qui n'est qu'un talent, une qualité accordée à tous ceux dont les passions sont fortes, les organes souples et l'imagination prompte.)
(BUFFON, *Discours sur le style.*)

Ne concluons pas toutefois de ces railleries, qu'en dehors des orateurs de la plus haute portée, la poésie latine ne vît rien qui fût digne de son estime. Sans être éloquent, un avocat peut être doué d'une certaine faconde qui n'est pas sans mérite et sans grâces :

> ...Neque abest facundis gratia dictis.
>
> (Ov.)

Tel, qui ne saurait s'élever jusqu'au premier rang, peut briller au second, et même se faire remarquer au troisième :

> Est quòdam prodire tenùs, si non datur ultrà.
>
> (Hor.)

Il en était ainsi au barreau romain, où l'on comptait des orateurs du deuxième et du troisième ordre, *oratores secundarum et tertiarum partium*, lesquels, bien que réduits à un rôle et à des succès assez modestes, ne passaient pourtant pas pour être sans valeur. Horace, parlant de l'un de ces avocats médiocres, fait observer que, s'il est loin d'avoir le mérite de l'éloquent Messala, et ne vaut pas même Casselius Aulus, il a cependant son prix :

> ...Consultor juris et actor
> Causarum mediocris, abest virtute diserti
> Messalæ, nec sit quantùm Casselius Aulus,
> Sed tamen in pretio est...

D'où la conséquence, que, suivant ce poëte, si bon juge, on pouvait être, quoique médiocre, un avocat passable et plus ou moins estimable.

XI. Minores advocati. — Avocats sans causes. — Avocats prolixes.

Après les médiocres, venaient les petits, *minores advocati, submissi oratores.* Ceux-là, il le faut bien dire, la poésie ne les ménageait guère. Souvent, bien souvent, la malignité de ses épigrammes et de ses satires s'exerçait à leurs dépens, se moquant de ceux qui ne plaidaient point, faute de causes, tout comme de ceux qui trouvaient à plaider.

L'avocat sans cause, qu'on voyait arriver des premiers au forum, après avoir endossé sa robe à la hâte,

> ...Primus raptâ properabat abollà,   (Juv.)

et s'agiter avec plus de zèle que de succès, dans l'espoir de se procurer quelque occasion d'émolumenter, Martial le raillait cruellement, en lui prêtant ces paroles :

> Sollicitisque velim vendere verba reis.

Dans le *Miles Gloriosus* de Plaute, on rencontre cette plaisante formule d'une offre de service faite par un *advocatus* qui, sans doute aussi, cherchait en vain des clients : « Avez-vous besoin, lui fait-on dire, d'un avocat colère et violent ? Je suis votre homme. En préférez-vous un d'une humeur placide ? Je suis encore votre homme ; vous me trouverez plus doux que la mer, à l'état de calme plat, plus paisible que le zéphyr.

> Opusne erit tibi advocato tristi, iracundo ? Ecce me.
> Opusne leni ? leniorem dices, quàm mutum est mare :
> Liquidiusculusque ero, quàm ventus est Favonius.

Ces mêmes avocats, ajoute Plaute, dans le *Poenulus*, semblent n'avoir d'autre domicile que le prétoire ; on les y voit plus souvent que le préteur lui-même :

> Ibi habitant ; ibi eos conspicias quàm praetorem saepius.

A force de chercher des causes, ils finissaient quelquefois par en trouver ; mais, le plus souvent, ils allaient s'adjoindre à la catégorie de ceux des *minores advocati* qui parvenaient à faire retentir les tribunaux de leur parole, au grand scandale du Parnasse latin.

Ces petits avocats étaient généralement fort bavards. Juvénal disait d'eux, que leur faconde était à faire mourir les gens :

> ...Dicendi copia multis.
> Et sua mortifera est facundia...

D'autres poètes qualifiaient ainsi leur verbiage oratoire :

> ...Quidquid venerit in linguam loquitur.   MART.

> ...Multoque redundat
> Eloquio...
>   CLAUD.

...Humore loquentis
Os caret...

(Ov.)

Eloquii currente rotâ...

(FORTUNAT.)

Ce dernier fragment compare, comme on le voit, cette faconde à une sorte de mouvement perpétuel ou de rotation sans fin. En effet, les Latins la dépeignaient ainsi dans leur langage familier. Ils l'appelaient : — *circulatoria volubilitas*, — *pistilli circumvolutio*, — *verborum velitatio*,— *perennis loquacitas*, etc, etc. (1).

On lit, dans les Commentaires de César, qu'un orateur employa une journée tout entière à discourir, « dicendi morâ diem extraxit » ; et, dans Quintilien, qu'un autre, ne se contentant pas de tout le jour, parlait encore à la nuit close et à la lueur des flambeaux : « dixit in noctem, atque etiam nocte, illatis lucernis ».

Comment ces parleurs pouvaient-ils trouver à discourir aussi démesurément sur le sujet qu'ils avaient à traiter ? C'était en se jetant dans nombre de digressions, tout à fait étrangères à la question. Et, en effet, ces digressions, dont Cicéron lui-même s'accusait en ces termes : « dicendi voluptate evagamur, » étaient tellement passées en coutume, que les latins avaient, pour les définir, ou plutôt pour les décrier, une infinité de locutions proverbiales, telles que celles-ci : « extrà chorum saltat,— ultrà septa transilit,— extrà oleas fertur, — extrà calcem,— recto itinere declinat,— benè currit, sed extrà viam, — toto cœlo errat, — nec cœlum, nec terram attingit, — nihil ad versum — quid ad Mercurium ? »

Martial a spirituellement ridiculisé ce travers, dans une épigramme que pouvaient sans doute s'appliquer beaucoup d'avocats de son époque. « Ce n'est ni de violence, ni de meurtre, ni d'empoisonnement qu'il s'agit

(1) On dit chez nous, figurément et familièrement, d'un grand parleur : — C'est un moulin à paroles. La langue lui va comme un traquet de moulin.—Quand une fois le robinet est lâché, il a de la peine à finir.—Il discourt à perte de vue.— On n'y voit ni fond ni rive, etc.

dans mon affaire, faisait-il dire par un plaideur à son
avocat; il n'est question que de trois chèvres, dont je
prétends qu'un voisin m'a fait tort, en me les dérobant.
Voilà le fait dont le juge attend la preuve. Au lieu de
cela, vous lui parlez, de toute la force de vos poumons et
à grand renfort de gestes, et de la bataille de Cannes,
et de la traîtrise carthaginoise, et de la guerre de Mi-
thridate, et des Scylla, et des Marius et des Mucius. De
grâce, avocat, dites un mot de mes trois chèvres : »

> Non de vi, nec de cæde, nec veneno,
> Sed lis est mihi de tribus capellis ;
> Vicini queror has abesse furto.
> Hoc judex sibi postulat probari.
> Tu, Cannas mithridaticumque bellum,
> Et perjuria punici furoris,
> Et Scyllas, et Marios, et Mucios
> Magnâ voce sonas, manuque totâ.
> Jàm dic, Posthume, de tribus capellis. [1]

C'est contre de pareils abus de la parole qu'Ovide se
récriait, en ce vers vraiment digne de passer à la pos-
térité :

> Multiloquos odi : turba recede loquax. [2]

Les anciens comparaient les auditeurs d'un intermi-
nable discours, à des navigateurs, qui, égarés dans l'im-
mensité des mers, portent au loin leurs regards, dans
l'espoir d'apercevoir le rivage, « haud secùs æquor in-
gressi, terram oculis requirebant ». C'est pourquoi, après
que l'orateur avait enfin cessé de se faire entendre, il
était passé en proverbe de s'exclamer, avec ce sentiment
de satisfaction que l'on éprouve en voyant la terre, à la
suite d'une longue et fastidieuse navigation; « benè,
benè habet, terram video. »

Les poëtes se montraient moins tolérants. Ils se plai-

---

[1]   ...Avocat, il s'agit d'un chapon,
     Et non pas d'Aristote et de sa politique.
                (RACINE, les Plaideurs.)

[2] La Fontaine a dit de même :

     Je hais les pièces d'éloquence,
     Hors de leur place, et qui n'ont point de fin.

gnaient, avec amertume, des infatigables parleurs, et voulaient qu'on leur fermât la bouche :

Orationis satis est...

(PLAUT.)

Ohe! jàm satis est...   (Id.)

En ego toties de eâdem re audiam?

(TER.)

...Os obtrudite,

Ne plura jactet improbus.

(PRUDENT.)

...Verba loquentis

Opprime...

(Ov.) .

Je cite, entre nombre d'autres, ces réclamations des poëtes contre l'extrême prolixité des discours.

Mais il n'était pas toujours aisé d'imposer silence, même par de telles protestations, à qui voulait parler, surtout quand c'était son droit. Certains orateurs étaient même tenaces à ce point, qu'ils ne se laissaient démonter, ni par la fatigue, ni par l'inattention, ni par la fuite même de leur auditoire, et qui parlaient encore, même alors qu'il n'y avait plus là personne pour les entendre :

Deficit auditor ; non deficit ipse loquendo.

(MAXIMIAN.)

XII. Moyens employés pour opposer une digue au verbiage des avocats. — Clepsydre.

L'expédition des affaires devait nécessairement avoir à souffrir de cette liberté illimitée du parlage oratoire. Dans les assemblées politiques, il en résultait que, souvent, les questions n'aboutissaient pas à solution : « propter tarditatem sententiarum, moramque rerum », écrivait Cicéron dans l'une de ses épîtres, « ea quæ consulebantur, ad exitum non perveniebant ». Dans les tribunaux, c'était pis encore. Il fallut en venir à limiter le temps que l'on pourrait employer au jugement des procès. Intervint une loi, qui le fixa à six heures au plus. C'est encore Cicéron qui nous l'apprend : « ut duceret judicium, sex horas lex omninò dedit ».

Mais, apparemment, cette loi ne fut pas suffisante, pour ramener dans de justes limites la longueur des plaidoiries ; car on dut recourir à un moyen plus énergique, lequel consistait à mesurer le temps durant lequel pourraient parler l'avocat du demandeur et celui du défendeur. Pline le Jeune rapporte, dans l'une de ses épîtres, que cette règle fut introduite par Pompée : « frænos eloquentiæ, et certum temporis spatium actoribus et reis Pompeius statuit quod prætergredi nefas esset » ; à quoi, sans doute, fait allusion le passage suivant de Térence :

> Illic haud licebat, nisi præfinitè, loqui.

Personne n'ignore que, pour mesurer ainsi à chaque avocat sa part de temps, on se servait de la clepsydre ; « horis certis dicebant accusatores vel defensores per clepsydram ». Qu'était-ce que la clepsydre ? Elle nous donne elle-même sa définition dans ces trois vers, dont je ne puis indiquer l'auteur :

> Lex bona dicendi, lex sum quoque dura tacendi ;
> Jus avidæ linguæ ; finis sine fine loquendi ;
> Ipsa fluens, dùm verba fluunt, ut lingua quiescat.

Ainsi, la clepsydre était un appareil dans lequel on versait une certaine quantité d'eau qui s'en échappait goutte à goutte. Quand elle s'était complétement vidée, un appariteur, appelé *infusor aquarum*, la remplissait de nouveau. Telle était l'horloge sur laquelle se réglait la durée des plaidoiries. Nous apprenons par Martial que les avocats pouvaient en réclamer jusqu'à sept. Mais c'était à grand'peine que le juge leur en octroyait un pareil nombre :

> Septem clepsydras magnà tibi voce petenti
> Arbiter invitus, Cæciliane, dedit.

Cet usage avait sans doute du bon ; et ce qui semble témoigner en sa faveur, c'est la longue durée de son existence ; car il était encore en vigueur sous Trajan. On se demande souvent pourquoi la pratique en a cessé. C'est peut-être par la raison, fort judicieuse, qui déterminait Pline le Jeune, alors qu'il remplissait des fonctions de magistrature, à ne point user de son droit de marchander l'eau aux avocats, et de les rationner à un petit nombre de clepsydres : « Quoties judico », écrivait-il à un ami, «quantum quis plurimùm postulat aquæ do. Etenim temerarium existimo divinare quàm spatiosa sit causa inaudita, tempusque negotio finire, cujus modum ignores; præsertim, cùm primùm religioni suæ judex patientiam debeat, quæ pars justitiæ est. »

Revenons à nos poëtes. Il est clair, par ce que j'ai rapporté ci-dessus de leurs malédictions contre le bavardage oratoire, qu'ils étaient foncièrement ennemis de la loquacité du barreau, et, probablement aussi, quelque peu partisans de la clepsydre. On ne saurait les en blâmer. Rien, en effet, n'est plus fastidieux que l'extrême longueur des discours, si beaux qu'ils soient; à bien plus forte raison, lorsqu'ils émanent de l'un de ces orateurs appelés par les latins *oratores vocales*, qui ne savent guère que donner de la voix, qui parlent beaucoup pour ne rien dire,

> ...Dat inania verba,
> Dat sine mente sonum...
>   (Ov.)

et dont la faconde, aussi creuse qu'insipide, est ainsi caractérisée par ce vers parodié d'Horace :

> Sunt verba et voces,... prætereàque nihil.

XIII. Avocats *invitâ Minervâ*.

Mais si, pour un avocat, c'est un défaut capital d'être trop long, c'en est un grand aussi d'être trop bref; car une brièveté excessive est souvent la preuve de peu de facilité. L'orateur qui tournait court, faute de pouvoir donner à sa cause tout le développement qu'elle comportait, recevait, chez les Romains, la fâcheuse qualification de *tenuis facundiæ rivus;* et les traits de la poésie ne l'épargnaient pas plus que les intarissables parleurs. C'est à lui que peuvent s'appliquer les vers qui suivent :

> Non potuit cogitata proloqui.   (Ter.)

> ...Os et verba volenti
> Dicere non aderant...
>   (Ov.)

14

...Nec verba volenti

Sufficiunt...

(Ov.)

Il y eut un temps où l'on considérait, à Rome, comme une sorte de difformité, de ne point savoir discourir en public : « *mutum et elinguem deforme habebatur* » (Tacit.). De là résultait que chacun voulait se mêler du métier de la parole, souvent même ceux dont un proverbe grec, latinisé, disait qu'un bœuf leur pesait sur la langue, « *bos in linguâ* ». L'un de ces orateurs, sans vocation, et l'on pourrait dire, contre nature, était appelé par Tacite « *homo eluctantium verborum* ». Il paraît que le barreau romain possédait de prétendus avocats de cette force-là ; car Martial en raillait quelques-uns, dans ses épigrammes : « Prononcer neuf mots en dix heures, Cinna, c'est-là, disait-il, une belle et bonne plaidoirie. Or, voici que tu viens de demander, à haute voix, quatre clepsydres (1). Que de temps, ô Cinna, pour ne rien dire ! »

> Hoc agere est causas, hoc dicere, Cinna, disertè,
> Horis, Cinna, decem dicere verba novem.
> Sed modò clepsydras ingenti voce petisti
> Quatuor : ô quantùm, Cinna, tacere potes !

Dans une autre épigramme, Martial faisait ainsi la satire d'un avocat, qui ne savait parler qu'au milieu du tumulte et des vociférations de ses confrères, et qui ne pouvait plus dire mot, dès qu'on lui laissait le champ libre :

> Dùm clamant omnes, loqueris tu, Mævole, semper,
> Et te patronum causidicumque putas.
> Hâc ratione potest nemo non esse disertus.
> Ecce tacent omnes : Mævole, dic aliquid.

Je traduis : tandis que chacun crie à tue-tête, toi, Mævolus, tu ne cesses de parler, et c'est par là, sans doute, que tu te prétends avocat ; à ce compte-là, il

---

(1) Avant de prendre la parole, les avocats devaient demander au juge le nombre de clepsydres qu'ils désiraient, pour la durée de leur plaidoirie. On leur en accordait, d'ordinaire, sept à huit. Les bons avocats se faisaient un point d'honneur d'en rendre quatre sur les huit que le juge leur avait accordées.

n'est personne, qui ne se puisse dire éloquent. Mais voici qu'il se fait du silence : que n'en profites-tu, Mævolus, pour dire quelques mots et nous donner un échantillon de ton talent ?

Quand de tels orateurs étaient ainsi mis au pied du mur, la poésie leur faisait dire :

> ...Sed non mihi dicere promptum.
> (Ov.)

> Hic noster hærens sermo linguæ debilis
> Balbutit, et modis laborat absonis.
> (Prudent.)

Leurs paroles étaient confuses, et le peu qu'ils disaient n'était pas très-clair :

> Intellecta parùm, confusaque verba fuère.
> (Ov.)

Souvent, plus ils cherchaient à s'élever dans les hautes régions de l'éloquence, moins ils parvenaient à se faire comprendre ; si bien qu'on les comparait à un puits, dans lequel les regards ont d'autant plus de peine à plonger, qu'il est plus profond :

> ...Puteum puto te quoque, Quinti ;
> Nàm quantò altior es, tantò magè despiceris.
> (Veter poet.)

Encore s'ils n'eussent péché que par défaut de faconde et de lucidité ! Mais leurs velléités d'éloquence étaient parfois si plaisantes, que tout l'auditoire en riait aux larmes :

> Persius exposuit causam ; ridetur ab omni
> Conventu...
> (Hor.)

XIV. Avocats qui restent court.

Rien n'était pire, pour ces pauvres orateurs, que le redoutable accident dont Quintilien nous donne la définition en ces termes : « turpis titubationis, et medii silentii infamia ». Il faut croire que les poëtes en avaient vu de nombreux exemples ; car beaucoup d'entre eux se sont plus ou moins malicieusement expliqués

sur ce malheur oratoire. Voici comment quelques-uns
le définissent :

> ...Parùm decoro
> Inter verba cedit lingua silentio.
> (HOR.)

> Incipit effari, mediàque in voce resistit.
> (VIRG.)

> ...Vox faucibus hæsit.
> (*Id.*)

> ...Non lingua valet, nec vox, nec verba sequuntur.
> (*Id.*)

> ...Suppressaque lingua palato est.
> (Ov.)

> ...Vox voces nulla solutas
> Prosequitur...
> (*Id.*)

> Sidere percussa est subitò tibi, Zoile, lingua.
> (MART.)

C'est assez généralement l'émotion, provenant de ti-
midité ou de défiance en ses forces, qui frappe ainsi
d'une sorte de paralysie l'esprit et la langue du parleur.
Les poëtes en ont fait la remarque :

> Vocem præcludit metus.
> (PHOEDR.)

> Timor præpedit dicta linguæ.
> (PLAUT.)

> Timidum obstupefecit pudor.
> (TER.)|

> ...Stupuerunt verba loquentis.
> (Ov.)

> Torpuerat gelido lingua retenta metu.
> (*Id.*)

Quelquefois aussi, c'est la désuétude de la parole :
car on sait qu'elle se rouille, chez ceux qui ne l'exercent pas ; exemples :

> Verba mihi desunt; dedidicique loqui.
> (Ov.)

> Scabrida nunc resonat mea lingua rubigine verba.
> (FORTUNAT.)

Mais, quelle que soit la cause, l'effet n'en est pas moins déplorable et désastreux. On se rappelle comment Boileau décrit les transes de l'orateur tombant ainsi de sa monture, « de asino dilapsus » (1). Cicéron et Quintilien les avaient dépeintes avant lui : « excedit ci vultus, oratio, mens denique », dit Cicéron. « Infelix verborum cavillatio accessit, dit Quintilien, et cursus ad singula vestigia restitit ». Et c'est surtout, ajoute ce dernier auteur, quand l'accident arrive dès le début du discours, ce qui s'est vu plus d'une fois, que la chute est misérable : car quoi de plus honteux que d'échouer tout en sortant du port? « Turbari memoriâ, vel continuandi facultate destitui, nusquam turpius (quàm in prooemio) ... et pessimus certè gubernator qui navem, dùm portum egreditur, impegit ».

Aux yeux de La Bruyère, c'est le plus petit inconvénient du monde, de demeurer court dans une harangue. «Mais on ne laisse pas de s'étonner, ajoutait-il, que, les hommes, ayant voulu une fois y attacher une espèce de honte et de ridicule, s'exposent par de longs, et souvent d'inutiles discours, à en courir tout le risque ». En effet, c'est à faire trembler le rhéteur, même le plus habile. Pline le Jeune, qui, pourtant, était un avocat exercé, confesse qu'il avait toujours peur, en prenant la parole, de subir un pareil affront, et que jamais il n'était assez sûr de lui-même pour ne pas éprouver une véritable satisfaction en voyant ajourner l'affaire dans laquelle il devait plaider, « Nunquàm ità paratus sum, quin morà læter ». On raconte que Cicéron lui-même donna, un jour, la liberté à l'un de ses es-

(1)	Le nouveau Cicéron, tremblant, décoloré,
Cherche en vain son discours sur sa langue égaré ;
En vain, pour gagner temps, dans ses transes affreuses,
Traîne du dernier mot les syllabes honteuses ;
Il hésite, il bégaie ; et le triste orateur
Demeure enfin muet aux yeux du spectateur.
(*Le Lutrin.*)
Ceci me remet en mémoire un dicton latin, tiré du grec, portant que le chanteur se met à tousser, quand sa voix vient à faiblir dans une tirade : «Hæsitantia cantoris tussis ». On appliquait également ce dicton à l'orateur dont la langue ou la mémoire s'embarrassait dans un discours.

14.

claves qui venait lui annoncer la remise d'une cause,
dans laquelle il avait à parler : « Servo cuidam ex suis
nuntianti dilatum esse diem, libertatem donavit ». Il ne
cachait pas, d'ailleurs, qu'au début de ses discours, il
était toujours ému et tremblant. « Fatetur Cicero, initio
dicendi, trepidantiorem fuisse ». Aussi Juvénal mettait-
il au même degré d'intensité la frayeur de l'orateur qui
montait à la tribune aux harangues, et celle de
l'homme qui marche, le pied nu, sur une vipère :

> Palleat ut nudis pressit qui calcibus anguem,
> Aut Lugdunensem rhetor dicturus ad aram.

Ceci, du reste, n'arrivait guère, comme le fait remarquer Quintilien, qu'à ceux qui, n'étant pas doués
d'une imperturbable mémoire, voulaient se donner des
airs d'improvisateurs, en débitant, comme coulant de
source, ce qu'ils avaient appris par cœur après l'avoir
laborieusement composé à domicile ; ou bien encore à
ceux qui, n'ayant ni la faculté, ni l'habitude de la parole d'abondance, étaient assez téméraires pour se livrer, en véritables aventuriers, aux périlleux hasards
de l'improvisation. Que le ridicule les atteignît, quand
ils restaient court et tombaient à plat, ce n'était que
justice. C'était justice, surtout, à l'égard de ces novices,
qui ne craignaient pas de descendre dans la lice, à
peine sortis des bancs de l'école ;

> Ad pugnam qui rhetoricâ descendit ab umbrâ,
> (Juv.)

et qui ne prétendaient à rien moins, pour leur début, qu'à la gloire de Démosthènes ou de Cicéron,

> Eloquium ac famam Demosthenis aut Ciceronis
> Incipit optare...
> (Juv.)

Se disant à eux-mêmes :

> Jus anceps novi ; causas defendere possum.
> (Hor.)

Quoi de plus juste, pour ceux-là, que la peine du ridicule, quand ils l'encouraient par le complet avortement de leurs présomptueuses tentatives ?

XV. Avocats aboyeurs. — Éloquence canine.

Passons maintenant à une autre catégorie d'avocats *minores*, moins respectable et moins respectée encore par les poëtes que celle dont nous venons de nous occuper, à la catégorie des avocats aboyeurs, comme il s'en voyait beaucoup à Rome, à l'époque de la décadence de l'éloquence judiciaire.

Cette qualification d'avocats aboyeurs, je ne l'invente pas ; c'est à Cicéron que je l'emprunte. Déjà, en effet, de son temps, l'éloquence canine avait fait invasion dans le palais romain, et Quintilien nous apprend que ce grand orateur disait des avocats qui la pratiquaient : ils ne plaident pas ; ils aboient : « non agunt, sed latrant ». C'est apparemment, d'après lui, que quelques poëtes qualifièrent de même ce genre de plaidoirie, dans les vers suivants que je choisis, pour exemples, entre beaucoup d'autres :

Latrat et in toto verba canina foro.
(MART.)

...Canina foro latrat facundia toto.
(PRUDENT.)

Legicrepi strident, latrant fora ; clamor utrinque.

Si l'on en était venu à comparer, en prose comme en vers, à des aboiements, la manière de plaider de certains avocats, c'est que sans doute elle était singulièrement criarde et bruyante. Les passages suivants de Quintilien nous attestent qu'il en était effectivement ainsi, et que, sous ce rapport encore, la poésie n'exagérait rien : « Sunt quidam præduri ad hoc oris, ut obstrepant ingenti clamore, et medios sermones intercipiant, et omnia tumultu confundant. — Non sibi videntur diserti, nisi omnia tumultu ac vociferatione concusserint ».

Parlant d'un confrère, qui vociférait de la sorte, Cicéron dit : Je n'ai jamais fait grande attention à ce qu'il peut valoir comme orateur ; tout ce que j'en sais, c'est qu'il a des poumons solides et merveilleusement exercés à la criaillerie : « Quid in dicendo possit, nusquàm satis attendi : in clamando, scio esse benè robustum atque exercitatum ».

Après de pareils témoignages, qu'on ne soit pas surpris de voir les poëtes comparer le forum à une sorte de halle, comme dans les vers que voici :

Lis erat ; ingenti faciunt convicia voce.

(MART.)

...Et litigiosa fragosis
Argumenta modis concludunt...

(PRUDENT.)

Qu'on ne s'étonne pas de les voir appliquer aux plaidoiries des qualifications telles que celles-ci :

Aspera sive foro per litem jurgia tentent.

(MANIL.)

...Fori rabies, et strictæ jurgia linguæ.

(STAT.)

Qu'on ne s'étonne pas enfin que Martial ait dit de la bouche des avocats :

Os malè causidicis olet...

XVI. Cause de la dégénérescence de l'éloquence judiciaire à Rome.

Cette indécente et furibonde façon de plaider, « impudens, tumultuosa, iracunda actio, omnibus indecora », s'introduisit à Rome, dit Quintilien, dès que l'art de la parole dégénéra en marchandise, et devint ainsi la proie des petits esprits et des petits caractères : « ut primùm lingua cœpit esse in quæstu, institutumque eloquentiæ bonis malè uti, curam morum qui diserti habebantur reliquerunt. Ea vero destituta, infirmioribus ingeniis veluti præda fuit ». Alors, ajoute le même auteur, l'avocat abandonnant son indépendance et sa personnalité, s'identifiait avec le client qui le payait, et plaidait, tout comme l'aurait pu faire le plaideur lui-même, s'inquiétant beaucoup plus de le servir selon son goût, que de se bien faire venir du juge : « non semper, ut advocati, sed plerùmque, ut litigatores, dicimus... Compositi, non ad animum judicis, sed ad stomachum ligigatoris ».

Ces observations de Quintilien ne rappellent-elles pas ce tableau si pittoresque, dans lequel Juvénal représente des avocats criant à tue-tête, alors surtout que le client est là, qui les écoute et les serre de près?

> Ipsi magna sonant, sed tunc cùm creditor audit
> Præcipuè, vel si tetigit latus... (1)

Ceci, du reste, n'était pas chose nouvelle, au temps où vivait Juvénal ; car, nous voyons dans les *Menechmes* de Plaute que, déjà au sixième siècle de Rome, certains patrons épousaient, avec passion, de détestables causes. Voici ce que le poëte fait dire à l'un d'eux, qui confesse et témoigne son regret d'avoir, malgré lui, trop chaudement défendu, en justice, les intérêts d'un client riche, mais de mauvaise foi, et de les avoir défendus, à outrance, par de pitoyables raisons :

> ...Me hodiè nimis sollicitum cliens
> Quidam habuit ; neque quod volui agere quicquam
> Licitum est : ità me attinuit ; ità me detinuit.
> Apud ædiles, præliis factis plurimisque
> Pessimisque, dixi causam, conditiones
> Detuli tortas, confragosas ; aut plus,
> Aut minùs, quàm opus erat multò, dixeram
> Controversiam...

Cet avocat, comme on le voit, s'accusait d'avoir cédé à la pression du client :

> ...Neque quod volui agere quicquam,
> Licitum est : ità me attinuit! ità me detinuit!

Chez quelques autres, comme le fait remarquer le poëte Prudence, l'ardeur de la lutte et le désir immodéré de vaincre suffisaient à produire le même effet :

(1) Cette race de vociférateurs n'était point perdue à l'époque de nos anciens parlements ; car on lit ce qui suit dans un discours de rentrée du xviᵉ siècle : « Il y en a des aulcuns, qui pensent acquérir quelque grande réputation envers le vulgaire, perterricrepis vocibus, quand c'est qu'on dira d'eux qu'ils se savent bien opiniastrer au soutien d'une cause, et qu'ils l'espousent avec passion ».

> ...Exin jurgia turbidos
> Armarunt animos, et malè pertinax
> Vincendi studium...

Mais, chez la plupart, le principal stimulant était l'intérêt personnel qu'ils avaient, ou croyaient avoir à se passionner de la sorte (1). Le client était-il riche ou haut placé? sa cause leur paraissait excellente, si mauvaise, d'ailleurs, qu'elle pût être, et ils la soutenaient avec ardeur. Etait-il pauvre et sans crédit? ils n'avaient pour lui, si bonne que fût sa cause, que froideur et indifférence. C'est du moins ainsi qu'en jugeait Plaute. Voici comment il s'en expliquait dans l'une de ses pièces de théâtre, lesquelles datent du siècle où vivait Cicéron. Tous, disait-il, veulent avoir force clientèle. Que le client soit honnête ou ne le soit pas, peu leur importe. Ce qu'ils recherchent en lui, c'est la fortune, beaucoup plus que la moralité; s'il est pauvre, quelle que bonne que soit sa réputation, ils le tiennent pour fort peu estimable; s'il est riche, fût-il le plus malhonnête homme du monde, c'est, à leurs yeux, le client le plus homme de bien :

> ...(patroni) uti quique sunt
> Optumi, maxumi, morem habent hunc :
> Clientes sibi omnes volunt esse multos;
> Bonine, an mali sint, id haud quæritaut.
> Res magis quæritur, quàm clientium
> Fides cujusmodi clueat.
> Si est pauper, atque haud malus, nequam habetur :
> Sin dives malus est, is cliens frugi habetur.
> Qui neque leges, neque æquum bonum unquàm
> Colunt, sollicitos patronos habent.
>
> (PLAUT., *Menæchmi.*)

(1) C'était l'avis de Montaigne : « Vous récitez simplement, dit-il, vostre cause à un advocat; il vous y répond chancelant et doubteux. Vous sentez qu'il lui est indifférent de prendre à soubtenir l'un ou l'autre party. L'avez-vous bien payé pour y mordre et pour s'en formaliser? Commence-t-il d'en estre intéressé? Y a-t-il eschauffé sa volonté? Sa raison et sa science s'y eschauffent quand et quand. Voilà une apparente et indubitable vérité qui se présente à son entendement. Il y descouvre une toute aultre lumière, et le croit à bon escient, et se le persuade ainsi. »

C'est ce que dit également Pascal, dans le livre de ses *Pensées* :

« Combien un avocat, bien payé par avance, trouve-t-il plus juste la cause qu'il plaide! »

Cicéron tenait sur ce sujet un langage peu différent de celui de Plaute : « Quis est tandem, écrivait-il à son fils, qui inopis et optimi viri causæ non antéponat, in operâ dandâ, gratiam fortunati et potentis ? à quo enim expeditior et celerior remuneratio fore videtur, in eum ferè est voluntas nostra propensior. (*De offic.*)

Ces avocats, qui négligeaient le client pauvre pour ne cultiver que le riche, on les comparait aux bœufs qui refusent de labourer les champs stériles :

In steriles campos juga nolunt ferre juvenci. [1]

Par suite, il advint que cette éloquence, à laquelle on s'exerçait soi-disant en vue de défendre l'innocence, ne servit plus, en réalité, qu'à protéger les méchants aux dépens des bons :

Discitur innocuas ut agat facundia causas.
Protegit hæc sontes, immeritosque premit.
(Ov.)

Il fut un temps où les choses ne se passaient pas ainsi. C'était alors que la science du droit et le ministère de la parole ne se pratiquaient qu'en vue de l'honneur qu'on en retirait ; alors que les jurisconsultes et les avocats se contentaient pour toute récompense de l'espèce d'auréole de gloire dont ils étaient entourés ; alors, enfin, que le barreau consultait et plaidait gratuitement.

Qu'il en ait été longtemps ainsi, durant l'existence de la République romaine, c'est ce dont il n'est pas permis de douter. Cicéron, Tacite, Pline le Jeune, Quintilien, et beaucoup d'autres nous l'attestent [2]. Le Di-

---

[1] C'est d'eux aussi qu'on a dit, plus tard, qu'ils ressemblaient aux languettes des balances, lesquelles inclinent toujours avec le plus pesant, et laissent le plus léger. (LAROCHEFLAVIN, *Liv. des Parlem.*)
À Rome, les grands avocats refusaient, parfois, de se charger des petites causes, sous prétexte qu'elles étaient trop au-dessous de leur talent. Quintilien s'en plaignait, et leur adressait cette remontrance : « Nec illo fastidio laborabit orator, non agendi causas minores, tanquam infrà eum sint, aut detractura sit opinioni minùs liberalis materia.

[2] Diserti hominis et facilè laborantis, dit Cicéron, *quodque in patriis est moribus*, multorum causas et non gravatè et gratuitò defendentis, beneficia et patrocinia latè patent. (*De Officiis*, 2.)
Mais on prétend que Cicéron ne pratiquait pas, pour son compte personnel, cet antique et traditionnel désintéressement.

geste lui-même en fait foi. La science du droit, dit-il, est trop grande et trop sainte, pour s'abaisser jusqu'à se vendre : « Est quidem sanctissima civilis sapientia, et quæ pretio nummario non sit æstimanda, nec dehonestanda ». On sait, d'ailleurs, que la loi Cincia défendait aux avocats de convenir d'une somme d'argent, ou de recevoir des présents, pour plaider une cause.

XVII. Introduction de l'usage du *stipes advocationum*.

Mais les beaux siècles du barreau romain eurent leur terme, comme toutes choses humaines. Déjà même à l'époque où vivait Quintilien, ce puritanisme n'avait plus que de rares adeptes; et le *stipes advocationum* avait prévalu dans les usages du forum. Quintilien s'en affligeait, s'en indignait même, au point de vue surtout de la profession d'avocat plaidant. Hélas ! s'écriait-il, l'éloquence n'est plus cultivée pour elle-même ; on ne la pratique plus qu'en vue d'un vil émolument : « non quià sit honesta ac pulcherrima rerum eloquentia, petitur ipsa ; sed ad vilem usum et sordidum lucrum accingimur ». D'autres protestaient encore, avec lui, contre cet oubli des anciennes mœurs et des bonnes traditions; et, parmi eux, Pline le Jeune, qui se plaignait amèrement de voir se vendre et s'acheter le ministère de l'avocat, « veniri nunc advocationes et emi », et qui se flattait de n'avoir jamais, pour sa part, ni stipulé, ni accepté un salaire quelconque de ses plaidoiries, pas même à titre de simple hospitalité : « in causis agendis, non modò pactione, dono, munere, verùm etiam xeniis, semper abstinui ». La poésie elle-même s'unissait à ces protestations. C'est grande honte disait Ovide, de vendre sa langue pour la défense d'un accusé; c'est grande honte que les tribunaux soient devenus un moyen de faire fortune :

> Turpe reos emptà miseros defendere linguà ;
> Quod faciat magnas turpe Tribunal opes.

Vaines clameurs! l'usage du *stipes* n'en suivit pas moins son cours, en vertu de cette règle fort équitable, d'ailleurs, posée par le même poète, à savoir, que tout labeur est ingrat, quand il n'a pas sa rémunération :

Est labor ingratus, quem debita præmia fallunt.

Quintilien lui-même, après avoir posé en principe, comme une chose incontestable, que tout orateur, qui a de quoi vivre, ne saurait, sans encourir le reproche d'avarice sordide, « sine crimine sordium », faire argent de sa parole, arrive à examiner la question de savoir si l'avocat doit toujours plaider gratis, « gratisne oratori semper agendum sit » ; et il se prononce pour la négative, en ce sens, du moins, qu'il admet pour l'avocat, à qui son patrimoine ne fournit pas de suffisants moyens d'existence, non le droit d'exiger, mais la faculté de recevoir une rémunération de la part du client reconnaissant. Quant à la coutume, qui déjà commençait à s'établir de son temps, de pactiser avec le client, ou de se faire payer d'avance, il la proclame abominable : « pasciscendi ille piraticus mos, et imponentium periculis pretia, procul abominanda negotiatio, etiam à mediocriter improbis aberit ».

Il était donc admis alors, contrairement à la loi Cincia, laquelle était tombée en désuétude, que l'avocat pouvait être payé de ses soins. Et en effet, sous les empereurs Claude et Néron, des actes législatifs étaient intervenus, qui, tout en maintenant la prohibition des pactisations entre le client et l'avocat, autorisaient celui-ci à recevoir jusqu'à 10,000 sesterces (2,100 francs), pour une seule cause, après la conclusion du procès.

Seulement, on convint d'appeler cette rémunération du nom d'honoraire, attendu, dit la loi romaine, que ce n'est pas à titre de salaire qu'elle est donnée, mais bien pour faire honneur à celui qui la reçoit : « dicitur honorarium, quòd non mercedis, sed honoris causâ datur.—Non de operâ satisfit, sed honor recognoscitur ». La règle était, enfin, que, si l'avocat pouvait, sans déroger, accepter des honoraires, il ne devait pourtant pas en réclamer. « Quædam honestè accipiuntur, quæ inhonestè petuntur. » En effet, disait Quintilien, l'acquittement d'une dette de reconnaissance est l'affaire de celui qui doit ; « ut gratus sit, ad eum magis pertinet qui debet ».

15

Mais tous ces palliatifs ne purent faire que la prestation du ministère de l'avocat n'en vînt pas à se classer
dans la catégorie des contrats *do ut des*, et l'honoraire,
dans celle des rémunérations exigibles. On s'appuyait,
pour justifier le droit de réclamer le prix d'un plaidoyer, sur ce mot de Caius Gracchus, rapporté par
Aulu-Gelle : « Omnes, qui verba facimus, aliquid pe-
timus ».

C'est ainsi qu'il arriva, comme nous l'apprend Martial, que les avocats tendirent la main,

> ... Petit et patronus,

et se firent même payer de leurs consultations ; ce qui
ressort du passage suivant de Juvénal :

> ... Quid das, ut Cassum aliquandò salutes.

XVIII. Conséquences de l'usage des honoraires.

La porte ainsi ouverte, l'esprit de lucre ne tarda pas
à pénétrer dans le forum ; et bientôt, ne songeant plus
qu'à tirer tout le parti possible de l'exercice de leur
profession, les avocats négligèrent le côté artistique de
l'éloquence judiciaire, pour ne s'attacher qu'à son côté
utilitaire. Le premier, disait-on, ne donne guère que la
paille ; c'est l'autre qui donne le grain :

> Ex aliis paleas ; ex istis collige grana.
> (*Proverbe.*)

Aussi vit-on, par la suite, au barreau, plus de praticiens que de vrais jurisconsultes, plus de parleurs que
de véritables orateurs.

Il en était déjà ainsi, dans les dernières années de la
vie de Cicéron. C'est lui-même qui le constate, dans ce
passage de son traité *de Officiis*, où, après avoir loué
l'ancienne coutume de la gratuité des plaidoiries, il
ajoute : « admonebat me res, ut, hoc quoque loco, in-
termissionem eloquentiae, ne dicam interitum, deplo-
rarem ; ni vererer ne de me ipso aliquid viderer queri.
Sed tamen videmus, quibus extinctis oratoribus, quàm
in paucis spes, quantò in paucioribus facultas, quàm in
multis sit audacia ». Il écrivait ceci, après la défaite de
Pompée par César, lorsqu'il était lui-même retiré des

affaires, et que, selon sa remarque, l'éloquence se trouvait reléguée et circonscrite dans l'enceinte des tribunaux : « Compingitur orator in judicia. » Alors, les
études du barreau n'étaient plus encyclopédiques,
comme par le passé ; elles se bornaient au droit civil ;
et le plus grand éloge qu'on pût faire de la science d'un
avocat, c'était d'en dire ce que disait plus tard Martial
d'un jurisconsulte expérimenté de son temps :

Jure madens, longoque togæ limatus in usu.

XIX. Exiguité des profits de la profession d'avocat, pour la plupart de ceux qui l'exerçaient.

On pourrait supposer, d'après ce qui précède, qu'à
Rome, grâce à l'introduction de l'usage des honoraires,
la profession d'avocat était devenue lucrative. Mais Juvénal n'en jugeait pas ainsi. Il soutenait, au contraire,
que, pour le plus grand nombre, elle ne rapportait pas
de quoi vivre. On se rappelle le passage, cité plus haut,
dans lequel il demande quels profits les avocats retirent
des services par eux rendus et de leurs sacs de procès,
et pose en fait que les biens de cent d'entre eux sont à
peine l'équivalent de ceux d'un seul homme de guerre.

Le poëte poursuit cette thèse. Vous vous levez, dit-il
à un avocat, pour prendre la parole dans un procès,
où il s'agit d'un droit contesté de liberté. Rompez-vous
la poitrine, suez sang et eau ; que vous en reviendra-
t-il ? Quel sera le prix de vos efforts ? Oh ! sans doute,
on ne manquera pas de décorer de palmes vertes l'escalier qui conduit à votre logis. Mais quoi, après ?
Peut-être vous gratifiera-t-on, soit d'un maigre jambon,
soit d'un baril de mauvais poissons, soit de quelques
oignons venus d'Afrique, soit de cinq bouteilles de vin
frelaté :

...Surgis...
Dicturus dubiâ pro libertate...
...Rumpe, miser, tensum jecur, ut tibi lasso
Figantur virides, scalarum gloria, palmæ [1].

[1] Il était d'usage que le client plantât des branches de laurier aux
abords du logis de l'avocat qui avait plaidé pour lui. De là, sans doute,
le nom de *palmarium* qu'on donnait aussi aux honoraires de plaidoirie.

> Quod vocis pretium ? Siccus pelasunculus, et vas
> Pelamydum, aut veteres, Afrorum epimenia, bulbi,
> Aut vinum Tiberi devectum, quinque lagenæ.

Que si vous avez plaidé quatre fois le même procès, ajoute Juvénal, il se pourra que l'on vous donne une pièce d'or. Mais il vous faudra la partager avec le praticien qui vous aura procuré l'affaire :

> Si quater egisti, si contigit aureus unus,
> Indè cadunt partes ex fœdere pragmaticorum.

Ce témoignage de Juvénal, touchant le peu de profit de la profession d'avocat, pour la plupart de ceux qui la pratiquaient de son temps, est pleinement confirmé par celui de Martial, son contemporain.

A un avocat de province, qui était venu s'établir à Rome, pour y exercer sa profession, Martial adresse le langage que voici : Quel motif, Sextus, ou quel espoir vous attire à Rome? Qu'y comptez-vous faire? A quoi prétendez-vous? Répondez.—J'y plaiderai, dites-vous, avec plus d'éloquence que Cicéron lui-même, et nul, dans le triple forum, ne pourra m'égaler.—Hélas ! Atestimus et Caius y ont aussi plaidé. Vous les connaissez l'un et l'autre; et vous savez que ni l'un ni l'autre n'a pu payer son loyer. A peine en est-il, au barreau, trois ou quatre que le métier nourrisse ; tous les autres meurent de faim :

> Quæ te causa trahit, vel quæ fidicia Romam,
> Sexte? Quid aut speras, aut petis indè? Refer.
> Causas, inquis, agam, Cicerone disertior ipso,
> Atque erit in triplici par mihi nemo foro.
> Egit Atestimus causas, et Caius : utrumque
> Nôras; sed neutri pensio tota fuit.
> . . . .
> ...Vix tres aut quattuor ista
> Res aluit : pallet cætera turba fame.

Ailleurs, Martial parle d'un autre avocat, qui se montrait tout heureux et tout fier d'avoir reçu, pour cadeau, de l'un de ses clients : un demi-boisseau de blé et de légumes secs, et quelque peu d'encens et de poivre :

> Hos fastus animosque dat Sabello
> Farris semodium, fabæque fressæ,
> Et thuris piperisque tres selibræ.

On conçoit que les avocats, qui se payaient de cette monnaie-là, ne devaient pas faire fortune. Aussi Juvénal leur conseillait-il de quitter Rome, et d'aller exercer leur profession dans les Gaules ou, mieux encore, en Afrique, la terre nourricière des avocats :

> ...Accipiat te
> Gallia, vel potius nutricula causidicorum
> Africa, si placuit mercedem ponere linguæ.

On les considérait tellement comme des meurt-de-faim, qu'un *præco*, un crieur public avait plus de chance qu'eux de faire un mariage sortable : car, au dire de Martial, un industriel de cette condition avait obtenu la main d'une jeune fille que sept avocats avaient vainement recherchée :

> ... Septem causidici
> Cujusdam modò nuptias petebant
> A quodam sene; non moratur ille ;
> Præconi dedit Eulogo puellam.

XX. Pour quelques-uns la profession était fructueuse.

Mais tout ceci ne s'appliquait, bien entendu, qu'au vulgaire du forum, aux *minores advocati*, dont le type a été ainsi frappé par un vers de l'anthologie,

> Causidicus pauper, mediâ sub nocte lucubrans,

et à l'un desquels Plaute faisait dire, dans le *Stycus* :

> Equidem herclè orator sum; sed procedit parùm.

Martial convient, lui-même, que, pour un certain nombre d'avocats, la profession était fructueuse ; car, c'est en parlant du forum, qu'il fait cette méchante observation :

> Illic æra sonant...

Et par cet autre vers, qu'il adresse à un nouveau venu, cherchant fortune au barreau,

> Nunc causas agis et *ducena* quæris...

on voit que, dans son opinion, la profession pouvait rapporter 200,000 sesterces, par an, à l'avocat ayant du savoir-faire.

Nous apprenons, d'ailleurs, par Pline le Jeune, que quelques membres de ce barreau avaient su trouver de gros revenus dans l'exploitation de la clientèle « ex spoliis civium magnos'reditus ».

XXI. Moyens de se faire valoir et de gagner gros.

Comment y parvenaient-ils? Sur ce point encore, de curieuses indications nous sont fournies par Juvénal.

Pour ces habiles, la règle était que l'enseigne fait la chalandise (1). Cette enseigne, en effet, dit Juvénal, est ce que considère, avant tout, le plaideur. Il ne reconnaît, pour bon avocat, que celui qui a huit esclaves à ses ordres, une litière à sa suite, dix clients à ses côtés, et d'autres marchant en avant de lui, pour lui faire honneur:

> Respicit hoc primùm qui litigat, an tibi servi
> Octo, decem comites, an post te sella, togati
> Antepedes...

Plus cette enseigne est riche, plus elle attire de clientèle. La pourpre et les pierreries font valoir un avocat, et le font acheter plus cher :

> ...Purpura vendit
> Causidicum, vendunt amathistina...

Il a tout à gagner à mener grand train, et à se donner l'apparence d'une fortune qu'il n'a pas :

> ...Convenit illi
> Et strepitu, et facie majoris vivere censûs.

Le public ne comprend pas que l'éloquence puisse aller de pair avec la pauvreté. Un orateur mal vêtu n'est point, à ses yeux, un orateur :

> ...Rara in tenui facundia panno.

Fussiez-vous un Cicéron, nul ne vous donnera deux cents sesterces, pour honoraires de votre plaidoyer, s'il ne voit briller un gros anneau d'or à votre doigt :

> ...Ciceroni nemo ducenti
> Nunc dederit nummos, nisi fulserit annulus ingens.

(1)   L'enseigne fait la chalandise.
J'ai vu, dans le Palais, une robe mal mise
     Gagner gros : les gens l'avaient prise
     Pour maître tel, qui traînait après soi
     Force chalands. Demandez-moi pourquoi. (LA FONTAINE.)

Voilà pourquoi l'avocat Paulus avait grand soin de ne
jamais plaider sans être pourvu d'une bague précieuse,
dont il payait le loyer. Aussi était-il plus largement
rétribué que ses confrères Cossus et Basilus :

> ... Ideò conductâ Paulus agebat
> Sardoniche; atque ideò pluris quàm Cossus agebat,
> Quàm Basilus...

A Œmilius, on donnera le maximum d'honoraires
autorisé par la loi. Pourquoi? Est-ce parce qu'il plaide
plus éloquemment que d'autres? Non; ce n'est pas la
supériorité du talent qui le recommande. Mais le public
admire, sous le portique d'entrée de sa maison, un char
d'airain, attelé de quatre coursiers du même métal, sur
lequel il est représenté lui-même, dans l'attitude d'un
fier guerrier, prêt à lancer un javelot :

> Æmilio dabitur quantùm licet (1); et melius nos
> Egimus; hujus enim stat currus aheneus, alti
> Quadrijuges in vestibulis, atque ipse, feroci
> Bellatore sedens, curvatum hostile minatur
> Eminùs, et statuâ meditatur prælia luscâ.

Il paraît que quelques-uns des avocats en renom de
l'époque étaient dans l'usage de se décerner ainsi, de
leur vivant, les honneurs d'une statue, afin de mieux se
mettre en vogue; car Martial parle d'un autre, pour qui
se modelait, dans les ateliers d'un sculpteur, une statue
d'airain, figurant sa personne à cheval :

> Tùm grave percussis incudibus æra resultant,
> Causidicum medio quùm faber aptat equo.

Tout ceci n'est-il que pure invention de la poésie? On
voudrait le croire. Mais ces traits de mœurs sont dépeints
avec des caractères trop marqués de vérité, pour qu'on
les puisse réputer de tous points imaginaires. Et quand
Juvénal, décrivant, dans une autre partie de ses satires,
les nombreux scandales dont la ville de Rome offrait
l'affligeant spectacle, signale, entre autres, celui que
causait certain avocat, du nom de Mathon, lequel, pour

---

(1) Juvénal entend parler ici du maximum de 10,000 sesterces,
qu'un sénatus-consulte, décrété sous Claude, autorisait l'avocat à recevoir, pour honoraires de ses soins, après le jugement du procès.

se donner des airs d'un gros personnage, se faisait porter
dans une litière neuve, toute remplie de son am-
pleur,

> Causidici nova cùm veniat lectica Mathoni,
> Plena ipso...;

quand il se récrie contre cet étalage d'un luxe d'emprunt, dont l'unique but était de se faire acheter plus
chèrement, on sent qu'il n'inventait pas, et qu'il avait
dû être témoin de ce qu'il flagellait ainsi de son fouet
satirique.

D'ailleurs, d'autres écrivains du même temps, moins
suspects d'exagération que les poètes, disaient de pareilles choses du barreau romain. Nous lisons, en effet,
dans Quintilien, qu'il y avait, à Rome, des avocats, dont
le principal mérite consistait à se vêtir élégamment, et
que le jurisconsulte Afer qualifiait l'un d'eux en ces termes : « homo in agendis causis optimè vestitus ». Bien
plus, Pline le Jeune atteste, dans ses épîtres, que quelques autres se composaient un auditoire d'applaudis-
seurs gagés, véritables entrepreneurs de succès oratoires. On ne pouvait pousser plus loin le charlatanisme.

C'est par de tels moyens qu'on se créait une célébrité,
qu'on attirait à soi la clientèle et qu'on obtenait ces
gros honoraires, appelés par un poète,

> ...Jurisonæ famosa stipendia linguæ.

Il y avait loin de ces honoraires-là, au modeste *stipes
advocationum*, lequel n'avait plus cours que pour les
avocats obscurs et sans savoir-faire. Il paraît même qu'ils
dépassaient souvent de beaucoup le taux de 10,000 sesterces, réglé par les lois comme le *nec plus ultrà*; car
l'histoire cite un avocat qui, dans le temps dont je parle,
avait reçu d'un seul client jusqu'à 40,000 sesterces, et
qui n'en avait pas moins trahi les intérêts de ce malheureux plaideur; ce qui autorisait Tacite à dire, « nec quicquam publicæ mercis tàm venale fuit, quàm advocatorum
perfidia. »

XXII. Pactisations.

On comprend que, dans un pareil état de choses, le conseil, donné par Quintilien, de s'en rapporter, sur la question des honoraires, au bon vouloir et à la générosité du client, ne devait être que très-exceptionnellement observé ; d'autant que les plaideurs, leur affaire une fois terminée, ne se montraient pas toujours reconnaissants envers leur avocat. Il en était qui payaient mal, et même, qui ne payaient pas du tout. De ceux-ci, Martial, dans une épigramme, plus méchante encore pour les patrons désappointés que pour leurs ingrats clients, disait qu'ils avaient la goutte aux mains. Ce Diodore qui plaide, écrivait-il, est affligé de la goutte aux pieds. Mais il n'offre rien à son avocat ; pour le coup, c'est aux mains qu'il a la goutte :

> Litigat et podagrâ Diodorus, Flacce, laborat.
> Sed nil patrono porrigit : hæc chiragra est.

Déjà, du temps de Plaute, certains avocats, dont le ministère était requis pour assister un client dans quelque circonstance embarrassante, soit comme défenseurs, soit même comme témoins ou répondants, avaient à se plaindre de donner leurs soins, en pure perte, aux affaires dans lesquelles ils étaient intervenus Dans le *Pœnulus*, Plaute fait dire à l'un d'eux, qui s'était employé pour un client riche, et qui n'en recevait, pour tout remerciement, qu'un simple bonjour :

> Nostro sibi servire nos censet cibo.
> Verùm ità sunt isti nostri divites :
> Si quid benè facias, levior plumâ est gratia.
> Si quid peccatum est, plumbeas iras gerunt.

Ce fut, sans doute, par suite de cette ingratitude de bon nombre de plaideurs, que s'introduisit clandestinement, en contravention formelle aux prohibitions législatives, l'usage, ou plutôt l'abus des pactisations d'honoraires, « piraticus mos », comme dit Quintilien. La pratique en était fort usitée du temps de Martial, qui en rapporte une espèce assez curieuse. « D'où vient, Sextus, fait-il dire à un avocat, que tu ne m'envoies que mille sesterces, alors que nous étions convenus de deux mille ? je

n'ai rien dit, prétends-tu, et j'ai laissé ta cause sans
défense, — raison de plus de me bien payer, Sextus ;
car ne me dois-tu pas un dédommagement pour la honte
de mon insuccès ? »

> Egi, Sexte, tuam, pactus duo millia, causam.
> Misisti nummos quòd mihi mille, quid est?
> « Narrasti nibil, inquis, et à te prodita causa. »
> Tantò plus debes, Sexte, quòd erubui.

XXIII. Plaintes contre la rapacité du barreau.

Tout ceci nous explique les violentes diatribes que
l'on rencontre assez fréquemment, dans les poésies latines, à l'adresse des avocats rapaces. Sous la république,
Plaute attaquait, en ces termes peu ménagés, ceux qu'il
voyait courir après les procès dans le forum, et chercher
l'occasion de les faire naître, afin de les exploiter à leur
profit :

> Datum denegant quod datum est, litium
> Pleni, rapaces, viri fraudulenti :
> Qui, aut fœnore, aut perjuriis, habent rem
> Partam. Mens est in querelis.
> Juris ubi dicitur dies, simul
> Patronis dicitur : quippè qui pro illis
> Loquantur malè quæ fecerint...
>
> Hodiè juris coctiores non sunt, qui lites creant,
> Quàm sunt hi : qui, si nibil est litium, lites emunt.

Depuis, et sous l'empire, d'autres poëtes s'exprimaient,
sur le compte de ces mêmes hommes, en langage non
moins méprisant :

> ...Turpes
> Litibus exercent linguas...
>   (Ov.)
>
>   ... Hic clamosi rabiosa fori
> Jurgia vendens, improbus iras et verba locat.
>   (Sen., *Trag.*)

La prose, au surplus, en disait bien pis encore que la
poésie. Elle leur avait donné le nom de vautours en
robe, *vultures togati*. Leur métier, elle le traitait de
*piratica forensis, publicum in foro latrocinium, conces-
sum latrocinium*.

XXIV. Autres causes des désordres qui s'introduisirent au forum. — Vains efforts pour le moraliser.

Rien de surprenant à cela. Longtemps, en effet, le barreau romain fut ouvert à tout venant. Était avocat qui voulait, nulle condition d'aptitude ou de moralité n'étant requise pour en exercer la profession. C'est ce dont se plaignait Pline le Jeune : « nunc refractis pudoris et reverentiæ claustris, omnia patent omnibus; nec inducuntur, sed irrumpunt ». On y voyait entrer jusqu'à des hommes que leur ancien métier semblait devoir en exclure à tout jamais. Si nous devons en croire Martial, au nombre des avocats de son époque se trouvait un ex-boulanger :

> Pistor qui fueras diù, Cipere,
> Nunc causas agis...

A propos d'un autre avocat, qui cumulait la profession de muletier avec celle de causidicus, le même poëte écrivait l'épigramme dont voici le sens : Toujours, Attalus, on te voit conduire des procès et autres affaires du même genre. Que tu en aies, ou que tu n'en aies pas, tu ne laisses pas de conduire; car, si les causes et les affaires te manquent, tu conduis les mules :

> Semper agis causas, et res agis, Attale, semper.
> Est non est quod agas, Attale, semper agis.
> Si res et causæ desunt, agis, Attale, mulas.

Avec de telles conditions de recrutement, il était difficile que, la corruption progressive des mœurs publiques aidant, le personnel du barreau romain ne tombât pas, à bien peu d'exceptions près, dans cet état d'abjection que signalent les écrivains du temps. Les législateurs et les tribunaux durent fréquemment recourir, pour l'épurer, à des mesures préventives et répressives. On trouve, au Code de Justinien, plusieurs textes, desquels il résulte que les aspirants à la profession d'avocat étaient tenus de subir l'épreuve d'un examen : « non aliter consortio advocatorum aliquis societur », dit l'un de ces textes, « nisi priùs in examine clarissimi rectoris provinciæ ex quâ oriundus est, præsentibus cohortalibus,

gesta conficiat, quibus apertè pateat cohortali vitæ ac
fortunæ eumdem minimè subjacere. »

Le Digeste nous apprend aussi que les juges avaient
le droit de prononcer contre les avocats la peine de
l'interdiction perpétuelle ou temporaire : « moris est ad-
vocationibus præsides interdicere ; et nonnunquàm in
perpetuum interdicunt, nonnunquàm ad tempus, vel
annis metiuntur ». Ils étaient de plus autorisés à taxer
les honoraires, en cas de contestation ; car on avait fini
par accorder aux avocats le droit de les réclamer en
justice : « divus Antoninus rescripsit juris studiosos, qui
salaria petebant, hæc exigere posse. — In honorariis
advocatorum ità versari judex debet, ut pro modo litis,
proque advocati facundiâ, et fori consuetudine, et judicii
in quo erat acturus, æstimationem adhibeat, dummodò
licitum honorarium quantitas non egrediatur. — Licita
quantitas intelligitur, pro singulis causis, ad centum
aureos » (1). Mais toutes ces mesures et ces précautions,
soit qu'elles fussent insuffisantes par elles-mêmes, soit
qu'on les appliquât mal, soit qu'elles demeurassent le
plus souvent inexécutées, n'apportèrent que de faibles
freins à la rapacité du barreau ou, du moins, des praticiens qui l'avaient envahi. Si d'honnêtes avocats se
firent remarquer encore au forum, si de grands jurisconsultes y apparurent, et y laissèrent des traces brillantes,
ce ne fut guère que par exception. Les *vultures togati*
continuèrent d'y faire nombre ; et il en fut ainsi, sans
doute, jusqu'aux derniers temps de son existence.

Il semble même que cette plaie du barreau romain se
soit communiquée traditionnellement, et l'on pourrait
dire, héréditairement, à celui de l'Italie moderne ; car des
poëtes italiens du xve siècle écrivaient, en vers latins, à
l'encontre des hommes de loi de leur pays, des censures
bien plus amères encore que celles de leurs devanciers
de l'ancienne Rome.

En voici deux, dont l'une a pour auteur Saxi, et l'autre, Baptista Mantuanus :

> Non sunt causidicis voraciores
> Qui sylvas habitant lupi rapaces.

(1) On calcule que l'aureus représentait 17 francs de notre monnaie.

... Genus immedicabile quoddam
Latrones et causidici, rabulæque forenses...
Acre patrocinium vendunt : producere causas,
Et lites proferre diù vindemia quædam est.

C'est à peu près dans le même temps, que l'on composait chez nous, en l'honneur d'un avocat, que je crois
être le bienheureux saint Yves, patron de la basoche,
cet éloge si peu flatteur pour ses confrères :

Advocatus et non latro,
Res admiranda populo;

éloge que s'appliquait Estienne Pasquier, en se faisant
peindre sans mains, avec cette inscription mise au bas
de son portrait :

Paschasio nulla hìc manus est; lex Cincia quippè
Causidicos nullas jussit habere manus.

XXV. Avocats plaidant le faux.

Je n'en ai pas fini encore sur les reproches que la
poésie latine adressait au barreau romain. Il en est quelques autres qui me paraissent mériter une mention
particulière.

On a souvent reproché aux avocats de plaider le faux,
aussi bien que le vrai (1). Cette incrimination n'a point
été épargnée à ceux de l'ancienne Rome.

Selon le poëte Prudence, la coutume de plaider le
faux date de loin; il la fait remonter jusqu'à l'origine
de l'institution des plaidoiries :

...Mox docuit toga
Infectum vitiis falsa loqui, non sine crimine.

En effet, il n'a jamais manqué, dans le barreau de
Rome, de ces avocats, « non oratores, sed cujuslibet rei
simulatores ac dissimulatores », comme dit Salluste, qui
faisaient du noir le blanc, et du blanc le noir :

... Qui nigra in candida vertunt. (Juv.)

(1)   .....A des raisons frivoles
L'éloquence prêtant l'ornement des paroles,
Tous les jours accablé sous leurs communs efforts,
Le vrai passa pour faux, et le bon droit eut tort.
(BOILEAU, Sat. 12.)

Qui facere assuerunt...
Candida de nigris, et de candentibus atra.

(Ov.)

Et qui se flattaient de tout pouvoir blanchir à leur gré :

...Per me equidem sunt omnia protinus alba.

(Pers.)

C'est à l'un d'eux, sans doute, que s'appliquait ce vers du *Carmen ad Pisonem*, par lequel on le félicitait ironiquement de ce qu'il s'entendait à merveille à effacer un crime capital, à l'aide de laborieux artifices de parole :

Et capitale nefas operosâ diluis arte.

C'est l'un d'eux aussi que Juvénal montrait s'époumonant, en présence de son client, à débiter force mensonges, au point de répandre sur sa robe l'écume qui s'échappait de ses lèvres.

Tunc immensa cavi spirant mendacia folles,
Conspuiturque sinus...

Væ vobis ! disait à ceux-là le prophète Isaïe, væ vobis qui dicitis malum bonum et bonum malum, dulce amarum et amarum dulce, qui ponitis lucem tenebras et tenebras lucem » (1)!

Mais on se demande comment ils eussent pu faire pour se soustraire à la nécessité de tourner le blanc en noir, et le noir en blanc, et pour éviter ainsi de tomber sous le coup de l'imprécation du prophète. Ce n'était pas chose facile, il faut en convenir. Et voilà sans doute pourquoi Ovide, qui, en dépit des vœux de son père, ne voulut point se faire avocat, disait de ceux qui s'adonnaient à cette profession :

Ingrato voces prostituère foro (2).

---

(1) Rabelais plaçait au nombre des suppôts du démon les gens de loi qui s'appliquaient ainsi à prouver qu'il fait jour quand il fait nuit, et réciproquement : « Le calomniateur infernal, dit-il, souvent s'est transformé en messager de lumière, par le ministère des pervers avocats, conseillers, procureurs et aultres. Tel suppôt tourne le blanc en noir, et faict fantastiquement sembler à l'une et l'aultre partie qu'elle ha le bon droict ».

(2) Notre poëte Boileau en jugeait de même, ainsi que le témoi-

XXVI. Avocats trahissant les intérêts de leurs clients.

On n'a pas oublié ce mot de Tacite que je rappelais
tout à l'heure, « nec quidquam publicæ mercis tàm
venale fuit quàm advocatorum perfidia ». C'était dire
qu'il se rencontrait souvent, à Rome, des avocats qui trahissaient les intérêts de leurs clients. Aux yeux des
premiers législateurs, cette perfidie du patron était un
crime, digne pour le moins d'excommunication. La loi
des Douze Tables le déclarait en termes formels : « Patronus, si clienti fraudem fecerit, sacer esto ». — Rien,
en effet, n'est pire que de tromper le client qui vous a
choisi pour patron,

> Qui te suam rogavit ut ageres causam,
>
> (TER.)

et de plaider contre celui-là même, dont on a accepté de
défendre la cause ,

> Adversùm illum causam dicerem,
> Cui veneram advocatus?...
>
> (TER.)

Aussi Virgile plaçait-il dans son Enfer, à côté des
violateurs de lois, les avocats qui s'étaient rendus coupables de pareilles fraudes,

> ...Quibus fraus innexa clienti ;

et c'est contre ceux-là surtout que se récriait Martial,
par cette imprécation pareille à celle du prophète :

> Væ tibi, causidice...!

Il est plusieurs manières de trahir et de perdre la cause
du client. Quintilien signale, entre autres, celle qui
consiste à plaider dans l'intérêt de son amour-propre,
beaucoup plus que dans celui de la partie que l'on a

gnent les vers suivants, par lesquels il rejette bien loin de lui l'idée de
se vouer à la carrière du barreau :

> Moi, que j'aille crier dans ce pays barbare,
> Où l'on voit, tous les jours, l'innocence aux abois
> Errer dans les détours d'un dédale de lois;
> Et, dans l'amas confus de chicanes énormes,
> Ce qui fut blanc au fond, rendu noir par les formes !
>
> (Sat. I)

mission de défendre : « agere causas, non ad utilitatem
litigatorum, sed ad patronorum jactationem repertum
est ». Ainsi, on en voit qui « aiment mieux, dit un vieil
« auteur, que le monde estime qu'ils ayent bon esprit
« que bonne cause », qui ne recherchent que pour eux-
mêmes les applaudissements de l'auditoire, et perdraient
plus volontiers leur procès, que la satisfaction de faire
entendre un bon mot : « Malunt, disait Quintilien,
causam perdere quàm dicterium ». A de pareils avocats
peuvent s'appliquer ces vers de Perse :

> ... Crimina rasis
> Librat in antithetis, doctus posuisse figuras,
> Laudatur...
>   (PERS.)

> Atque exporrecto trutinantur verba labello.
>   (Id.)

Il y a tout lieu de croire que les avocats du barreau
romain donnaient assez généralement dans ce travers :
car Quintilien leur reprochait amèrement de ne point
suffisamment apprendre leurs causes, et souvent même
de ne les point apprendre du tout ; de parler beaucoup,
de crier très-fort, en dehors de la question, de déclamer
plus ou moins éloquemment, sans le moindre profit pour
l'affaire. Presque tous, disait-il, soit par paresse, soit
sous le prétexte de leurs grandes occupations, soit par
vanité et pour se donner l'air de comprendre au premier mot l'affaire la plus compliquée, se contentent de
donner audience au plaideur la veille du jugement, parfois même à la barre, « inter subsellia » ; d'autres ne
veulent pas même voir le client, et se font instruire
superficiellement de sa cause par des intermédiaires ;
d'autres enfin, et c'est la pire de toutes les méthodes,
se contentent de s'instruire de l'affaire sur simples notes,
fournies soit par le plaideur lui-même, qui le plus souvent manque de lumières, soit par quelqu'un de ces
avocats novices qui, bien qu'incapables de plaider eux-
mêmes, remplissent en ceci la fonction la plus délicate
et la plus difficile peut-être du métier. Après quoi,
ajoute Quintilien, ces habiles maîtres s'en viennent
plaider sur ce qu'ils ne savent pas, ou ne savent que

fort imparfaitement : « et cùm multa, et disertè summisque clamoribus, quæ neque ad judicem, neque ad litigatorem pertineant, decantaverunt, benè sudantes, benèque comitati, per forum reducuntur ».

Et tunc mirificè sperabant se esse locutos[1].

(CATULL.)

Tout cela, c'est, suivant Quintilien (2), de la félonie
au premier chef. C'est véritablement faire fraude au
client : car l'avocat ne lui doit pas seulement sa parole
et ses clameurs ; il lui doit tout ce qui peut aider au

---

(1) Voici le passage de Quintilien que je viens d'analyser :

Discendæ causæ ratio paucissimis cura est. Nàm, ut taceam de ne-
gligentibus, quorum nihil refert ubi litium cardo versatur, dùm sint
quæ, vel extrà causam, ex personis ac communi tractatu locorum,
occasionem clamandi largiantur ; aliquos et ambitio pervertit, qui,
partim tanquàm occupati, semperque aliud habentes quod antè agendum sit, pridiè ad se venire litigatorem, aut eodem matutino jubent ;
nonnunquàm etiam inter ipsa subsellia didicisse se gloriantur ; partim,
jactantiâ ingenii, ut res citò accepisse videantur, tenere se et intelligere
penè priusquàm audiant mentiti ; et cùm multa et disertè summisque
clamoribus, quæ neque ad judicem, neque ad litigatorem pertineant
decantaverunt, benè sudantes benèque comitati, per forum reducuntur.
Ne illas quidem tulerim delicias eorum, qui doceri amicos suos
jubent : quanquàm minus mali est, si illi saltem rectè discant, rectèque
doceant. Sed quis discet tàm benè quàm patronus ?
Pessimæ verò consuetudinis, libellis esse contentum, quos compo-
suerit aut litigator qui confugit ad patronum, quia liti ipse non sufficit, aut aliquis ex eo genere advocatorum, qui se non posse agere
confitentur, deindè faciunt id quod est in agendo difficillimum...
deindè deprehenditur patronus, et causam quam discere ex suis liti-
gatoribus noluit, ab adversariis discit.

Institutiones oratoriæ, L. 12, ch. 8.

(2) Beaumarchais, qui connaissait son palais, et qui vraisemblablement avait eu affaire, lors de ses démêlés avec la justice, à des avocats
de ce genre-là, plus soucieux de se faire valoir personnellement que
de se rendre utiles au client, leur décoche le trait que voici dans le
Mariage de Figaro :
« Le client un peu instruit sait toujours mieux sa cause que certains
avocats, qui suent à froid, crient à tue-tête, et, connaissant tout hors
le fait, s'embarrassent aussi peu de ruiner le plaideur, que d'ennuyer
l'auditoire et d'endormir messieurs, plus boursouflés que s'ils eussent
composé l'*Oratio pro Murenâ* ».
On cherche les apparences vaines au lieu des effects, dit Larocheflavin, les paroles au lieu du sens, l'applaudissement au lieu de la
victoire.

soutien de la cause, « orator non clamorem modò suum causis, sed etiam quæ profutura sunt debet ».

Je n'ajoute plus qu'un mot sur ce sujet, c'est celui-ci :
On lit dans Quintilien que le patronage d'un mauvais avocat suffit souvent pour faire décider, à première vue, que la cause dont il est chargé ne vaut rien ; « frequenter accidit ut videatur talis advocatus malæ causæ argumentum ». Ovide va plus loin : En de telles mains, dit-il, une mauvaise cause ne peut que devenir pire encore :

Causa patrocinio non bona, pejor erit [1].

Section II.—CONSIDÉRATIONS ET PRÉCEPTES SUR L'EXERCICE DE LA PROFESSION D'AVOCAT.

Les muses latines ne se bornaient point à censurer, avec plus ou moins de rudesse, les mauvaises mœurs et les désordres du barreau. Parfois, aussi, elles lui donnaient des conseils pleins de raison. On me saura gré, je l'espère, d'en rappeler quelques-uns des plus remarquables.

Parlons, d'abord, de ceux qu'elles adressaient aux jeunes avocats.

I. Conseils aux jeunes avocats.

On a vu, plus haut, que les poëtes se raillaient de ces novices qui, sans être doués de facultés oratoires, innées ou précoces, s'empressaient, avec autant de suffisance que d'insuffisance, de se produire dans la lice

---

(1) Je ne crois pas avoir besoin de protester contre toute pensée, qui pourrait m'être prêtée, d'une application quelconque au barreau de nos jours des censures que les anciens adressaient aux praticiens de leur forum. Il est, d'ailleurs, hors de doute que nulle comparaison n'est à faire, au point de vue des garanties d'aptitude et de moralité, entre les avocats du temps présent, et ceux dont se moquaient ou que reprouvaient les poëtes latins, et que, si un parallèle pouvait être établi, il serait incontestablement tout à l'avantage des premiers.

judiciaire, se flattant que leur coup d'essai serait un
coup de maître, et rêvant, pour leur début, les lauriers
de Démosthènes ou de Cicéron :

> Causas, inquis, agam Cicerone disertior ipso;
> Atque erit in triplici par mihi nemo foro.
>   (Mart.)

Ce n'était pourtant pas qu'ils ne reconnussent que
certains d'entre eux pouvaient légitimement aspirer au
succès, dès leur entrée dans la carrière. Car il en était,
chez qui le talent de la parole n'attendait pas le nombre
des années :

> ... Juvenes facundia præterit annos.
>   (Stat.)

Il s'en voyait même, au dire d'Ovide, en qui ce talent
paraissait être héréditaire :

> Vivit et in vobis facundi lingua parentis.

> Cujus in ingenio patriæ facundia linguæ.

Mais c'étaient-là de très-rares exceptions. Pour l'im-
mense majorité, la règle était qu'on ne naît pas orateur,
qu'on le devient : *fiunt oratores ;* et qu'on ne le peut
devenir qu'en s'initiant à l'art, par doctrine et par expérience : « non orator esse, qui non didicit, potest ».
(Quintil.)

On sait qu'à l'époque où l'éloquence florissait à Rome,
les jeunes gens, qui se destinaient au ministère de la
parole, avaient à faire un assez long stage au forum,
après avoir quitté les bancs de l'école : « Concilii publici diù spectatores, priusquàm consortes, erant ».
Avant de se poser comme avocats plaidants, il devaient
subir, durant un certain laps de temps, le rôle silen-
cieux d'avocat écoutant : « Audiendi magis, quàm lo-
quendi, studiosos eos esse oportet ». On leur recommandait la règle de Pythagore, par laquelle il était prescrit
aux novices de garder le silence pendant deux années :
« Fovenda est consuetudo Pythagorica in tacendo per
biennium». Mais, comme c'est en parlant qu'on apprend
à parler,

> ... Dicendo dicere discunt,
>   (*Prov.*)

on les préparait aux luttes de la tribune et du barreau, par des exercices oratoires, pareils à ceux qui se pratiquent aujourd'hui, sous le nom de conférences. « An ignoramus, dit Quintilien, antiquis hoc fuisse ad augendam eloquentiam genus exercitationis, ut theses dicerent, et communes locos, et cætera, citrà complexum rerum personarumque, quibus veræ fictæque controversiæ continentur ? » (1) Mais on exigeait des apprentis orateurs un autre exercice préparatoire non moins utile. S'il est vrai qu'en parlant on apprend à parler, il ne l'est pas moins qu'on apprend aussi à parler, en écrivant :

> ... Scribendo dicere discunt.

En effet, la facilité du style aide puissamment à la facilité d'élocution : « Stylus optimus et præstantissimus dicendi effector ac magister » (Cic.); et, pour être bon orateur, il est nécessaire d'être bon écrivain : « primùm hoc constituendum est, ut quàm optimè scribat orator ». (Quintil.) Mieux on sait écrire, mieux on sait parler : « Cùm multa scripserimus, etiam multa dicemus » (id.) De plus, l'exercice simultané de la plume et de la langue fait qu'en écrivant, nous apprenons à parler plus correctement, et qu'en parlant, nous apprenons à écrire plus facilement : « Scribendo dicimus diligentius ; dicendo, scribimus facilius » (id.).

> ...Alterius sic
> Altera poscit opem res, et conjurat amicè.
> (Hor.)

Tel était aussi l'avis de Juvénal. A ceux qui se desti-

---

(1) Les conférences, comme on le voit, ne sont pas de création moderne ; elles remontent à l'origine de l'institution du barreau. Quintilien s'explique, dans divers passages de ses *Institutiones oratoriæ*, sur la manière dont elles se pratiquaient de son temps. C'était exactement ce qui se pratique de nos jours. Il en fait ressortir l'utilité pour les apprentis orateurs, mais il n'admet pas que cet exercice suffise, pour les former et les dresser. Aussi leur recommande-t-il de ne point s'y arrêter trop longtemps, et d'essayer de se produire au grand jour de l'audience, dès qu'ils se sentent de force à l'affronter : car, c'est là seulement, dit-il, qu'on peut véritablement apprendre à plaider. C'était aussi l'avis de Pline le Jeune, qui écrivait ceci dans l'une de ses épîtres : *Theatra musicos melius canere semper docent.*

naient à la carrière du barreau, il recommandait de
s'exercer à écrire, autant qu'à parler, et, en outre,
d'étudier à fond les monuments de la législation natio-
nale :

> Scribe, puer ; vigila ; causas age ; perlege rubras
> Majorum leges...

C'était après s'être ainsi préparé, qu'un jeune avocat
pouvait se permettre de descendre dans la lice, et de
lutter avec les anciens. Quelques-uns, comme nous
l'avons vu, dédaignaient de se soumettre à ces épreuves ;
et, sans tenir compte de cet avertissement si sage de
Quintilien, « Ne præproperè distringatur immatura
frons, et quidquid est illud adhuc acerbum proferatur »,
n'attendaient pas la maturité du fruit pour le cueillir.
Comme disait Suétone, « cruda studia statim in forum
protruduntur ».

A ceux-là, le poëte disait : prenez garde, cette ambition impatiente et hâtive n'est qu'un obstacle aux véritables progrès :

> Ambitio præceps veris profectibus obstat.
>
> (Pétron.)

Avant de vous charger d'une cause difficile, deman-
dez-vous qui vous êtes ; vérifiez bien ce dont vous êtes
capable :

> Ancipitem seu tu, magno discrimine, causam
> Protegere affectas, te consule ; dic tibi qui sis ;
>
> (Juv.)

et consultez longtemps votre esprit et vos forces :

> ...Et versate diù, quid ferre recusent,
> Quid valeant humeri...
>
> (Hor.)

C'était aussi le conseil que leur donnait Quintilien :
« agendi initium, sine dubio, secundùm vires cujusque
sumendum est ».

Trop de confiance et d'aplomb est la preuve de beaucoup de présomption et d'arrogance : « fiducia ipsa solet opinione arrogantiæ laborare ». Mieux valent les
débuts timides et modestes, *initia verecunda*, de ceux
qui ne peuvent se défendre d'un sentiment de crainte et

de défiance en eux-mêmes, à la vue du tribunal, devant
lequel ils doivent se faire entendre :

> Quid pavido cernunt inclusum corde tribunal.
> (PETRON.)

Ces débuts ne sont pas toujours heureux, il est vrai ;
mais, à la longue, ils seront suivis de plus de succès :

> Debile principium melior fortuna sequetur.

II. Nécessité pour l'avocat de bien connaître la cause.

La première condition d'une bonne plaidoirie est que
l'avocat connaisse parfaitement la cause dont il est
chargé. En effet, dit Quintilien, il n'est personne qui
puisse convenablement plaider une cause qu'il n'a pas
suffisamment apprise : « nemo est qui causam, quam
non didicit, agat ».

Le poëte Ennius avait, longtemps auparavant, proclamé ce précepte, dans le vers suivant qui est devenu
comme la règle fondamentale de l'art oratoire :

> Quisquis ibi quid agat, secum cogitet, paret, putet.

Ce précepte est d'une vérité si généralement recon-
nue, que les maîtres de l'art l'ont tous reproduit sous
des formes diverses. « Omnes in eo quod sciunt sunt
eloquentes », a dit Cicéron. Qui ne connaît ces vers
d'Horace ?

> ...Cui lecta potenter erit res,
> Nec facundia deseret hunc, nec lucidus ordo,
> Verbaque prævisam rem non invita sequentur.

Donc, pour bien parler, comme pour bien écrire, il
faut avoir étudié à fond son sujet.

III. L'avocat doit savoir se borner.

Mais ce n'est pas tout. La poésie demande plus encore
à l'orateur du barreau ; elle veut, d'abord, qu'il sache
se borner : car,

> Qui ne sait se borner, ne sut jamais *bien dire*.

> Loqui ignorabit, qui tacere nesciet.
> (PUBL. SYRUS.)

D'où notre proverbe : « qui ne sait se taire, ne sait parler ».

Autre chose est parler ; autre chose bien dire : « Non idem loqui, quod dicere ». (Cic.)

Or, il ne se peut pas que l'on dise bien, quand on dit trop :

> Non est ejusdem multa et opportuna dicere [1].
>
> (*Prov. grec.*)

Les oreilles ne supportent pas l'exubérance des paroles : « aures nimia fastidiunt ». (Quintil.)

> ...Verbis lassas onerantibus aures.   (Mart.)

Le trop plein déborde, et n'entre plus dans l'esprit de l'auditeur :

> Omne supervacuum pleno de pectore manat.   (Hor.)

Toute superfluité est, d'ailleurs, ennuyeuse autant que nauséabonde : « Supervacua cum tædio audiuntur ». (Quintil.) (2)

Et c'est ainsi qu'on endort son auditoire : car la somnolence est bien voisine de l'ennui. Cet effet-là s'est produit dans tous les temps, qu'on le sache bien. Les juges anciens n'en étaient pas plus exempts que les juges modernes. Si vrai que, pour s'empêcher de dormir à l'audience, ceux de Rome avaient coutume d'y mâcher de l'ail et des fèves : « in judiciis, fabas esitabant, ne obdormiscerent », dit Erasme, sur l'adage, *Ne allia comedas et fabas.* Cet expédient ne leur réussissait pas toujours ; et l'on a pu leur dire plus d'une fois, comme Cœlius, au rapport de Cicéron : « Vos dormitis, nec intelligere videmini ». Mais, quand ils succombaient sous le poids d'une trop longue plaidoirie, n'étaient-ils pas autorisés à répondre, avec Horace ?

> Verùm opere in longo fas est obrepere somnum.
>
> ...Male si mandata loqueris,
> Aut dormitabo, aut ridebo...

---

(1) « In multiloquis non deerit peccatum.» (Salomon, *Proverbes.*)

(2) Celuy qui dict tout nous saoule et nous desgoute. (Montaigne.)

« On dit trop, et on ne dit pas assez ; on embarrasse les plaidoyers par tant de faits et allégations superflues, qu'outre ce qu'elles sont ennuyeuses et quelquefois ridicules, elles esgarent bien souvent le principal ».   (Larocheflavin.)

La conséquence de ceci, c'est que, pour n'avoir pas
à se reprocher de faire tomber le juge dans le scanda-
leux péché du sommeil à l'audience, l'avocat ne saurait trop éviter les longueurs, les détails oiseux, et surtout les redites, car, comme dit Plaute,

> …Quid opus est nota noscere?

La véritable éloquence, selon Quintilien, consiste à
ne dire que ce qu'il faut : « Quantùm satis sit, quantùm aures recipiunt. — Abùndè dixit benè, quisquis rei
satisfecit ».

La plus belle élocution du monde, si elle sort des
bornes de l'utile, nuit plus qu'elle ne sert à la cause :
« Obstat enim quidquid non adjuvat. » (Quintil.) (1)

Qu'on ne l'oublie pas, d'ailleurs, rien de plus agréa-
ble que la brièveté : *grata brevitas*. Cette vérité proverbiale, Ovide l'a reproduite en ces termes :

> …Parvis adjuncta est gratia rebus ;

et c'est particulièrement aux discours qu'elle s'appliquait.

**IV. Selon le procès, le plaid. — A peu de chose, peu
de plaid.**

Pourtant, que la peur du trop ne nous fasse pas tomber dans le trop peu. Pour éviter d'être long, ne deve-
nons pas obscur :

> … Brevis esse laboro ;
>
> Obscurus fio…
>
> (Hor.)

Cette brièveté-là est pire encore que la prolixité ;
car l'attention du juge n'est pas toujours tellement
soutenue, tellement exempte de distractions, et tellement pénétrante, qu'elle puisse suppléer, par elle-
même, au défaut d'une suffisante explication du fait et
des moyens : « non semper tàm est acris judicis inten-
tio, ut obscuritatem apud se ipse discutiat, et tenebris
orationis inferat quiddam intelligentiæ suæ lumen ; sed
multis ille frequenter cogitationibus avocatur ». — Le

(1) Les paroles sont aux pensées ce qu'est l'or aux diamants ; il est
nécessaire pour les enchâsser ; mais il en faut peu.   (VOLTAIRE.)

juste milieu à tenir en ceci, c'est de ne dire ni plus ni moins qu'il ne faut : « media hæc tenenda est via : quantùm opus est, quantùm satis est ». (Quintil.)

Selon le procès, le plaid. Suivant que la cause est grande ou petite,

> Magna minorve foro si res certabitur.., (HOR.)

il faut plus ou moins de développements oratoires. Si elle est grande, il va sans dire qu'on ne doit pas tourner trop court ni ménager ses paroles outre mesure. Mais, si elle est petite, quelques mots seulement. C'est la règle ; à peu de chose, peu de plaid :

> Causa brevis litem debet habere brevem. (*Proverbe.*)

V. Règles à suivre pour dire tout ce qu'il faut, et rien que ce qu'il faut.

Au surplus, pour parvenir à dire tout ce qu'il faut, et rien que ce qu'il faut, la meilleure marche à suivre est celle que trace Horace, en ces deux vers de son art poétique :

> Semper ad eventum festinat, et in medias res,
> Non secùs ac notas, auditorem rapit... (1)

C'est, en effet, au point capital et décisif de la cause que le juge veut en arriver au plus tôt, « festinat judex ad id quod potentissimum est ». (Quintil.) Toutes divagations en dehors de ce point lui causent une légitime impatience, qui souvent se traduit en un désobligeant rappel à la question, et qui, jadis, faisait dire par un préteur romain à certain avocat qui plaidait tout,

---

(1) Le moyen de bien et pertinemment plaider sera, quand les avocats auront devant les yeux, en guise d'un but, le poinct décisif de la cause, retranchant toutes les superfluités, et ce qui vaut autant teu que dit. (LAROCHEFLAVIN.)

Le devoir d'un avocat est d'être pertinent et bref, et, en le faisant, venir au poinct. (Id.)

Ce qui ne sert de rien d'être sçeu, il le faut taire. Il faut incontinent toucher le poinct, et réduire l'effect à l'estroit. (Id.)

Tantùm dicere oportet, quod est silentio melius.

16

hors le fait : « benè quidem, benè. Sed quò istud tàm benè » ?

L'avocat s'exposera rarement à se faire ainsi rappeler au fait (1), s'il prend le soin de bien jalonner à l'avance sa plaidoirie, et de disposer ses moyens dans un ordre méthodique, conformément à ces préceptes poétiques :

> Indulge ordinibus...
>
>   (VIRG.)
>
> Singula quæque locum teneant sortita decenter.
>
>   (HOR.)
>
> ...Tantùm series juncturaque pollet !
>
>   (Id.)

C'est là un des plus sûrs préservatifs contre la divagation,

> ...Nihil est quod texas ordine longum ;

car, en procédant avec méthode, on peut tout embrasser d'un seul coup d'œil ; et qui voit tout, abrège tout, sans courir le risque d'être trop bref.

VI. Caractères de l'éloquence vraie.

Une autre recommandation que font aux orateurs les maîtres de l'art, c'est de s'exprimer sans emphase, c'est de parler un langage naturel, simple et vrai. « Componat se orator ad imitationem veritatis », dit Quintilien. Le même conseil est donné par Térence :

> Loquere, ut fert natura...

Jamais un orateur ne dit mieux, que lorsqu'il paraît être dans le vrai : « tùm optimè dicit orator, cùm videtur vera dicere. (Quintil.) » S'il a recours à l'art, pour se donner des airs de naturel et de vérité, que du moins cet art soit dissimulé de manière à ne pouvoir être remarqué ; car, du moment que l'art se trahit, son effet est perdu :

> Si latet ars, prodest ; affert, deprensa, pudorem.
>
>   (Ov.)

---

(1) Ceux qui plaident bien pertinemment, on n'a garde de les faire taire : eux-mêmes se donnent audience.

          (LAROCHEFLAVIN.)

Quintilien est, sur ce point, du même avis que le poëte :
« Si qua ars est dicentium, ea prima est ne appareat.
— Desinit ars esse, si appareat ».

La plus sûre pierre de touche de l'éloquence vraie,
c'est qu'elle paraisse imitable, et ne puisse cependant
être imitée :

> ...Ut sibi quivis
> Speret idem, sudet multùm, frustràque laboret.
> (Hòr.)

Cicéron avait dit, avant Horace, « id est optimum,
quod, cùm te facilè credideris consequi imitatione, non
possis. » La même pensée est exprimée par Quintilien,
en ces termes : « neque enim, in eloquentiâ cunctâ, ex-
perti difficiliùs reperient, quàm id, quod se dicturos
fuisse omnes putant, quia non bona judicamus, sed
vera ».

Mais quelle est la source de cette éloquence vraie ?
On l'a dit depuis longtemps ; c'est le cœur : « pectus
est quod disertum facit. » D'où notre proverbe : de
l'abondance du cœur, la bouche parle (1).

Il suit de là, que, pour émouvoir les autres, il faut que
nous soyons émus nous-mêmes : « summa, circà moven-
dos affectus, in hoc posita est, ut moveamur et ipsi : —
afficiamur, antequàm alios afficere conemur » (2). C'est
ainsi qu'est posée la règle par l'auteur des *Institutiones
oratoriæ*. Elle avait déjà été formulée, avant lui, par
deux poëtes. Si vous voulez me tirer des larmes, avait
dit Horace, soyez tout d'abord affecté vous-même :

> ...Si vis me flere, dolendum est
> Primùm ipsi tibi...

Ce n'est point, avait ajouté Perse, par le produit
d'une élucubration à froid, mais par l'expression d'une
douleur vraie, que vous me ferez compatir à vos plaintes :

> ...Verum nec nocte paratum
> Plorabit, qui me volet incurvasse querelâ.

Tout le secret de l'art oratoire est là, en tant, du
moins, que son but est de produire des émotions.

(1) Ex abundantià cordis, os loquitur.   (Saint-Mathieu.)
(2) Et, pour bien exprimer, il faut bien ressentir.   (Rotrou.)

Voulons-nous émouvoir ? Soyons ému nous-même ; mais soyons ému d'une émotion naturelle et sans étude. Point d'affectation ; elle est odieuse, dit Cicéron : «Nihil est odiosius affectatione » (1).

VII. Qualités morales qui constituent le bon avocat. — Esprit de modération et de sagesse. — Probité.

Nous avons vu plus haut que les poëtes réprouvaient le langage violent que bon nombre d'avocats mal appris faisaient entendre dans le forum et qu'ils poussaient souvent jusqu'à l'injure. L'un d'eux demandait que ce langage fût banni du barreau, et que la langue des avocats n'eût plus de traits acérés. C'est Stace qui exprimait ce vœu :

> ... Ut sit
> Nulla fori rabies, et strictæ jurgia linguæ.

L'esprit de modération, en effet, est une des premières qualités de l'orateur. Cicéron se faisait un mérite de la posséder : « sum lenis in disputando, » disait-il. Horace la louait aussi, et la recommandait surtout à ceux qui avaient l'avantage sur leur adversaire :

> ... Jacentem lenis in hostem.

Ainsi que je l'ai déjà montré, la poésie latine tenait en haute estime les facultés oratoires ; elle reconnaissait tout ce qu'elles ont de charme,

> Gratia facundi quanta sit eloquii,
> (Ov.)

et combien elles donnent d'autorité persuasive à celui qui les possède :

> Ore disertus homo citius persuadet amicis.
> (Prov.)

Mais on a pu voir aussi, par ce qui précède, qu'elle n'appréciait que l'éloquence inspirée par la sagesse et la raison.

Ce précepte d'Horace,

> Scribendi rectè sapere est principium et fons,

---

(1) Rien n'empêche plus d'être naturel que l'affectation qu'on met à le paraître.   (LABRUYÈRE.)

ne s'appliquait pas moins à l'art de bien dire, qu'à l'art
de bien écrire. Le fondement de l'un comme de l'autre,
c'est la sagesse ; et rien n'est plus contestable que ce
principe, avancé par l'auteur de l'épitaphe du poëte
Lucain, à savoir, que toute éloquence, écrite ou parlée,
qui porte coup et produit son effet, est toujours assez
sage :

Hæc demùm sapiat, dictio quæ feriet.
(Anthologia.)

Malheureusement, cette alliance de la sagesse et de la
parole est chose rare :

Sermo datur cunctis ; animi sapientia paucis ;
(*Prov.*)

et il est nombre d'orateurs, dont on peut dire ce que
disait Salluste d'un orateur romain ; « satis loquentiæ ;
sapientiæ parùm ».

Mais, plus encore peut-être que la sagesse, la probité
est indispensable à quiconque, doué du talent de la
parole, veut obtenir un rang honorable et une position
influente, parmi les orateurs du barreau. Aux yeux de la
poésie latine, comme aux yeux de Quintilien et de tous
ceux qui ont écrit sur l'art oratoire, nul ne saurait être
véritablement éloquent, s'il n'est, en même temps,
homme de bien (1). Les anciens n'admettaient pas qu'un
malhonnête homme pût jamais être un orateur parfait.
Pourquoi ? Parce qu'un malhonnête homme parle nécessairement autrement qu'il ne pense : « aliud dicat quàm
sentit necesse est ». (Quintil.) Or, quelle que soit son
habileté, il est bien difficile qu'il exprime éloquemment
ce qu'il ne ressent pas, et qu'il persuade aux autres ce
dont il n'est pas convaincu lui-même. Sa parole doit
hésiter, chaque fois qu'elle est en contradiction avec
ses sentiments intimes.

Se peut-il, d'ailleurs, que son mauvais esprit ne dé-

(1) La principale partie de l'orateur, c'est la probité. Sans elle, il
dégénère en déclamateur ; il déguise, il exagère les faits, il cite à faux,
il calomnie, il épouse la passion de ceux pour qui il parle ; et il est de
la classe de ces avocats dont on a dit qu'ils sont payés pour dire des
injures.

(Labruyère, chap. 14.)

16.

teigne pas, plus ou moins, sur son langage? La parole, dit Publius Syrus, est l'image de la pensée; tel homme, tel discours :

> Sermo imago animi est; qualis vir, talis et oratio est [1].

Donc, l'orateur malhonnête homme s'ingénie vainement à emprunter le langage de la probité. Sa parole, si fardée qu'elle soit, laisse toujours apercevoir, par quelques défauts de cuirasse, le fond de sa pensée; et, comme elle n'est point inspirée par une conviction forte et sincère, elle manque de cet ascendant moral, qui ne peut appartenir qu'à l'éloquence de l'homme de bien.

Ajoutons que, pour obtenir créance, la parole de l'orateur a toujours grand besoin d'être accréditée par le témoignage de sa conduite personnelle, « concordet sermo cum vitâ » (Sen.), ou, mieux encore, de n'être point démentie par sa vie,

> Orationi vita non dissentiat [2] ;
>
> (PUBL. SYRUS.)

car la bonne moralité de celui qui parle a plus d'autorité, plus d'action persuasive, que ses discours :

> Mores dicentis suadent, plus quàm oratio [3] ;
>
> (PUBL. SYRUS.)

Les paroles honnêtes jurent dans la bouche de l'orateur immoral, et connu pour tel. On n'y ajoute foi que difficilement, même alors qu'elles sont véridiques; « frequenter accidit, ut malis hominibus, etiam vera dicentibus, fides desit » (Quintil.).

Celui, au contraire, dont les mœurs sont pures et sans reproches, en est cru sur parole. Son langage, fût-il dé-

---

(1) N'est-ce pas ce vers de Publius Syrus qui a inspiré à Buffon cette belle pensée : Le style est l'homme même.

(2) Montaigne a dit : Le vray mirouer de nostre discours est le cours de nostre vie.

(3) La créance et l'authorité est le nerf de la persuasion; voire, c'est la persuasion même. Il faut que les avocats persuadent aux juges qu'ils sont gens de bien et véritables. Leur effort de persuader sera vain, si leur vie contredict et réfute leurs paroles.

(LAROCHEFLAVIN.)

pourvu de tout ornement, est toujours assez éloquent,
parce que la vérité semble parler par sa bouche :

> Satis disertu'est, è quo loquitur veritas (1).
>
> (PUBL. SYRUS.)

D'ailleurs, l'homme probe n'est jamais embarrassé de
trouver des paroles persuasives :

> Facilè sibi facunditatem virtus argutam invenit.
>
> (PLAUT.)

il n'exprime que des sentiments honnêtes ; et l'expression de pareils sentiments porte toujours avec elle
le cachet de la véritable éloquence, celle qui vient du
cœur. C'est ce que professe Quintilien, dans le passage
suivant qu'on pourrait prendre pour la paraphrase des
deux sentences ci-dessus de Publius Syrus et de Plaute :
« bonos nunquàm honestus sermo deficit... nec quic-
quàm non disertè, quod honestè dicitur ».

VIII. L'avocat homme de bien peut-il se charger d'une mauvaise cause ? Examen de cette question.

Ceci m'amène à une question fort délicate, celle de
savoir si l'avocat honnête homme peut se charger d'une
mauvaise cause.

La poésie latine s'en est expliquée par l'organe d'Ovide,
qui se prononce nettement pour la négative, dans l'hémistiche que voici :

> ... Mala causa silenda est.

Comme argument à l'appui de cette opinion, ou plutôt,
peut-être, afin d'encourager les avocats à ne se charger
que de bonnes causes, Ovide ajoute que, toute bonne
cause étant facile, chacun peut la plaider avec succès :

> In causâ facili, cuivis licet esse diserto ;

ce que confirme Publius Syrus en ces termes :

> Qui pro innocente dicit, satis est eloquens.

La cause, en effet, se défend par elle-même :

> Argumenta tuam defendunt plurima causam.

_____

(1) Quintilien exprime la même pensée dans ce passage : « bonas
causas, etiam sine doctrinâ, satis per se tuetur veritas ipsa ». (12-1)

Elle est claire et nette ; et toute cause se trouvant
dans ces conditions a nécessairement pour elle l'assentiment du juge :

Manifesta causa, secum habet sententiam.

(PUBL. SYRUS.)

La loi romaine, d'accord avec Ovide, recommandait
également aux avocats de refuser leur patronage aux
causes qui ne leur paraîtraient pas justes et bien fondées (1). C'était aussi le conseil que leur donnait Quintilien : « bonus vir, disait-il, non agit nisi bonas
causas ».

Mais que devait-on entendre par bonnes ou mauvaises
causes ? Dans quels cas un avocat devait-il réputer
mauvaise, et rejeter comme telle, la cause, à l'appui de
laquelle on réclamait son patronage ? Sur ce point capital de la question, les jurisconsultes et professeurs romains se trouvaient fort embarrassés, et n'étaient pas
parfaitement d'accord avec les poëtes. Ainsi, par exemple, Ovide avait dit, comme je l'ai noté plus haut, qu'il
n'y avait pas lieu de défendre l'accusé qui avouait,

Non est confessi causa tuenda rei ;

et Publius Syrus que : défendre un coupable, c'était
se mettre soi-même dans le cas d'être accusé ;

Nocentem qui defendit, sibi crimen parit (2),

Cicéron prétendait, au contraire, dans son traité *De
Officiis*, qu'il est quelquefois permis à l'avocat de pren-

(1) Voici l'un des textes qui s'en expliquent :

«Patroni causarum... juramentum præstant, quòd omni quidem
virtute, suâque omni ope, quod verum et justum existimaverint clien-
tibus suis inferre procurabunt : nihil studii relinquentes quod sibi
possibile est : non autem, creditâ sibi causâ, cognito quòd improba sit,
vel penitùs desperata, et ex mendacibus allegationibus composita, ipsi
scientes prudentesque, malâ conscientiâ, liti patrocinabuntur ; sed et
si, certamine præcedente aliquid tale sibi cognitum fuerit, à causâ re-
cedent, ab hujusmodi communione sese penitùs separantes ».

(*Cod. de judiciis*, 14.)

(2) Isocrates a dit dans le même sens : «Nulli pravæ rei nec assiste,
nec patrocina ; videberis enim et ipsa committere talia, qualia ii, quibus succurris, perpetrarunt. Vix est ut qui improbas lites fovet, improbus non sit ».

dre en mains la défense-d'un coupable; que le public le
veut ainsi ; que la coutume l'autorise ou le tolère, et
que, même, c'est presque un devoir d'humanité : « Quid
est tàm inhumanum quàm eloquentiam, à naturâ ad
salutem hominum et ad conservationem datam, ad bonorum pestem perniciemque convertere? » Voilà l'ob-
jection qu'il se pose; voici maintenant comment il y
répond : « Nec tamen, ut hoc fugiendum est, ità haben-
dum est religioni, nocentem aliquandò, modò ne nefa-
rium impiumque, defendere. Vult hoc multitudo, patitur consuetudo, fert etiam humanitas ». Et il ajoute :
« Judicis est semper, in causis, verum sequi; patroni,
nonnunquàm verisimile, etiamsi minùs sit verum, defendere ». Ainsi, aux yeux de Cicéron, il y a, entre le
juge et l'avocat, cette différence, que le premier ne doit
jamais que rechercher le vrai, tandis que le second
peut se contenter de probabilités, de vraisemblances, et
soutenir une thèse qui n'a, pour elle, que des apparences de vérité.

Quant à Quintilien, il admet aussi des exceptions et
des distinctions, qu'on pourrait dire peu orthodoxes, et
qui, en tous cas, semblent quelque peu en désaccord
avec ce principe par lui posé, que l'avocat homme de
bien ne plaide jamais que de bonnes causes. Il arrive
souvent, dit-il, qu'une cause malhonnête en fait soit
fondée en droit : « Frequenter accidit, ut causa parùm
verecunda, jure tuta sit ». Celle-là, le *bonus vir* peut,
selon lui, la défendre, sans déroger à la règle. Finalement, après avoir discuté le pour et le contre avec
une certaine perplexité, il conclut que la conscience
de l'avocat demeure juge de la question, et que c'est à
lui seul qu'il appartient de décider, à son point de vue,
si la cause est assez bonne, pour qu'il lui soit permis
d'en accepter le patronage, ou trop mauvaise, pour qu'il
la puisse honnêtement soutenir (1). C'est là, je crois,
ce qu'il y avait de mieux à dire. Mais, comme de raison, cela ne pouvait faire que les mauvaises causes ne

(1) Nos anciens ont aussi dit leur mot sur cette question. Voici
comment s'en explique Larocheflavin :

« Si un advocat, homme de bien, est appelé en consultation sur une

trouvassent pas leur avocat, même parmi ceux des membres du barreau qui passaient pour gens de bien : car il n'est guère de causes, si mauvaises qu'elles soient au fond, qui n'aient un côté plus ou moins spécieux, par lequel on peut toujours croire et prétendre, assez légitimement, qu'elles ressemblent aux bonnes. Aussi, les préceptes donnés, sur ce point, tant par les législateurs que par les poètes et les maîtres de l'art, ne durent-ils faire, dans le barreau romain, que bien peu de prosélytes ; d'autant que rien n'y était moins commun que les avocats, hommes de bien, dans toute la force du terme, c'est-à-dire, d'une probité absolue et incapable de toute capitulation de conscience. « Scis nempè, disait Symmachus, in illo forensi pulvere, quàm rara sit facundi oris et boni pectoris cognatio. » Pline le Jeune, qui, pourtant, se flattait, à bon droit, d'être un avocat honnête et conservateur des bonnes traditions, ne pouvait se défendre, lui-même, de reconnaître que, bien malgré soi, on apprenait, au barreau, beaucoup de malice : « nos qui in foro versamur, verisque litibus conterimur, multùm malitiæ, etiam nolentes, addiscimus. » Cela se répétait encore du temps d'Accurse, dans les œuvres duquel on lit la réflexion suivante : « qui circà lites morantur, omnia mala sciunt ».

J'ai terminé ce que j'avais à dire des observations de la poésie latine sur le barreau.

Que si, maintenant, l'on veut résumer ce qui résulte de leur ensemble, on reconnaîtra, je pense, avec moi, que toutes sont inspirées par la plus saine appréciation des qualités qu'exige, et des devoirs qu'im-

---

mauvaise cause, jamais il ne la conseillera : si on la lui baille à défendre, jamais il ne la plaidera ; s'il la juge, toujours il la condamnera. »

Tout ceci est fort bien ; mais reste toujours la question de savoir ce qui constitue la mauvaise cause, en tant qu'il s'agit pour l'avocat de décider, s'il doit ou non lui prêter son appui. La remarque suivante de Rabelais est peut-être encore ce qu'on a dit de plus juste là-dessus : « *Il n'est si mauvaise cause qui ne trouve son advocat ; sans cela, ne serait jamais procez au monde.* »

pose la profession d'avocat, si noble, quand elle est
noblement exercée. A ceux qui, dans le cabinet,
comme au grand jour du forum, en remplissaient les
fonctions, avec honneur, probité et désintéressement,
non moins qu'avec un talent vrai, la poésie payait
un large tribut de respect et d'admiration. Mais,
pour ceux qui ne la pratiquaient que dans un esprit de lucre, et la rapetissaient jusqu'aux infimes
proportions d'un état purement mercantile; pour ceux
qui, sans vocation, sans aptitude, sans expérience
comme sans instruction, osaient en affronter les difficultés et les périls; pour ceux, aussi, dont l'élocution,
plus ou moins facile, ne savait produire qu'un verbiage
intarissable, et de creuses déclamations, ou des vociférations violentes, ou des invectives, ou des arguties
mensongères mises au service de mauvaises causes;
pour ceux, enfin, qui, sans conscience, trahissaient par
la fraude, ou par une coupable négligence, les intérêts
qui leur étaient confiés; pour tous ceux-là, elle n'avait
que des paroles amères et méprisantes. Moraliser le
barreau par l'éloge des hommes qui l'honoraient, par
le persifflage ou la réprobation des praticiens qui l'a-
moindrissaient ou l'avilissaient : telle était la mission
que s'attribuaient les poëtes, dont j'ai cité les remarques. Il s'en acquittaient, on ne saurait le méconnaître,
en juges essentiellement compétents : car toutes leurs
critiques, comme tous les conseils qu'ils donnaient au
barreau, portent l'empreinte d'une intelligence, parfaitement pratique, des conditions de la véritable éloquence
judiciaire, et des règles qui doivent servir de guide à
l'avocat. Les maîtres de l'art ne pouvaient dire mieux :
souvent même, ils n'ont fait que développer les préceptes
versifiés de ces poëtes.

Je m'arrête : car me voici arrivé au terme de la carrière qu'il m'a pris fantaisie de parcourir. Non pourtant
que je me flatte d'avoir épuisé tous les matériaux qui
pouvaient être utilement employés dans cette revue de
jurisprudence poétique. Qui voudrait explorer plus à

fond en trouverait sans doute un plus grand nombre.
Mais, peut-être, jugera-t-on que je n'en ai déjà que trop
recueilli, pour ma part.

A ceux qui auront assez de patience et de temps
à perdre pour lire jusqu'au bout cette bizarre compilation de réminiscences poétiques et de textes latins, je
demande humblement pardon de la fatigue ou de l'ennui qu'aura pu leur faire subir cette lecture.

Ils pourront dire bien justement de moi, avec Voltaire :

> Au peu d'esprit que le bonhomme avait,
> L'esprit d'autrui par supplément servait.

ils pourront dire encore, avec Labruyère, que je suis
du nombre de ces esprits inférieurs et subalternes, qui
semblent faits, pour être le recueil, le registre et le ma-
gasin de toutes les productions des autres génies ; qui
sont plagiaires, traducteurs, compilateurs ; qui ne pensent point, et ne disent que ce que les autres ont
pensé (1).

J'accepte à l'avance ces reproches, qui ne sauraient
être mieux mérités que par cette rapsodie ; et, si j'ose
hasarder une excuse, c'est encore par des citations, mais
ce seront les dernières, que je me permettrai de la for-
muler.

Quintilien, ce grand maître de l'éloquence judiciaire,
fait remarquer que plusieurs orateurs célèbres, Cicéron
tout le premier, se plaisaient à citer, dans leurs harangues et plaidoyers, les vers des anciens poëtes ; ce qui,
non seulement témoignait de leur grande érudition,
mais tempérait, par le charme de la poésie, la séche-
resse et l'aspérité des matières contentieuses ; ce qui,
de plus, n'était pas sans utilité pour la cause qu'ils
avaient à défendre : car ces sentences versifiées avaient
souvent, par elles-mêmes et par elles seules, toute la
force d'un argument confirmatif :

Præcipuè apud Ciceronem, frequenterque apud Asi-
nios et cæteros qui sunt proximi, vidimus Ennii, Attii,

---

(1) Fascheuse suffisance, dit à ce propos Montaigne, qu'une suffisance pure livresque. Je m'attends qu'elle serve d'ornement, non de
fondement (*Essais*, I-25).

Pacuvii, Lucilii, Terentii, Cæcilii et aliorum inseri versus, summâ non eruditionis modô gratiâ, sed etiam jucunditatis, cùm poeticis voluptatibus aures à forensi asperitate respirent : quibus accidit non mediocris utilitas, cùm sententiis eorum, velut quibusdam testimoniis, quæ proposuêre confirment » (1).

J'ai pensé que quelques-unes de mes citations, sinon toutes, pourraient être de même utilement employées, à l'occasion, par les Cicéron et les Asinius de notre époque ; et c'est, dans cet espoir, qu'à l'exemple de d'Argentrée, « Sparsam materiam in sua capita collegi, ut quidpiam ad usum comparari possit, et usurpari foro ».

Mais hélas ! ne faut-il pas dire de notre temps ce que Cicéron disait du sien, sous la domination de César ? « Litteræ conticuerunt forenses et senatoriæ ; — Circumscripta est rerum forensium cancellis scientia ». Et n'est-ce pas surtout une grande naïveté de croire que jamais le latin reprenne assez de crédit parmi nous, pour qu'on en puisse citer quelque peu dans un discours, sans s'exposer à n'être pas aisément compris, peut-être même, sans encourir une sorte de ridicule ?

Je me plais encore à penser que notre moderne forum n'en est pas venu à ce point d'antipathie ou d'indifférence pour une langue à laquelle la nôtre doit tant, pour une littérature qui nous a tous enseignés. Si je m'abuse, (et j'avoue que j'en ai quelque appréhension), l'utilité de ce travail s'en trouvera fort amoindrie : car je ne me flatte pas qu'on y cherche, ce que, pourtant, on y rencontrerait peut-être, quelques bons préceptes à l'usage de la jeune magistrature et du jeune barreau.

Restera-t-il du moins quelque peu d'intérêt de curiosité à cette sorte de mosaïque à la fois littéraire et ju-

---

(1) « Jucunda est, in sermone, dit encore Quintilien II-7, benè à quoque dictorum relatio, et in causis utilis : nàm et plus auctoritatis afferunt ea quæ non præsentis gratia litis sunt comparata, et laudem sæpè majorem, quàm si nostra sint, conciliant ». — « On a grand avantage, a dit aussi un moderne, quand ce que l'on présente comme le plus conforme à la raison et à la justice, se trouve approuvé par l'autorité des siècles passés ». (MALESHERBES.)

ridique ? Je l'espère, grâce à ce qu'elle est à peu près
entièrement composée des idées d'autrui, et que je n'y
ai mis que fort peu du mien.

Un dernier mot.

A l'époque où les jurisconsultes des siècles modernes
s'efforçaient, par un travail presque surhumain, d'é-
purer, d'éclaircir et de recomposer, pour ainsi dire, les
éléments et les textes du droit romain, altérés par les
erreurs des copistes, non moins que par les vicissitudes
des temps, Cujas, celui de tous qui pénétra le plus avant
dans les mystères de ce droit, eut souvent recours aux
poëtes latins, pour leur emprunter des lumières propres à élucider certains points obscurs de législation ou
de jurisprudence. Il reconnaissait donc que ces poëtes
avaient quelques droits au titre de juriste.

Je suis heureux de pouvoir, en finissant, donner la
sanction d'une aussi grande autorité à ce titre que je me
suis permis, moi-même, de leur décerner, après avoir
recueilli, dans leurs œuvres, tant de témoignages de
l'alliance qui, à la faveur du système d'études classiques usité de leur temps, s'était établie entre les Muses
et Thémis, entre la littérature poétique et le droit.

SUPPLÉMENT.

Je produis, sous ce titre, avec les commentaires qu'ils comportent, de nouveaux documens de poésie juridique, du même genre que ceux dont j'ai fait le classement dans les quatre premières parties du travail qui précède.

Ils sont, pour la presque totalité, empruntés à Plaute, qui déjà, ainsi qu'on a pu le remarquer, m'en a fourni un assez grand nombre.

La plupart ont trait au droit civil.

Je les crois dignes d'une attention particulière ; car, plus encore, peut-être, que les divers textes poétiques relevés dans la deuxième partie, intitulée *Droit civil et Procédure civile*, ils attestent, chez l'auteur, une entente parfaite des règles de législation, des lois et coutumes, et de la pratique judiciaire de l'époque à laquelle ils appartiennent.

Comme ils proviennent de comédies, le plaisant s'y mêle au sérieux ; et l'on en peut dire, s'il est permis de s'exprimer ainsi, que ce sont des textes juri-comiques. Mais ils n'en ont par là, ce me semble, que plus d'attrait.

Les lecteurs qui voudront en prendre connaissance s'étonneront, sans doute, qu'au lieu de les fondre dans le corps même de l'ouvrage, je les en aie séparés, mettant ainsi une partie importante du livre en dehors du livre.

Je ne fais pas difficulté de reconnaître que c'est là, dans mon œuvre, une défectuosité de plus à ajouter à beaucoup d'autres.

Pour m'en disculper, je pourrais dire qu'il m'a paru préférable de ne point dérouler tout d'une traite la série entière de mes trop nombreuses citations, et d'en réserver une portion, celle qui se compose des extraits les plus longs, pour en faire l'objet d'une sorte de *post-scriptum*, à l'usage seulement de ceux qui, s'intéres-sant à une pareille compilation, ne s'effraieraient pas du trop.

Mais j'aime mieux confesser, pour être vrai, que ces matériaux additionnels avaient échappé à mes pre-mières recherches, et que je ne les ai recueillis qu'a-près coup, alors que mon précédent travail était déjà livré à l'impression.

Après tout, qu'importe, pour une œuvre du genre de celle-ci, un peu de décousu ou de manque d'unité? Ce que j'ai voulu faire, je ne saurais trop le répéter, ce n'est point un ouvrage d'esprit, mais simplement un recueil ou répertoire de textes poétiques, ayant pour objet de montrer que les muses latines cultivaient le droit, et prenaient intérêt aux choses judiciaires. Quelle que soit la place que ces textes occupent dans le livre, pourvu qu'ils s'y trouvent et s'y présentent sans confusion, mon but est suffisamment rempli. Or, en déduisant, comme je le vais faire, mes citations supplémentaires dans l'ordre de ma première classification, et en les rattachant par des renvois à celles des différentes sec-tions auxquelles elles se rapportent, j'espère qu'on ne s'apercevra pas trop de ce qu'il peut y avoir de défec-tueux dans une composition ainsi faite, sur certains points, en partie double.

PREMIÈRE PARTIE.

APERÇUS GÉNÉRAUX SUR LE DROIT ET LA LOI.

§ 3, pages 13 et suiv.

Déjà à l'époque où vivait Plaute (l'an de Rome 527 à 570), les lois étaient débordées et dominées par les mœurs. On les voyait encore clouées aux murs sur leurs tables ; mais il eût été plus rationnel, dit ce poëte, de mettre à leur place les mauvaises mœurs, qui, de fait, leur avait enlevé tout empire. C'est ce qu'il exprime dans les deux passages suivants du *Trinummus :*

Mores leges perduxerunt jàm in potestatem suam,
Magis queis sunt obnoxiosi, quàm parentes liberis.
Eæ miseræ etiam ad parietes sunt fixæ clavis ferreis,
Ubi malos mores affigi nimiò fuerat æquius.

Neque istis quicquam lege sanctum est ; leges mori serviunt.
Mores autem rapere properant quà sacrum, quà publicum.

§ 4, pages 15 et 16.

Aux fragments de Lucain sur le régime de la force et du sabre, appelé, chez les Romains, *Mars Rex*, ajoutons ceux-ci :

...Ferrique potestas
Confundit jus omne manu...

Atque auso medias perrumpere milite leges.

C'est encore Lucain qui, à propos de ce régime, fait dire à Brutus,

...Pro legibus arma
Ferre juvat patriis, libertatemque tueri,

et à Caton, combattant vainement pour la défense des lois :

...Me invadite ferro,
Me frustrà leges et inania jura tuentem.

§ 6, pages 17 à 20.

Il a existé, de tout temps, des hommes qui ne tiennent aucun compte des lois, en tant qu'elles leur font obstacle, et qui se jouent de leur autorité ; d'autres qui, les ignorant, ne se croient pas tenus de se conformer à leurs prescriptions. Plaute en produit un exemple dans le *Rudens*. On objecte à un habitant de la campagne que certaine chose est prohibée par les lois :

> Non licet : ità lex est apud nos...

Que m'importent vos lois ? répond l'homme des champs ; je ne les connais pas, et n'ai rien à démêler avec elles :

> ...Neque ego vostras urbanas leges scio.

> ...Mihi cum vostris legibus
> Nihil est commercii...

En regard de ce contempteur des lois, le même poëte, dans une autre pièce, le *Miles gloriosus*, fait figurer un honnête citoyen, qui se glorifie de ne jamais se permettre de les critiquer, non plus que de parler, à table, des affaires publiques :

> Neque ego, ad mensam publicas res clamo ; neque leges crepo.

DEUXIÈME PARTIE.

§ 1er. — *Du Mariage.*

ɪ, pages 22 à 25.

On se rappelle que les jurisconsultes romains assignaient pour but principal au mariage, la procréation d'une descendance légitime : « Viri, liberorum procreandorum animo et voto, uxorem ducunt » (Digest.).

Plaute s'en expliquait exactement dans les mêmes termes :

> Liberorum creandorum caussâ ei, credo, uxor data est [1],
> (CAPTIVI.)

Engendrer des enfants et les élever, c'était, nous dit

---

[1] Le Digeste et les Institutes de Justinien définissent ainsi le mariage :

Nuptiæ sunt conjunctio maris et feminæ, consortium omnis vitæ, divini et humani juris communicatio (Digest.). — Matrimonium est viri et mulieris conjunctio, individuam vitæ consuetudinem continens (Instit.).

Je relève ici quelques applications poétiques de cette définition de l'union conjugale :

> Mutua cura duos et amor socialis habebat.
> (Ov.)

> Conjuge eram felix ; felix erat illa marito.
> (*Id.*)

> Illà sunt annis juncti juvenilibus, illà
> Consenuêre casâ…
> (*Id.*)

> Plena fuit vobis omni concordia voto,
> Et stetit ad finem longa tenaxque fides.
> (CLAUD.)

> Velle ac nolle ambobus idem, sociataque toto
> Mens ævo, ac parvis dives concordia rebus.
> (*Sil. ital.*)

Ces derniers passages rappellent la réflexion suivante d'un législateur romain : « Quid tàm humanum est, quàm ut, fortuitis casibus, mulieris maritum, vel uxorem viri, participem esse ? »

encore Plaute, ériger un monument à sa mémoire et à
sa race :

> Illa laus est...
> Liberos hominem educare, generi monumentum et sibi.
>
> (MIL. GLOR.)

A Rome, on s'en faisait un titre d'honneur, aux yeux
des autres, comme à ses propres yeux :

> ...Procreare liberos lepidum est onus.
>
> (MIL. GLOR.)

> ...Tibi sempiternum salutare
> Sit procreandis liberis...
>
> (AULULARIA.)

> Cùm tu rectè provenisti, cùmque es aucta liberis,
> Gratulor ; cùm mihi tibique magnum dedisti decus.
>
> (MIL. GLOR.)

Ces deux derniers vers sont une formule de congra-
tulations adressées par un père à la femme qui vient de
lui donner un nouvel enfant ; et l'on voit que le père
se félicitait de cet honorable accroissement de sa famille.

Disons, pourtant, qu'au temps de Plaute, les hommes
n'étaient pas tous parfaitement convaincus des avantages de la paternité légitime ; car il se rencontre assez
fréquemment, dans les comédies de ce poëte, des objections contre l'état de mariage, tirées des inconvénients
qu'entraîne la progéniture.

Entre autres inconvénients, les partisans du célibat
signalaient ceux-ci :

A peine l'enfant est-il venu au monde, qu'il faut pourvoir à sa nourriture, et surtout à celle de sa nourrice,
qui ne veut boire que du vin vieux, et qui en boit jour
et nuit ; puis, à nombre d'autres dépenses, telles que
celles de chauffage, d'éclairage, de langes, de berceau,
de couchage, de farine, etc., toutes choses dont il est
besoin pour le nouveau-né :

> Puero opu'st cibum ; opus est matri autem, quæ puerum lavit ;
> Opus est nutrici autem, utrem ut habeat veteris vini largiter,
> Ut dies noctesque potet ; opu'st igne ; opus est carbonibus ;
> Fasciis opus est, pulvinis, cunis, incunabulis ;
> Oleum opus est ; farinâ puero opu'st totum diem.
>
> (PLAUT., Truculentus.)

Si c'est un garçon, quand il est devenu grand, il coûte son pesant d'or,

...Jàm mihi auro contrà constat filius,
(PLAUT., Truculentus.)

et devient une cause d'inquiétudes incessantes pour son père, qui toujours peut avoir à craindre qu'il ne se casse, quelque part, une jambe ou même le cou, soit en tombant de cheval, soit par suite de tout autre accident :

Pol ! si habuissem, satis cepissem miseriarum liberis.
Censerem emori : cecidissetne ebrius, aut de equo, uspiam,
Metuerem, ne ibi defregisset crura aut cervices sibi.
(PLAUT, Mil. glor.)

sans compter qu'il se peut que l'on devienne père d'enfants disgraciés de la nature, et affligés, en naissant, de difformités plus ou moins fâcheuses :

Tùm ne uxor mihi insignitos pueros pariat posteà,
Aut varum, aut valgum, aut compernem, aut pœtum, aut
[broncum filium.]
(IDEM, ibid.)

Mais à cela ne se bornaient pas les objections contre le mariage. Les célibataires endurcis en faisaient valoir bien d'autres ; et celles-là, c'était dans la nature de la femme elle-même qu'ils les puisaient.

Ils posaient, en principe, qu'une épouse accomplie était introuvable ; que toutes les femmes avaient des défauts, et qu'il n'y avait de choix qu'entre le plus et le moins :

...Optuma nulla potest eligi ; alia aliâ
Pejor...
(PLAUT., Aulularia.) [1]

Dans le Stychus, on demande à une femme mariée, lequel vaut mieux d'épouser une fille ou une veuve :

...Utra sit conditio pensior,
Virginem, an viduam habere ?...

[1] « De bonnes femmes, il n'en est pas à la douzaine, comme chacun sçait, et notamment aux devoirs du mariage ; car c'est un marché plein de tant d'espineuses circonstances, qu'il est malaysé que la volonté d'une femme s'y maintienne longtemps... »
(MONTAIGNE. Essais, 2-35.

17.

à quoi la femme répond que, de plusieurs maux, le moindre peut être considéré comme n'étant pas un mal, et que le moindre est de se passer d'une épouse, quand on le peut, afin de n'avoir pas à se repentir le lendemain de ce qu'on aura fait la veille,

> ...Quanta mea sapientia est,
> E malis multis, malum, quod minimum est, minimè malum est.
> Qui potest mulieres vitare, vitet ; ut quotidiè
> Pridiè caveat ne faciat, quod pigeat postridiè ;

réponse dont le véritable sens me paraît être celui-ci : quelle que soit la femme que l'on épouse, fille ou veuve, on court toujours très-grand risque de s'en trouver mal.(1)

Dans le *Miles gloriosus*, un vieux célibataire expose les raisons qui l'ont déterminé à ne se point marier, bien que sa fortune lui eût permis de se choisir une femme parmi les plus nobles et les mieux dotées.

« Où trouver, dit-il, une bonne épouse, si jamais il en fût ? où en trouver une, qui vous dise : « Cher mari, achetez de la laine, pour vous faire confectionner un manteau bien moelleux et bien chaud, et de bonnes tuniques d'hiver, qui vous garantissent du froid ». Jamais vous n'entendrez sortir de sa bouche de ces douces paroles ; bien au contraire, avant même que le coq ait chanté, elle vous réveillera pour vous dire : « Cher mari, donnez-moi de quoi pourvoir aux dépenses du ménage, de quoi faire un cadeau à ma mère, de quoi payer l'enchanteresse, la devineresse, l'aruspice, la sage-femme, etc. » « Si vous ne donnez rien, jugez de quel œil elle vous regardera ».

Le célibataire continue ce chapitre des exigences pécuniaires auxquelles il eût sans cesse été en butte, de la part de sa femme et de son entourage, s'il eût eu l'imprudence de se marier. Puis il ajoute : « Ce sont ces inconvénients et tant d'autres du même genre, qui

---

(1) Ceci nous rappelle l'avis émis sur une pareille question par saint Paul dans une Epître aux Corinthiens : « Dico non nuptis et viduis : bonum est illis, si sic permaneant ». — Mais le mot de Socrate, rapporté par Montaigne (*Essais*, III-5), me paraît être plus vrai : « Socrate enquis qui estoit plus commode prendre ou ne prendre point de femme ; lequel des deux on face, dit-il, on s'en repentira ».

m'ont détourné de prendre femme ». Voici, du reste, le texte du passage que je viens de traduire, par à peu près ; quoi qu'il soit un peu long, je pense qu'on ne me saura pas mauvais gré de la citation que j'en vais faire.

Mihi, deûm virtute dicam, propter divitias meas,
Licuit uxorem dotatam genere summo ducere.
Sed nolo mihi oblatraticem (1) in ædes intromittere.
. . . .
Nam bona uxor, si ea quidem deducta est usquam gentium,
Ubi eam possum invenire ? verùm egone eam ducam domum,
Quæ mihi unquam hoc dicat? « Eme, mî vir, lanam unde tibi pallium
Malacum et calidum conficiatur, tunicæque hibernæ bonæ,
Ne algeas hâc hieme ». Hoc nunquam verbum ex uxore audias.
Verùm, priusquàm galli cantent, quæ me somno suscitet,
Dicat : «Da, mî vir, Calendis meam quod matrem juverit ;
Da qui sarciat condiatque ; da quod dem, quinquatribus,
Præcantatrici, conjectrici, ariolæ, atque haruspicæ. »
Flagitium est, si nihil mittetur. Quo supercilio spicit !
. . . .
Tùm obstetrix expostulavit mecum parùm missum sibi.
Quid ? Nutrici non missurus quicquam, quæ vernas alit?
Hæc, atque hujus similia alia damna multa mulierum,
Me uxore prohibent... (2)

On objecte à ce célibataire qu'il se prive ainsi des joies de la famille et des honneurs de la paternité : « Certes, répond-il, je préfère de beaucoup ma liberté à tous ces prétendus avantages : »

Herclè verò liberum esse id multò est lepidius ;

« Qu'ai-je, d'ailleurs, besoin d'enfants, ajoute-t-il, moi, qui suis entouré d'une foule d'autres parents? Ces parents, qui tous espèrent hériter de moi, me visitent,

(1) Une aboyeuse.
(2) Ovide avait meilleure idée que le célibataire de Plaute, du dévouement de la femme pour son mari, en voici un exemple, fabuleux, il est vrai, que je trouve dans ses métamorphoses:

Utque foret sospes conjux suus, utque rediret
Optabat, nullamque sibi præferret...
. . . .
Dinumerat noctes, et jàm quas induat ille
Festinat vestes ; jàm quas, ubi venerit ille,
Ipsa gerat...

Je dois dire, pourtant, qu'Ovide ajoute ailleurs:

Undè tibi, quæ te sic amet, uxor erit?

me courtisent, me choient. Avant le jour, ils sont à mon
chevet, me demandant des nouvelles de ma santé, s'in-
formant si j'ai bien dormi. Ce sont pour moi de vrais
enfants. Ils m'en tiennent parfaitement lieu. Bien plus,
ils me font force présents. Tantôt l'un, tantôt l'autre,
m'invite à sa table; c'est à qui d'entre eux me traitera
le mieux : »

> Quandò habeo multos cognatos, quid opus est mihi liberis ?
>
> . . . .
> Illi apud me edunt, me curant, visunt quid agam, ecquid velim.
> Priusquam lucet, astant ; rogitant noctu an somnum ceperim.
> Eos pro liberis habeo : quin mihi mittunt munera.
>
> . . . .
>   ...Ad se, ad prandium, ad coenam vocant.
> Illi inter se certant donis...

Comme on le voit, Plaute n'était pas du nombre des
poëtes qui vantaient les bienfaits de la vie matrimoniale,
et qui secondaient, sous ce rapport, les vues du législateur. Il faut reconnaître, en effet, qu'il combattait assez
faiblement les raisons données par les célibataires, pour
justifier leur résolution de ne pas se marier. Du reste, il
a toujours été d'usage de médire ainsi du mariage sur
la scène théâtrale. On le peut faire sans inconvénient ;
car toutes ces médisances, si fondées qu'elles puissent
être, à certains égards, n'ont jamais amené, je le répète,
que bien peu d'adeptes au célibat.

III. Consentement au mariage, pages 26 et suiv.

Par les extraits qui suivent, on peut voir qu'au temps
de Plaute, la volonté du chef de famille n'était plus
absolue, dans la question du mariage de l'enfant placé
sous sa dépendance. J'ai déjà relevé cette déclaration
faite par un fils à son père dans le *Trinummus*, au sujet
d'un mariage qu'il entend contracter, nonobstant toute
opposition de la part de celui-ci :

>   ...Ego ducam, pater,
> Etiamsi quam aliam jubebis...

A cette manifestation peu respectueuse d'un parti pris,
quand même, que répond le père ?

> Tibi permitto ; posce. duce...

Puis, comme pour excuser à ses propres yeux la faiblesse avec laquelle il accorde ce consentement aux
exigences de son fils, il ajoute :

> ...Qui nihil, nisi quod sibi soli placet,
> Consulit adversùm filium, nugas agit....

Dans le *Stychus*, une fille objecte à son père, qui veut
la marier contre son gré, que c'est sottise de conduire
des chiens à la chasse, en dépit d'eux, et que toute
femme que l'on marie malgré elle devient une ennemie
pour son mari :

> Stultitia est, pater, venatum ducere invitas canes.
> Hostis est uxor, invita quæ ad virum nuptum datur.

Tout ceci est de la fiction, il est vrai, mais il y a tout
lieu de croire que, si un pareil langage se produisait sur
le théâtre, c'est que, souvent aussi, il se produisait dans
la vie réelle.

IV. Dot, pages 28 et suiv.

J'ai dit qu'à Rome, certains pères de famille cherchaient à se soustraire à l'obligation de doter leurs
filles. Voici deux passages de Plaute, qui viennent à
l'appui de ce fait ; je les emprunte à l'*Aulularia :*

> Accessit animus ad eam sententiam,
> Quàm minimo sumptu filiam ut nuptum darem.

> ...Illud facito ut memineris
> Convenisse, ut ne quid dotis mea afferret filia.

Mais ces pères avares étaient notés d'une sorte d'infamie ; car c'était un scandale public de marier une fille
sans la doter :

> Flagitium quidem herclè fuit, nisi dos dabitur virgini.
>   (PLAUT., *Trinummus*.)

Et cependant, comme je l'ai fait remarquer déjà, on
semblait assez généralement reconnaître qu'une grosse
dot entraînait, pour le mari qui l'obtenait, de nombreux
inconvéniens :

> ...Multæ magnis dotibus .
> Incommoditates, sumptusque intolerabiles.
>   (PLAUT., *Aulularia*.)

C'est du bien bel argent que la dot, dit un personnage de l'*Epidicus* de Plaute. — Oui, certes, répond un autre, mais à condition qu'il vienne sans le mariage :

> ...Pulchra.
> OEdepol, dos pecunia est. — Quæ quidem, Pol, non mari-
> [tata est.]

Le mari d'une femme dotée n'a jamais envie de dormir, est-il dit encore dans la pièce du même comique, intitulée *Mostellaria* ; il lui déplaît souverainement d'aller se coucher :

> Si quis dotatam uxorem domi suæ habet,
> Neminem sollicitat sopor. — Ire dormitum odio est.

il en arrive ainsi à tous ceux qui ont épousé la dot, plus que la femme :

> Quibus anus domi uxores sunt, quæ vos dote meruerunt.
> (*Mostellaria.*)

Il était naturel qu'ayant sur les dots de pareilles idées, que partagèrent avec lui, du reste, comme on l'a vu, Térence, Horace, Ovide, Juvénal et autres, il était, dis-je, naturel que Plaute ne fît intervenir, dans les intrigues matrimoniales de ses comédies, que des prétendants fort désintéressés à cet endroit. Et en effet, ceux qu'il produit sur la scène font peu de cas de la question dotale.

> ...Nihil dotem moror,

tel est le langage qu'il leur prête habituellement.

L'un d'eux, à qui son père témoigne de la répugnance pour un mariage qu'il se propose de contracter avec une fille non dotée, répond qu'une pareille alliance ne pourra que lui faire, ainsi qu'à sa famille, beaucoup d'honneur :

> Egon' indotatam te uxorem patiar ?—Patiendum est, pater ;
> Et eo pacto addideris nostræ lepidam famam familiæ.

Un autre, dans l'*Aulularia*, va jusqu'à émettre le vœu que les plus riches soient tenus d'épouser les filles les plus pauvres, et de les prendre sans dot.

> Opulentiores pauperiorum filias
> Ut indotatas ducant uxores domum ;

d'où résulterait, selon lui, entre autres avantages, une notable amélioration des mœurs conjugales :

> Hoc ità si fiat, mores meliores sibi
> Parent pudore quos ferant, quâm nunc ferunt.

Mais toutes ces boutades contre la dot et ses inconvéniens ne pouvaient faire qu'elle ne fût pas le point de mire de la plupart des futurs, et surtout de leurs parents. On la considérait généralement comme le plus sûr moyen de marier convenablement les filles :

> ...Habeo dotem undè dem,
> Ut eam in se dignam conditionem collocem.
>
> (*Trinummus*).

Toute femme bien dotée, si fâcheuse que pût être sa réputation, trouvait toujours aisément un épouseur à son gré; la dot faisait passer sur tous ses défauts et même sur tous ses vices. C'est ce que disait Plaute, dans *Persa* :

> Quojusmodi hic cum famâ facilè nubitur,
> Dùm dos sit : nullum vitium vitio vortitur.

Le père de famille ne manquait pas, pour déterminer son fils à accepter le parti qu'il lui proposait, de faire briller à ses yeux le bel et bon argent de la dot :

> Tu locere in luculentam familiam,
> Undè tibi talenta magna vigenti pater
> Dat dotis...
>
> (PLAUT., *Cistellaria.*)

Les vingt grands talents attiques, dont il est question dans ce passage, représentaient 115,000 fr. de notre monnaie. C'était beaucoup, pour ce temps-là; et l'on conçoit qu'un pareil argument devait le plus souvent produire son effet, surtout si la personne, en faveur de laquelle il militait, avait, par elle-même, de quoi plaire :

> Si illa tibi placet, placenda dos quoque est, quam dat tibi.
>
> (PLAUT., *Trinummus.*)

Telles étaient, au temps de Plaute, les idées qui avaient cours chez les Romains, au sujet de cet appoint de mariage qu'on appelait *dos*.

On a pu voir, par divers autres fragments extraits, sur

le même sujet, de poésies póstérieures à celles de cet auteur, que, depuis, nonobstant tous ses inconvéniens, la dot n'avait rien perdu de sa prépondérance dans la question matrimoniale.

Mais un point sur lequel insistait Ovide, c'est qu'il fallait bien se garder de se laisser fasciner par les beaux yeux de la cassette, jusques-là de faire, par amour de la dot, un mariage mal assorti :

Si qua voles aptè nubere, nube pari.

Et decuit jungi cum pare quemque suâ.

C'est ce que disait également une maxime grecque, ainsi traduite en latin : « Æqualem tibi uxorem ducito. »

V. Formalités du mariage, pages 31 et suiv.

Dans le *Curculio* de Plaute, ou trouve une formule de fiançailles ainsi conçue :

Spondesne... mî hanc uxorem ? — Spondeo.

C'est sans doute de cette formule qu'est venue l'appellation de *sponsalia*.

Quand le *spondeo* avait été ainsi prononcé, la fille était fiancée, *pacta :*

Hæc tibi pacta est filia...

(PLAUT., *Trinummus.*)

Les fiançailles, ou *sponsalia* n'obligeaient, ainsi que je l'ai dit, ni les futurs, ni leurs parents. On pouvait s'en dédire ; et d'ordinaire, c'était par un tiers que le dédit était notifié :

Ego adeò jam illi mittam nuntium affini meo ;
Dicam ut aliam conditionem filio inveniat suo.

(PLAUT., *Truculentus.*)

Ce dédit n'était pas toujours bien accueilli, alors surtout qu'il survenait après que tout avait été préparé pour la célébration des noces ; témoin cet autre passage de l'*Aulularia* de Plaute :

Is me nunc renuntiare repudium jussit tibi.
— Repudium ! rebus peractis atque exornatis nuptiis !
Ut illum Dii immortales omnes deæque quantùm est perdant !

VII. Devoirs de l'épouse, pages 33 et suiv.

Les extraits qui suivent ont trait aux devoirs de l'épouse.

Plaute met dans la bouche d'une femme mariée ces sages maximes de fidélité conjugale :

> .,.Suus rex reginæ placeat.
> (*Stychus.*)

> Matronæ. . . . . conducibile est
> Unum amare, et cum eo ætatem exigere, cui nupta est semel.
> (*Cistellaria.*)

> Non matronarum officium est, sed meretricium,
> Viris alienis. . . . . subblandirier.
> (*Casina.*) [1]

Rien de plus orthodoxe, assurément, que cette morale, qui se résume à dire que le roi doit plaire à sa reine, et que la femme, une fois mariée, doit se consacrer, à toujours et toute entière, à son mari, l'aimer exclusivement, et se bien garder de répondre aux agaceries des autres hommes.

C'est pour elle un devoir de chasteté, dit encore Plaute, par la bouche d'une femme, d'honorer celui qui a daigné la prendre pour sa compagne :

> ...Pudicitia est
> Eos magnificare, qui nos socias sumpserunt sibi.
> (*Stychus.*)

Dans le passage suivant des *Menechmes*, un père reproche à sa fille, qui, mariée, fait mauvais ménage, de

---

(1) A ceci peuvent se rapporter les fragments suivants d'Horace, d'Ovide et de Juvénal :

> Unico gaudens mulier marito.
> (Hor.)

> Conjux qui nobis omnia solus erat.
> (Ov.)

> Nec Venere externâ socilia fœdera lædam.
> (*Id.*)

> ...Exceptos legibus horret
> Concubitus...
> (Juv.)

n'avoir pas suivi les conseils par lesquels il l'avait,
maintes fois, engagée à se montrer obéissante envers son
mari, à ne point s'occuper de ce qu'il fait au dehors, et
à lui témoigner que rien de ce qui lui déplaît ne lui
plaît à elle-même :

> Quoties monstravi tibi, viro ut morem geras, (1)
> Quod ille faciat, ne id observes, quò eat, quid agat !
>
> Ni mala, ni stulta sis, ni indomita, imposque animi,
> Quod viro esse odio videas, tute tibi odio habeas.

Enfin, dans cet autre passage de la comédie de Plaute,
ayant pour titre *Casina*, il est dit qu'une femme honnête ne doit rien posséder en cachette de son mari, et
que tout pécule, qu'elle détient ainsi par-devers elle, est
présumé lui provenir, soit de soustraction commise au
préjudice de la communauté, soit de quelque autre
source plus impure encore :

> Peculi probam nihil habere addecet
> Clàm virum; et quæ habet partum, ei haud commodi est,
> Quin viro aut substrahat, aut stupro invenerit.

VIII. Relâchement des liens du mariage, pages 35 et suiv.

Dans ses comédies, où se reflètent, très-probablement
au vrai, les mœurs de la société romaine de son siècle,
Plaute fait souvent figurer des maris qui se plaignent,
en termes fort amers, de leur moitié et des ennuis
qu'elle leur cause, soit par son importune loquacité,
soit par sa curiosité jalouse, soit par son humeur aca-
riâtre. Voici quelques-unes de ces plaintes :

> Ad prandium uxor me vocat; redeo domum.
> Jam meas oppilabit aures suâ vaniloquentiâ.
>   (*Rudens.*)
>
>   ...Quandò uxor domi est,
> Ea linguicula est nobis; nàm nunquàm tacet.
>   (*Casina.*)

---

(1) Ausone considérait l'obéissance de la femme à son mari comme
la vertu conjugale par excellence :

> Morigeræ uxoris virtus cui contigit omnis.

Ohe! jam satis est, uxor; comprime te : nimiùm tinnis.

(*Id.*)

Quotïes foràs ire volo, me retines, revocas,
Rogitasque quò ego eam, quam rem agam, quid negotii
[geram,]
Quid petam, quid feram, quid foris egerim.
Portitorem domum duxi...

(*Menœchmi.*)

Malo cavebis, si sapis ; virum observare desine.

(*Id.*)

...Domi uxor est acerrima.

(*Mercator.*)

Souvent aussi, le même poëte prête à ces maris un langage qui témoigne d'un grand désir d'être délivrés de leur femme.

On demande à l'un d'eux comment se porte la sienne : Beaucoup mieux que je ne le voudrais, répond-il :

Quid agit tua uxor? ut valet ? — Plus quàm ego volo.

(*Stychus.*)

A la même question, un autre répond : « Hélas! elle est immortelle; elle est pleine de vie, et ne paraît rien moins que disposée à mourir :

Eho! tua uxor quid agit? — Immortalis est ;
Vivit, victuraque est...

(*Trinummus.*)

Un troisième déclare nettement que sa femme le fait mourir, à force de vivre :

...Uxor me excruciat, quia vivit.

(*Casina.*)

Et, dans le *Truculentus*, un quatrième, recommandant à sa femme de prier les dieux pour le bonheur de sa maison, ajoute tout bas : « Et pour que je te puisse voir au plus tôt défunte : »

Uxor, venerare, ut nobis hæc habitatio
Bona, fausta, felix, fortunataque eveniat,
Teque ut quàm primùm potiùs videam emortuam.

Naturellement, les femmes ne pouvaient guère que maudire les maris qui, eux-mêmes, les maudissaient de la sorte. De là, toutes ces plaintes de leur part, que l'on voit fréquemment exprimées dans les comédies de Plaute, et entre autres celles-ci :

> Vir me habet pessumis despicatam modis.
> (*Casina.*)

> Miserior mulier nec me siet nec fuit,
> Tali viro quæ nupserim. Eheu! miseræ mihi!
> (*Mercator.*)

> ....Ubì amatores sunt mariti ?
> (*Menœchmi.*)

De là aussi l'indiscipline conjugale, dont j'ai cité plusieurs traits empruntés à divers poëtes latins.

Cette indiscipline était déjà poussée, du temps de Plaute, jusqu'à la méconnaissance de l'autorité du mari :

> (Viri) — Jus suum ad mulicres obtinere haud queunt.
> (*Casina.*)

> Patiendum est, si quidem, me vivo, mea uxor imperium exhibet.
> (*Id.*)

Mais voici qui est plus fort.

Dans *Casina*, des femmes donnent à une nouvelle mariée ce conseil, empreint du machiavélisme féminin le plus outré. Dès le début, lui disent-elles, faites en sorte de ne jamais laisser le dernier mot à votre mari : faites en sorte d'arriver à le mâter, à le dominer, à le soumettre à vos lois. A lui de vous vêtir, à vous de le dépouiller de tout. Nuit et jour, ingéniez-vous à le tromper :

> ...Nova nupta sospes,
> Iter incipe hoc : ut viro tuo semper sis superstes, atque
> Ut potior pollentia sit, vincasque virum, victrixque sies,
> Superetque tuum imperium : vir te vestiat, tu virum despolies;
> Noctuque et diu ut viro subdola sies...

Il paraît, toujours d'après Plaute, que, de son temps, ce système était mis en pratique par certaines femmes, et par celles-là surtout, qui, fortes et fières de leur dot, ne redoutaient pas, pour elles-mêmes, les suites d'une répudiation.

Dans les *Menechmes*, un père est appelé par sa fille, pour lui venir en aide contre son mari, dont elle prétend avoir à se plaindre. Se rendant à cet appel, le père fait cette réflexion :

> Credo cum viro litigium natum esse aliquod.
> Ità istæ solent, quæ viros subservire
> Sibi postulant, dote fretæ, feroces ;

Réflexion fort judicieuse ; car il arrive assez fréquemment que les dissensions entre époux ont pour cause la prétention de la femme à vouloir faire dominer sa volonté dans le ménage. Mais il ajoute, en parlant des maris :

> At illi quoque haud abstinent sæpè culpâ.

Réflexion plus judicieuse encore, et qui pourrait s'appliquer à la plupart des querelles de ménage, où, presque toujours, les torts sont des deux parts.

A propos de ces dissensions entre mari et femme, je crois bon de noter, en passant, un mot de Plaute, que nos comiques ont souvent reproduit, et que rappelle ce proverbe si connu, « Il ne faut pas mettre le doigt entre l'arbre et l'écorce : »

> Litigium est tibi cum uxore : ab ! mihi abs te caveo cautius.
> (*Menœchmi.*)

IX. Répudiation. — Divorce, pages 36 et suiv.

Rien n'était plus simple et plus expéditif que la forme suivant laquelle s'opéraient, à Rome, les répudiations et les divorces. En voici quelques formules que je rencontre dans Plaute, et qui me paraissent être conformes au droit.

Si c'était la femme qui répudiait, elle disait à son mari :

> Valeas : tibi habeas res tuas ; reddas meas.
> (*Amphitruo.*)

Si c'était le mari, il disait à sa femme :

> Quod tuum est, teneas tuum ;
> (*Cistellaria.*)

Puis il la renvoyait à ses parents :

> Faxo foràs vidua visas patrem.
> (*Menœchmi.*)

Nous avons vu que Juvenal et Martial reproduisent les mêmes formules.

Dans tout ce qui précède, on a pu remarquer combien le langage de Plaute est juridique. Sur cette question du mariage, ce ne sont pas seulement de curieux traits de mœurs que nous présentent les divers fragments qui viennent d'être relatés dans cette partie supplémentaire de mon travail. Les jurisconsultes peuvent y puiser, ce me semble, quelques aperçus utiles au point de vue de la science du droit, et de la pratique de l'institution matrimoniale, chez les Romains, à l'époque où vivait ce poëte.

Paternité. — Filiation. — Adoption. — Puissance paternelle.
Pages 40 à 45.

Notons ici, d'abord, un passage du *Pœnulus* de Plaute, qui mentionne en ces termes un cas d'adoption :

> ...Eumque adoptat pro filio ;
> Eumque hæredem fecit, cùm ipse obiit diem ;

puis, au sujet des devoirs respectifs des enfants et des parents, les extraits suivants, qui sont conçus dans le même esprit que ceux que j'ai déjà cités sur la même matière.

> Faciendum id nobis, quod parentes imperant.
> > (*Stychus.*).

> Virgo atque mulier nulla erit, quin sit mala,
> Quæ prætersapiet quàm placet parentibus.
> > (*Persa.*)

> Neque placitant mores, quibus video vulgò gnatis esse parentes.
> > (*Bacchides.*)

> Istoscine æquum mores est liberis largirier.   .
> > (*Id.*)

> ...Leniter qui sæviunt, sapiunt magis.
> Minus mirandum est, illæc ætas, si quid illorum facit,
> Quàm si non faciat. Feci ego istuc itidem in adolescentiâ.
> > (*Id.*)

> Hæc stultitia est, me illi vitio vertere,
> Egomet quod factitavi in adolescentiâ.
> > (*Epidicus.*)

Les deux premiers de ces passages recommandent

aux enfants l'obéissance aux volontés et la soumission aux conseils de leurs parents.

Les autres sont à l'adresse des parents, à qui ils font le reproche de donner à leurs enfants de mauvais enseignements et de mauvais exemples, et dont ils blâment la trop grande sévérité, pour la répression de fautes qu'ils ont eux-mêmes commises dans leur jeunesse. C'est le même langage que celui de Térence et de Juvénal. Ce dernier poëte disait aussi, pour motiver l'indulgence dont les parents devaient user envers leurs enfants, coupables de fautes de jeunesse :

> ...Fecimus et nos
> Hæc, juvenes...

§ 3. — *Propriété.*

II. Distinction des biens, pages 52 et suiv.

Sous ce paragraphe, j'ai cité un fragment du *Curculio* de Plaute, dans lequel il est dit que chacun a le droit de passer sur la voie publique :

> Nemo ire quemquam publicâ prohibet viâ.

Le poëte ajoute cette restriction :

> Dum ne per fundum septum facias semitam.

En effet, tout champ clos doit être respecté. En plaçant cette exception à côté de la règle, Plaute rend donc hommage au droit de propriété privée et aux principes tutélaires qui sauvegardent la possession.

Ailleurs il accorde encore, que peut dormir qui veut, en plein champ, dans un lieu qui n'appartient en propre à personne :

> Illic, ubi vis, obdormisce ; nemo prohibet ; publicum est ;
> (*Rudens.*)

Mais il entend que l'on ne confonde pas les distinctions établies entre les diverses natures de biens, et s'élève avec force contre ces hommes qui ne font aucune différence entre les choses sacrées et les choses profanes, entre les choses publiques et les choses privées :

> ...Qui sacrum profanum, publicum privatum habent.
> (*Trinummus.*)

.C'est ici, je crois, le lieu de citer, avec quelques détails, un autre passage de ses œuvres, dans lequel il établit, entre deux de ses personnages, une discussion juridique, sur le point de savoir si la mer est *publique*, à ce point qu'on ait le droit de s'approprier tout ce qu'on y trouve; et spécialement, si un pêcheur, qui au lieu de poissons, a pris dans ses filets un effet mobilier (dans l'espèce, une valise contenant des objets précieux), est autorisé à s'attribuer la propriété de cette trouvaille.

Cette discussion s'engage entre le pêcheur et un esclave qui, l'ayant vu de loin faire sa pêche miraculeuse, lui conteste le droit de s'en appliquer exclusivement le profit, et demande qu'il en soit fait part à deux. Voyons d'abord ce qu'objecte le pêcheur à cette demande.

Le pêcheur. A qui donc prétends-tu qu'appartiennent les poissons que j'ai pêchés dans la mer? Je soutiens, moi, que ceux que je prends sont ma chose. Quelqu'un s'avise-t-il de vouloir les affranchir et les rendre à la liberté, ou d'en réclamer une part? Je les vends publiquement, sur le marché, comme une marchandise à moi, comme mon bien propre. Comment en pourrait-il être autrement, puisque je les ai pris dans la mer, qui est commune à tous?

L'esclave. D'accord; et c'est précisément par ce dernier motif que je prétends avoir ma part de la valise. Tu l'as trouvée dans la mer; donc elle est commune à tous.

Le pêcheur. Quelle impudence! Mais, si le droit était tel que tu l'allègues, l'industrie des pêcheurs serait perdue; car, lorsqu'ils apporteraient leur poisson sur le marché, personne n'en voudrait acheter; tous en demanderaient le partage, sous prétexte que, provenant de la mer, il est le bien de tous.

L'esclave. Quoi! tu oses comparer une valise à un poisson? Tu ne fais pas de différence entre les deux?

Le pêcheur. Est-ce ma faute à moi, si une valise se prend dans mes filets, au lieu de poissons? Dès que j'ai jeté dans la mer mes filets et mes hameçons, tout ce qui s'y prend, je le tire; et je tiens que tout ce que je tire m'appartient en toute propriété.

L'esclave. Non. Ce n'est pas vrai, si ce qui s'y prend et ce que tu tires est une valise de voyage ou un autre objet de même nature.

Le pêcheur. Oh! le philosophe!

L'esclave. Mais, dis-moi donc, as-tu jamais vu un pêcheur prendre un havre-sac pour un poisson, et l'apporter comme poisson sur le marché?—Il faut, ou que tu me dises quel poisson c'est qu'un havre-sac, ou que tu renonces à t'approprier ce qui n'est point né dans la mer, ce qui ne porte point d'écailles.

Voici le texte que je viens de traduire. Il mérite d'être reproduit à peu près en entier :

> ...Ecquem esse dices in mari piscem meum?
> Quos cum capio, siquidem cepi, mei sunt, habeo pro meis.
> Nec manu asseruntur, neque illinc partem quisquam postulat.
> In foro palàm omnes vendo, pro meis venalibus.
> Mare quidem commune certò est omnibus.—Assentio.
> Quiminus hunc communem, quæso, mihi esse oportet vidulum;
> In mari inventu'st, communis est. — Næ impudenter impudens!
> Nam si istuc jus sit quod memoras, piscatores perierint.
> Quippè cùm extemplò in macellum pisces prolati sient,
> Nemo emat, suam quisque partem piscium poscat sibi;
> Dicat in mari communi captos. — Quid ais, impudens?
> Ausus etiam comparare vidulum cum piscibus?
> Eadem tandem res videtur? — In manu non est meâ ;
> Ubi demisi retem atque hamum, quidquid hæsi, extraho.
> Meum quod rete atque hami nacti sunt, meum potissimum est.
> —Imò herclè, haud est ; si quidem quod vas excepisti.—Philosophe !
> —Sed, tu, an unquam piscatorem vidisti, venefice,
> Vidulum piscem cepisse, aut protulisse ullum in forum?
>
> . . . .
> Vel te mihi monstrare oportet piscis qui sit vidulus,
> Vel quod in mari non natum est, neque habet squamas, feras.
>
> (RUDENS.)

Mis à *quia* par ce dernier argument, le pêcheur entreprend de prouver que le *vidulus* est un poisson ; poisson fort rare, il est vrai, mais qui cependant se rencontre quelquefois par grand hasard. C'est assez dire que le poëte, auteur de cette discussion de droit, n'admettait pas que les épaves et autres objets mobiliers perdus devinssent la propriété de ceux qui les trouvaient. A l'époque où Plaute écrivait, ce devait être une question encore indécise dans la jurisprudence; car, bien longtemps encore après lui, le jurisconsulte Julien la pro-

18

posait en ces termes : « Si quis merces ex nave jactatas invenisset, nùm ideó usucapere non possit, quia non viderentur derelictæ, quæritur ? » Mais Julien n'hésite pas à répondre que les choses ainsi jetées ou perdues dans la mer ne peuvent être considérées comme abandonnées, et qu'il n'est pas permis à ceux qui les trouvent de se les approprier : « Verius est eum pro derelicto usucapere non posse. » La même décision est donnée par le jurisconsulte Paul : « Res jactata domini manet, nec fit apprehendentis, quia pro derelicto non habetur. » Dans ses Institutes, Justinien admet également cette doctrine, ajoutant, comme l'esclave de Plaute, que c'est commettre un vol, que de s'emparer de pareilles épaves, même après les avoir trouvées au fond de la mer : « Si quis cas fluctibus expulsas, vel etiam in ipso mari nactas, lucrandi animo abstulerit, furtum committit ».

L'opinion que Plaute soutenait sur le théâtre a donc été consacrée par la jurisprudence et par le législateur.

Je dis l'opinion de Plaute; car il l'exprime fort nettement, dans un autre passage du *Rudens*, où il fait dire par un personnage, choisi comme arbitre du litige qui s'agitait entre le pêcheur et l'esclave, que, s'ils fussent allés en justice, le plaignant et l'inculpé eussent été simultanément atteints et convaincus de vol :

Et ipsum sese et illum *furti obstringeret.*

Et remarquons que, dans ce dernier fragment encore, c'est le droit pur que parle Plaute. Ces expressions *furti se obstringere*, qué le poëte emploie aussi dans une autre partie de ses œuvres, *homo furti se obstringit*, sont celles qui étaient usitées dans la jurisprudence, pour qualifier le cas de prévention de vol. Nous lisons, en effet, dans le Digeste, précisément à propos de la soustraction d'un objet trouvé : « qui alienum quid jacens, lucri faciendi causâ sustulit, *furti obstringitur.*

§ 3. — *Captation*, pages 58 et suiv.

Plaute aussi a dit son mot des hérédipètes et captateurs de testaments, dont l'industrie avait sans doute commencé à s'exploiter de son temps. Il les dépeint en ces traits fort remarquables :

Illic homo tuam hæreditatem inhiat, quasi lupus esuriens.
(*Stychus.*)
Bona mea inhiant : certatìm ideò nutricant et munerant.
(*Miles Glor.*)

Ce dernier vers est mis dans la bouche d'un vieux célibataire que les aspirants à sa succession comblent à l'envi de politesses et de présents.

La captation contre laquelle s'élevaient Horace, Juvénal et Martial, n'était donc pas chose nouvelle, de leur temps.

§ 5. — *Contrats et obligations.*

II. Bonne ou mauvaise foi. Pages 64 et suiv.

J'ai déjà cité quelques fragments de Plaute sur cette matière, et l'on a pu remarquer qu'ils n'étaient point à la louange de la bonne foi de ses contemporains.

Ceux que voici ne sont pas plus flatteurs. Tous, en effet, témoignent que le poëte considérait la plupart de ses concitoyens comme profondément entachés du vice de mauvaise foi. Il est vrai qu'afin de pouvoir s'en expliquer plus à l'aise, dans ses comédies, il avait toujours soin de placer le lieu de la scène, soit en Grèce, soit en Sicile, soit en quelque autre contrée, plus ou moins éloignée de Rome.

Satin' ut quem tu habeas fidelem tibi, aut cui credas nescias ?
(*Bacchides.*)
Nimiùm difficile est reperiri amicum, ità ut nomen cluet,
Cui tuam cùm rem credideris, sine omni curâ dormias.
(*Trinummus.*)
Si quis mutuum quid dederit, sit proprio perditum.
(*Id.*)
Neque fœnus, neque sortem argenti danunt.
(*Mostellaria.*)
Cùm repetas, inimicum amicum beneficio invenis tuo.
Si mage exigere cupias, duarum rerum exoritur optio :
Vel illud quod credideris perdas, vel illum amicum amiseris.
(*Trinummus.*)
...Ego talentum mutuum
Quòd dederam, talento inimicum mihi emi; amicum vendidi.
(*Id.*)

Il résulte de ces extraits que, dans la pensée de Plaute, on ne pouvait pas même compter sur la bonne foi d'un ami ; que lui prêter, c'était s'exposer presque à coup sûr, soit à perdre son argent, si on tenait à garder l'amitié du débiteur, soit à perdre son ami, et même à s'en faire un ennemi, si l'on tenait à recouvrer l'argent prêté.

Les mêmes réflexions ont souvent été faites après Plaute, et peut-être d'après lui. Qu'il me soit permis d'en relever ici quelques-unes, que j'emprunte à divers poëtes et prosateurs :

> Ut nunc sunt mores, adeò res rediit;
> Si quis quid reddit, magna babenda est gratia.
> (TERENT.)

> Debitor usuram pariter sortemque negabit. (MART.)

> Dimidium donare Lino, quàm credere totum
> Qui mavult, mavult perdere dimidium. (Id.)

> Qui debet, limen creditoris non amat.
> (PUBL. SYRUS.)

> Æs debitorem alienum leve, grave inimicum facit. (Id.)

Le débiteur, dit Publius Syrus, dans le premier des deux derniers vers qui précèdent, n'aime point la porte de son créancier. Il ajoute, dans le second, qu'un peu d'argent prêté éloigne de nous celui qui nous le doit, et que beaucoup nous en fait un ennemi. Il faut croire que cette pensée, déjà exprimée par Plaute, avait été bien vérifiée par l'expérience ; car Sénèque la reproduit en ces termes : « Quidam, quò plus debent, magis oderunt; leve æs debitorem alienum facit; grave inimicum ». Cicéron avait dit aussi dans le même sens : « Qui se non putat satisfacere, amicus esse nullo modo potest ».

Mais revenons aux réflexions de Plaute sur le même sujet :

> Benè promittis multa ex multis ; omnia incassùm cadunt ;
> (Pœnulus.)

> At scio quo vos pacto soleatis perplexier :
> Pactum, non pactum est; non pactum, pactum est ; quod vos lubet.
> (Aulularia.)

> ...Suum repetunt ; alienu m reddunt nemini. (Pseudolus.)

> ...In jure abnegant pecuniam. (Rudens.)

Tel est le langage que Plaute faisait tenir à ses personnages, dans la plupart de ses pièces de théâtre, une seule fois, il y fait figurer un débiteur, qui avoue sa dette, et promet de la payer,

...Profectò non negabo debere, et dabó;

et encore n'est-ce qu'une promesse arrachée par la vive insistance du créancier.

Aussi, dans le *Pseudolus*, un créancier trompé s'écrie-t-il :

Ne quisquam credat nummum jàm edicam omnibus.

Il fallait que la mauvaise foi fût bien commune, pour qu'un seul poëte en fît le sujet de tant de doléances.

Plaute la déplorait d'autant plus, qu'il en voyait découler cette bien triste conséquence, que les honnêtes gens eux-mêmes n'avaient plus de crédit. Et, ici, je saisis l'occasion de rétablir dans son entier, et dans son véritable sens, le passage où cette pensée est exprimée, passage qui s'est trouvé tronqué et mal appliqué dans la première partie de mon travail, déjà imprimée au moment où je compose ces notes supplémentaires. Le fragment complet est ainsi conçu :

...Id genus hominum
Universis est advorsum, atque omni populo malefacit.
Male fidem servando, illis quoque abrogant fidem
Qui nihil meriti : quippè, ex eorum ingenio, ingenium horum
[probant.]

III. Bonus dolus, page 66.

La doctrine suivant laquelle il était permis de tromper un trompeur avait, sans doute, l'assentiment de Plaute; car elle est très-explicitement formulée dans l'une de ses comédies, les *Bacchides*, où il est dit :

Nullus frugi esse potest homo, nisi qui et bene et malè facere tenet,
Improbus cum improbis sit, harpaget ; furibus furetur quidquam.

. . . .

Versipellem frugi convenit esse hominem, pectus cui sapit ;
Bonus sit bonis ; malus sit malis...

Par application de cette doctrine, il ne recommande l'observation de la bonne foi que vis-à-vis de ceux qui l'observent eux-mêmes :

Fac fidelis sis fideli : cave fidem fluxam geras. (*Captiv.*)

18.

IV, pages 66 et suiv.

Je complète ici un passage de Plaute, qui a rapport à l'espèce de contrat connue sous le nom de *Stipulationes*, et dont je n'ai cité que la première partie, ainsi conçue :

> Nullum periculum est, quod sciam, stipularier.

Voici la suite de ce passage :

> Ut occœpisti verba, vigenti minas
> Dabin' ? — Dabuntur...   (*Pseudolus.*)

C'était apparemment dans ces termes-là que se formaient les *Stipulationes ;* elles consistaient donc à faire répéter et bien préciser l'objet et les conditions de la promessé ou de la convention verbale. Comme exemple du mode d'application de la forme du contrat dont il s'agit ici, ce document poétique n'est peut-être pas sans quelque valeur.

V, page 74.

On se rappelle ce vers, déjà cité, du *Rudens* de Plaute,

> Jusjurandum servandæ rei, non perdendæ, conditum est.

C'est surtout au serment litis-décisoire qu'il s'applique.

Le personnage auquel Plaute prête ce langage ajoute ceci :

> Meus arbitratus est, lingua quid juret mea.

> Juratus sum, et nunc jurabo, si quid voluptati est.

Telle était la doctrine d'un grand nombre de plaideurs. Ce dicton, rapporté par Cicéron, *abjurare mihi certius est, quàm dependere*, était devenu leur règle, en matière de serment. C'est ainsi qu'ils entendaient et appliquaient cette maxime de droit, admise par les jurisconsultes : « Jusjurandum loco solutionis cedit ».

Au rebours de l'adage, « qui paie ses dettes s'enrichit », ils disaient :

> Dives sum, si non reddo eis quibus debeo   (*Curculio.*)

Vente. Pages 71 et suiv.

Plus d'une fois, Plaute a fait intervenir et même fonctionner, dans ses œuvres, le contrat de vente. Ce qu'il en dit me paraît digne de l'attention de ceux qui s'occupent de droit romain.

Les deux passages suivants ont trait à des ventes aux enchères.

Dans le premier, c'est un parasite qui met en adjudication tout son mobilier, et notamment les pièces d'éloquence bouffonne dont il a fait provision pour l'amusement de ceux qui l'invitent à leur table. Il appelle le public à cette adjudication, et l'engage à faire des mises :

Nunc auctionem facere decretum est mihi.
Foràs necessum est quidquid habeo vendere.
Adeste sultis ; præda erit præsentium.
Logos ridiculos vendo : agite ; licemini.
(*Stychus.*)

Dans le second passage, c'est un homme marié, qui, voulant se défaire, par une pareille vente, de tout ce qu'il possède, annonce qu'il adjugera au comptant tous ses biens, meubles et immeubles, y compris sa femme, si tant est qu'elle trouve acheteur :

Auctionem faciam, et vendam quidquid est.
Vœnibunt servi, supellex, fundi, ædeis ; omnia
Vœnibunt quiqui licebunt, præsenti pecuniâ.
Vœnibit uxor quoque etiam, si quis emptor venerit.
(*Menœchmi.*)

Le fragment que voici indique une autre espèce de vente. C'est un achat fait avec arrhes données au vendeur, et avec promesse faite sous serment, par celui-ci, d'exécuter loyalement le marché :

Minis trigenta sibi puellam destinat ;
Datque arrhabonem, et jurejurando alligat.
(*Rudens.*)

Dans cet autre extrait, il est question de la vente de gré à gré d'une maison, dont la livraison est faite contre espèces préalablement comptées au vendeur :

Minas quadragenta accepisti à Callicle ;
Et ille abs te ædes accepit mancipio. (*Trinummus.*)

Accipere mancipio, c'était acheter avec toute garantie, de la part du vendeur, de son droit de propriété.

L'espèce qui va suivre nous montrera que certaines
ventes se faisaient sans cette condition et même avec
stipulation expresse de non-garantie.

Un étranger, possesseur d'une fille qu'il veut vendre
comme esclave, donne à un tiers, dans la comédie intitulée *Persa*, mandat de faire cette vente argent comptant, et sans garantie aucune. Les termes du mandat
sont ainsi conçus :

> Suo periculo is emat, qui eam mercabitur ;
> *Mancipio neque promittet*, neque quisquam dabit.

Et surtout, ajoute le mandant, que la livraison ne se
fasse que contre du bel et bon argent bien compté :

> Probum et numeratum argentum ut accipiat face.

Le mandataire propose la vente, dans ces conditions,
à un entrepreneur de prostitution. Celui-ci de se récrier :
« Je ne me soucie nullement, répond-il, de me jeter
dans des difficultés et des procès. Quoi ! je payerais
comptant au vendeur, qui habite je ne sais où, sans aucune garantie en cas d'éviction ? Un pareil marché ne
me convient aucunement : »

> ...Nihil mihi opus est
> Litibus neque tricis. Quamobrem ego argentum numerem foràs
> Nisi mancipio accipio ? Quid eo mihi opus est mercimonio ?

Il finit cependant par accepter cette condition, et
entre en pourparlers sur le prix avec le mandataire,
lequel est accompagné d'un courtier ou entremetteur,
qui semble prendre les intérêts de l'acheteur.

Suivons les phases de ce marché. Les détails de la
scène feront voir comment on usait alors du droit, accordé par la loi romaine, de se circonvenir réciproquement dans de semblables négociations, *se invicem pretio circumvenire.*

« Faites votre prix, dit l'acheteur ; c'est vous qui ven-
dez ; à vous de parler le premier » :

> Indica, fac pretium ; tua merx est ; tua indicatio est.

« Vous voulez sans doute acheter au meilleur marché

possible, répond le vendeur? — Et vous, réplique l'acheteur, vendre le plus cher possible? Mais voyons; votre prix ?

> ...Vin' benè emere ?—Vin' tu pulchrè vendere ?
> ...Age, indica prognariter.

Tout d'abord, qu'il soit bien entendu, reprend le vendeur, qu'on ne vous garantit rien, c'est bien convenu, n'est-ce pas ? — Oui, dit l'acheteur. Mais, encore une fois, faites votre prix :

> Priùs dico, hanc mancipio nemo tibi dabit. Jàm scis?—Scio: Indica...

Ces pourparlers se prolongent; aucun prix n'est proposé de part ni d'autre : c'est à qui ne parlera pas le premier. L'acheteur se consulte avec l'entremetteur du marché, interroge la jeune fille à vendre ; puis enfin, le vendeur se décide à dire son prix. Laissons parler les personnages :

Le vendeur. Je vous la cède pour cent mines.

L'acheteur. C'est trop cher.

Le vendeur. Pour quatre-vingts.

L'acheteur. C'est encore trop cher.

Le vendeur. Je n'en rabattrai pas un denier.

L'acheteur. Allons, faites bien vite votre dernier prix.

Le vendeur. Eh bien! je vous la cède, à vos risques et périls, pour soixante mines d'argent.

Le courtier. Comment? vous hésitez? vous ne vous hâtez pas de le prendre au mot?

L'acheteur. Accepté. Je vous en donne ce prix.

Le vendeur. Allez chercher l'argent, et payez.

Le courtier. Au prix de trois cent mines vous ne l'eussiez pas payée trop cher. L'excellent marché que vous faites là! C'est tout profit.

Voici le texte de ce dernier passage :

> ...Habe tibi centum minis.
> —Nimiùm est.—Octoginta.—Nimiùm est. Nummus abesse hinc non potest
> Quod nunc dicam.—Quid est ergò ? Eloquere actutùm, atque indica.
> —Tuo periculo hœc datur sexaginta argenti minis.
> —Qui hanc non properas destinare?—Habeto.—Abi : argentum effer foràs.
> —Non œdepol minis trecentis cara est ; fecisti lucri.

Le marché ainsi conclu, et le prix payé, l'entremetteur félicite de nouveau l'acheteur du bon marché qu'il vient de faire. « Ce n'est pas payé, lui dit-il, vous l'avez pour rien : »

> Non emisti hanc ; verùm fecisti lucri.

« Ah ! répond l'acheteur, ce marchand a parfaitement su ce qu'il faisait, lui qui m'a vendu, à mes risques et périls, une fille qu'il a sans doute volée. Il a touché le prix et s'en est allé. Que sais-je, moi, si cette esclave n'est pas déjà affranchie ? et, s'il en est ainsi, quel recours aurai-je contre mon marchand ? Irai-je le chercher en Perse où il est domicilié ? Belle chance !

> Ille quidem jàm scit quid negotii gesserit,
> Qui mihi furtivam meo periculo vendidit.
> Argentum accepit; abiit. Quid ego nunc scio
> An jam asseratur manu ? quò illum sequar ?
> In Persas ? nugas...

Tous ces détails, que j'abrège, me semblent représenter, au vrai, la mise en pratique, chez les anciens, de la vente de gré à gré ; et, sous ce rapport, ils ne sont pas sans intérêt juridique ; d'autant que, dans l'espèce, nous voyons stipuler, dans les termes de droit, une condition de non-garantie, sur laquelle le vendeur insiste tout particulièrement.

Il ne peuvent, d'ailleurs, que confirmer de plus fort ce que j'ai dit, d'après les poëtes, du peu de bonne foi que, généralement, on apportait, de part et d'autre, dans les marchés de ce genre. Ici, en effet, l'acheteur ne doutait pas qu'on ne lui vendît ce qu'on n'avait pas le droit de vendre, et il achetait, en conséquence, à vil prix. De son côté, le vendeur cherchait de son mieux à le tromper. C'était là l'histoire de bon nombre de ventes. La règle, en cette matière, nous dit encore Plaute, était qu'on devait acheter en plein jour, et revendre de nuit :

> Eme, die cæcâ, herclè olivum ; id vendito oculatâ die :

c'est-à-dire que, pour faire de bons marchés, il faut y voir clair, et que, pour en faire faire aux autres de mauvais, il ne leur faut vendre, que lorsqu'ils n'y voient pas assez pour apercevoir les défauts de la marchandise.

Il va sans dire que Plaute était bien loin d'approuver cette déloyauté dans le contrat de vente, et qu'il n'en produisait des exemples sur la scène que pour la stig-

matiser. On trouve, dans ses œuvres dramatiques, plus
d'une malédiction contre l'esprit de fraude des marchands, entre autres, celles-ci :

Forum coquinum qui vocant, stultè vocant :
Nàm non coquinum est, verùm *furinum* est forum.
(*Pseudolus.*)

Son avis était, d'ailleurs, qu'en général, la mauvaise
marchandise finit par appauvrir celui qui entreprend
de la débiter ; qu'elle ne trouve que difficilement des
acheteurs ; que la bonne, au contraire, se vend toujours
aisément, lors même qu'elle n'est point en évidence :

...Merci pretium stat, pro virtute ut vœneat ;
Quæ improba est, pro mercis vitio, dominum ut pauperet,
(*Mil. glor.*)

Invendibili merci oportet ultrò emptorem adducere.
Proba merx facilè emptorem reperit, tametsi in abstruso sita est.
(*Pœnulus.*)

Ajoutons toutefois que ce poëte ne blâmait pas les
bons marchés, quand ils étaient faits de bonne foi,
comme dans cette espèce, où il fait dire à un acquéreur
qui ne paie pas à sa valeur l'immeuble dont il vient de
faire loyalement l'achat :

Bonè res nostra collocata est istoc mercimonio. (*Mostell.*)

Louage, page 76.

A ce que j'ai dit sur le louage, on peut rattacher cet
extrait du *Persa* de Plaute, duquel il résulte que ce
contrat s'appliquait aux choses mobilières, comme aux
immeubles : car il y est dit, que, pour se procurer un
déguisement, on n'a qu'à s'adresser à l'entrepreneur
des spectacles publics, qui dispose des costumes de
théâtre, dont les Édiles lui ont fait la location :

...Ornamenta abs chorago sumito :
Præbenda ædiles *locavère*...

On a vu, d'ailleurs, par un passage de Juvénal, cité
dans la cinquième partie de mon travail, que certains
avocats louaient jusqu'à une bague, pour en orner leur
main, quand ils plaidaient :

...*Conductà* Paulus agebat
Sardoniche...

Et, ici, je ne dois pas omettre de faire remarquer que, dans l'un et l'autre passage, la locution juridique est très-exactement employée. En effet, dans celui de Plaute, où il est question de location faite par le propriétaire de la chose, c'est du terme de droit usité dans ce cas, *locare*, que se sert le poëte. Dans celui de Juvénal, au contraire, où il est parlé de conduction, ou de l'action de prendre à loyer, c'est encore par le mot propre et technique, *conducere*, que cette action est exprimée.

Prêt., pages 79 et suiv.

A l'époque où Plaute écrivait, on ne trouvait plus guère à emprunter gratuitement. On lit, en effet, dans le *Pseudolus*, que jusqu'au nom du *Mutuum* était perdu,

> Quin nomen quoque jam interiit *mutuum.*

De là vient que les comédies de ce poète sont remplies de doléances, telles que celles-ci :

> Nimis miser sum; nummos nusquam reperire argenti queo.
> <div align="right">(<i>Pseudolus.</i>)</div>

> Ità fio miser, quærendo *argento mutuo :*
> Nec quidquam, nisi non est, sciunt mihi respondere quos rogo.
> <div align="right">(<i>Persa.</i>)</div>

A celui qui sollicitait un prêt d'argent, en ces termes parfaitement conformes au langage du droit,

> Tecumque oravi ut nummos sexcentos mihi
> *Dares utendos mutuos,...*   (*Persa.*)

on répondait :

> Nummum nunquam credam plumbeum.
> <div align="right">(<i>Trinummus.</i>)</div>

> Tibi ego nunquam quicquam credam, *nisi accepto pignore.*
> <div align="right">(<i>Truculentus.</i>)</div>

Il fallait, pour obtenir un prêt, donner des gages, ou s'adresser aux usuriers. C'est ce dernier parti que l'on conseillait à un fils de famille qui, à bout de ressources, cherchait vainement à faire un emprunt :

> ...Invenias *mutuum;*
> Apud Danistam devenias : adderes *fœnusculum.*
> <div align="right">(<i>Pseudolus.</i>)</div>

Mais les *Danistæ* étaient eux-mêmes trop sujets à caution, pour donner aisément leur confiance à autrui,

Ab alienis cautiores sunt, ne credant alteri;
(*Pseudolus.*)

et, bien qu'on les vît journellement se mettre en quête d'emprunteurs,

Lucripeta fœnus fœnerator postulat,
(*Mostellaria.*)

ils faisaient assez peu d'affaires, parce qu'il ne leur arrivait pas souvent de trouver l'occasion d'un placement parfaitement sûr, et de pouvoir se dire :

Nec quicquam argenti locavi jamdiù æquè benè.
(*Mostellaria.*)

Plaute, au contraire, faisait dire à l'un d'eux : « Jamais je n'ai vu, pour mon commerce, une aussi détestable année que celle-ci. Je cours le forum du matin au soir et ne trouve pas à placer un seul denier ».

Scelestiorem ego annum argento fœnori
Nunquam ullum vidi, quàm hic mihi annus obtigit.
A mane ad noctem usque, in foro dego diem :
Locare argenti nemini nummum queo.
(*Mostellaria.*)

C'est qu'en effet leurs clients les plus ordinaires étaient les jeunes prodigues, et qu'au temps de Plaute, il existait un plébiscite, rendu pendant la dernière guerre punique, et connu sous le nom de *Lex Plætoria*, qui défendait de prêter aux mineurs de 25 ans, et le défendait sous une sanction sévère. Quoique le texte entier de cette loi ne soit pas parvenu jusqu'à nous, son existence est parfaitement constatée, et par la mention qui en est faite dans les écrits de Cicéron, et par la découverte de la table d'Héraclée; et l'on sait qu'elle autorisait l'accusation publique contre ceux qui faisaient souscrire des emprunts usuraires et ruineux à des jeunes gens âgés de moins de 25 ans. C'est, sans nul doute, à cette loi, appelée par lui *Quina vicennaria*, que Plaute fait allusion, dans le passage suivant du *Pseudolus*, où un mineur, à qui l'on donnait le conseil, cité plus haut, de recourir à un usurier, pour obtenir

19

un prêt d'argent, s'écrie avec douleur : « Hélas! est-ce
que la loi *Quina vicennaria* ne m'enlève pas cette dernière ressource ?

> Perii ! an non tùm lex me perdit Quina vicennaria ?

Les érudits s'accordent à reconnaître qu'il s'agit bien
ici de la loi *Plætoria ;* et l'on voit que Plaute n'en igno-
rait pas les dispositions, qui, en effet, rendaient assez
difficile l'industrie des usuriers.

Un autre passage du même auteur va nous montrer
qu'il entendait parfaitement aussi les règles relatives à
l'imputation des paiements.

Dans *Mostellaria,* Plaute met un *Danista* aux prises
avec son débiteur. Voici dans quelles circonstances :

L'usurier rencontre ce débiteur, qui est accompagné
de son esclave. « Bon, se dit-il; il vient à moi. J'espère
que je vais enfin être payé » :

> ...Hic ad me it. Salvus sum.
> Spes est de argento...

On s'aborde : mais aux premiers mots qui s'échangent,
l'usurier voit bien qu'on ne vient pas à lui avec l'argent.
Il le réclame à grands cris :

> ...Quin mihi argentum redditis ?

On l'engage à attendre; il insiste, et crie plus fort :

> Quin vos fœnus mihi datis ? Quid nugamini ?

puis le colloque se continue, comme il suit, entre l'esclave du débiteur et lui :

L'usurier. — Je ne réclame que ce qui m'est dû. Depuis longtemps déjà, vous vous jouez de moi. Si je vous
suis importun, rendez-moi mon argent; et vous serez
ainsi débarrassé de mes réclamations.

L'esclave. — Nous sommes prêts à payer, mais le
capital seulement.

L'usurier. — Le capital! mais non; ce sont les intérêts qu'il me faut; les intérêts, tout d'abord.

L'esclave. — Les intérêts? mon maître n'en doit pas;
il n'en payera pas.

L'usurier. — Comment? il n'en doit pas?

L'esclave persiste dans son refus. Il engage l'usurier
à se contenter du capital, à moins qu'il n'aime mieux
voir son débiteur abandonner la ville et s'exiler, pour
échapper à ses poursuites. L'usurier réclame de plus
fort : « Les intérêts, je veux les intérêts ; payez les intérêts, tout de suite. »
Voici le texte de Plaute :

> ...Meum peto.
> Multos me hoc pacto jam dies frustramini.
> Molestus si sim, reddite argentum ; abiero.
> —Sortem accipe.—*Imó fœnus ; id primum volo.*
> — Non dat ; non debet. — Non debet ?...
> . . . .
> Cedo fœnus, redde fœnus, fœnus reddite.
> Daturin' estis fœnus actutùm mihi?
> Date mihi fœnus.

Intervient ensuite le père du débiteur ; et, devant lui,
celui-ci, de meilleure foi que son esclave, convient de
ce qu'il doit à l'usurier, en principal et intérêts :

> Quattuor quadragenti illi debentur minæ.
> Et sors et fœnus...

C'est cela, dit l'usurier. Je ne demande rien de plus :

> ...Tantùm est. Nihil plus peto.

On peut juger par ce passage, que le poëte comique,
qui faisait ainsi réclamer par le créancier le paiement
des intérêts, préalablement à celui du capital de la dette,
connaissait à merveille la règle de droit, d'après laquelle
tous paiements faits par le débiteur doivent s'imputer
tout d'abord sur les intérêts : « Priùs in usuras nummus
acceptus accepto ferendus.—Primùm in usuras, mox, si
quid superfluum est, in sortem debet imputari »(Digest.).

Il en est une autre, sur la même matière, dont il
devait également avoir une parfaite connaissance. C'est
celle qui dispose que le paiement, une fois fait, éteint
la dette, et que nul ne peut être contraint à payer deux
fois : « Solutione ejus quod debetur, tollitur omnis obli-

*19

gatio. — Bona fides non patitur ut bis in idem exigatur » (Digest'. Cette règle, en effet, est très-explicitement appliquée dans le passage suivant du *Curculio* :

...Tibi res soluta est...

Nec me quidem unquàm subiges redditum ut reddam tibi.

Mandat, pages 88 et suiv.

L'un des mandats les plus ordinaires, à Rome, était celui que les maîtres donnaient à certains de leurs esclaves qu'ils préposaient à la gestion de leurs affaires domestiques, et notamment à la comptabilité de la maison.

C'est d'un mandat de ce genre que se dit chargé l'un des personnages du *Pseudolus*, remplissant le rôle d'esclave :

...Res rationesque heri

Curo, argento accepto, expenso, et cui debet dato.

Un autre, dans *Mostellaria*, se félicite de ce que ses comptes de gestion sont parfaitement en règle :

Benè igitur ratio accepti atque expensi inter nos convenit.

L'accomplissement soigneux et fidèle des obligations du mandataire est toujours, dans les comédies de Plaute, l'objet de témoignages élogieux :

OEdepol, mandatum pulchrè, et curatum benè.

(*Trinummus.*)

...Sedulò

Rem mandatam exsequitur...

(*Bacchides.*)

Quant à la négligence apportée dans l'exécution d'un mandat de confiance, il n'avait pas assez d'épithètes pour la qualifier comme elle lui paraissait le mériter :

Ad mandata claudus, cæcus, mutus, mancus, debilis.

(*Mercator.*)

On a vu, du reste, que c'est à ce poëte qu'appartient la maxime, déjà citée, par laquelle il est recommandé au mandataire de s'occuper, avant toutes autres choses, de l'affaire qui lui a été confiée :

Rem mandatam omnes sapientes primùm prævorti decet.

Cette maxime est tirée du *Mercator*..

PROCÉDURE CIVILE.

Vocatio in jus, pages 91 à 93.

Le poëte, dont je m'occupe particulièrement ici, met fréquemment en action, dans ses comédies, la *Vocatio in jus.*

On sait que le demandeur, lorsqu'il voulait contraindre son adversaire à comparaître devant le préteur, avait, aux termes de la loi des Douze Tables, le devoir de prendre à témoin un citoyen, *antestari,* et que cette formalité s'accomplissait, en touchant ou prenant entre les doigts une certaine partie de l'oreille du témoin. « Est in aure locus, dit Pline, quem tangentes, antestamur. »

Voici quelques nouveaux passages de notre auteur, dans lesquels il est fait mention de cette dernière formalité :

Ite in jus. Ne moremini. — Antestare me, atque duce.
— Ego te antestabor...
(Pœnulus.)

Ambula in jus, leno. — Quid in jus me vocas ?
— Illic apud prætorem dicam; sed ego in jus voco.
— Nonne antestaris ?—Tuân' ego caussâ, carnifex,
Cuiquam mortali libero *aureis atteram ?*
(Id.)

On remarque qu'ici le défendeur a grand soin de demander qu'un tiers soit pris à témoin de la *vocatio in jus* dont il est l'objet, et que, dans le second des deux fragments que je viens de citer, le demandeur ne s'y refuse qu'en considération de la vile condition de son adversaire, qui ne vaut pas la peine, dit-il, que l'oreille d'un homme libre soit touchée à son occasion.

Le témoin, en effet, devait être de condition libre. En voici une preuve, fournie par le *Curculio :*

« Viens en justice, dit l'un des personnages à un

autre, qu'il accuse d'un acte illicite. — Je m'y refuse,
répond celui-ci. — Peux-tu me servir de témoin ? demande le plaignant à un tiers qui se trouve là.— Il ne
le peut, objecte le défendeur. — Et moi, dit le tiers, je
prétends que je le puis. — Approche donc, reprend le
plaignant, pour que je te touche l'oreille.—Oserais-tu
bien, s'écrie alors le défendeur, prendre à témoin un
esclave ? — Qu'est-ce à dire, lui répond le tiers ; ap-
prends que je suis de condition libre :

Ambula in jus.—Non eo.—Licet antestari te?—Non licet.
—At ego, quem licet, te.—Accede hùc.—Servum antestari ? Vide.
—Hem ! ut scias me liberum esse...

Rien de plus concluant, ce me semble, que ce passage, pour établir que les hommes libres pouvaient
seuls être pris à témoin de la *vocatio in jus.*

Quelquefois, le défendeur, ainsi appelé en justice, s'en
remettant à la discrétion du poursuivant, le suppliait
de lui épargner le désagrément d'une comparution devant le juge. A ceci se rapportent les extraits qui suivent :

> Eamus in jus.—Quid vis in jus me ire? Tu es prætor mihi.
>   (*Truculentus.*)

>   ...Haud multò post in jus veneris.
> —Quin egomet tibi me addico (1). Quid prætore opus est ?
>   (*Pœnulus.*)

Mais le demandeur ne renonçait pas aisément à son
droit ; et, quand le défendeur voulait ainsi le prendre
pour juge, et plaider sa cause devant lui, il lui répondait :

> In jure causam dicito. Hic verbum satis est.
> Sequere...

Je signale ici à l'attention des jurisconsultes un autre
fragment de Plaute, sur le même sujet. Il est extrait
du *Pœnulus.* Voici l'espèce à laquelle il a trait.

Un entrepreneur de prostitution détient, comme es-

---

(1) *Egomet tibi me addico.* Ce sont encore là des termes propres à
la langue du droit. Ils expriment que le débiteur se donne lui-même
en gage à son créancier, et le rend maître de sa personne, jusqu'a-
près l'entier acquittement de sa dette.

claves, ou plutôt, comme *meretrices*, deux jeunes filles
de condition libre. Le père, à qui elles ont été enle-
vées, les retrouve, et reprend son bien. On lui conseille
de poursuivre le *leno*. Traînons-le en justice, lui dit-
on. — Non point, répond-il. — Pourquoi pas? — Parce
qu'il vaut mieux faire prononcer contre lui la peine de
l'injure :

Rapiamus in jus. — Minimè. — Quapropter?—Quia
Injuriarum mulctam indici satius est.

Ici, comme on le voit, celui qui a droit d'agir en justice donne la préférence à un mode d'action sur l'autre; et la raison de cette préférence, c'est que, selon
lui, le mode d'action auquel il s'arrête a plus d'avantages que celui qu'on lui propose. Mais pourquoi la
mulcta injuriarum était-elle préférable dans l'espèce?
Pourquoi, surtout, celui qui la voulait faire prononcer
n'admettait-il pas qu'il y eût lieu de traîner en justice,
rapere in jus, la personne dont il avait à se plaindre? Il
y en avait certainement un motif, tiré de quelque disposition légale alors en vigueur. Cette disposition légale ne serait-elle pas celle-ci, que je rencontre au
nombre des textes recueillis dans le Digeste? « Si quis
injuriam atrocem fecerit, qui contemnere injuriarum
judicium possit, ob infamiam suam et egestatem, præ-
tor acriter exsequi hanc rem debet, et eos, qui injuriam fecerunt coercere. » Dans l'espèce, le fait imputé
au *leno* pouvait être considéré comme une *atrox injuria*, puisqu'on avait à lui reprocher d'avoir réduit à
l'état d'esclaves et de prostituées deux filles de condition
libre. De plus, à raison du caractère infâme de sa profession, le *leno* devait sans doute peu s'effrayer de se
voir atteint par une simple action *injuriarum*, laquelle
n'aboutissait qu'à une condamnation à des dommages-
intérêts, au profit des parties lésées. N'était-ce pas alors
le cas de le dénoncer au préteur, et de provoquer contre lui les mesures rigoureuses de répression que ce
magistrat avait le droit et le devoir de prendre, en pareille circonstance, en d'autres termes, de donner le
pas à l'action publique sur l'action privée? Je me persuade que c'est en ce sens que doit être interprété le
passage dont il s'agit.

Il paraît certain, d'ailleurs, qu'en général, ceux qui
avaient à se plaindre d'un fait dommageable commis à
leur préjudice, s'adressaient, tout d'abord, au préteur,
pour le consulter sur l'action qu'ils pouvaient avoir le
droit d'intenter, et pour lui en demander la formule.
C'est ce que fit l'avare de l'*Aulularia* de Plaute. Le
pauvre homme, à qui un oiseau de proie venait d'en-
lever le contenu d'un plat préparé pour son repas, s'en
alla, tout en larmes, trouver le préteur, et le supplia,
avec force sanglots et gémissements, de lui permettre
d'assigner le voleur en justice :

> Pulmentum pridem eidem eripuit milvus.
> Homo ad prætorem deplorabundus venit :
> Infit ibi postulare, plorans, ejulans,
> Ut sibi liceret milvum *vadarier*.

Ce passage nous rappelle les *Vadimonia*, dont il est
fait, plus d'une fois, mention dans les poésies, et qui
n'avaient lieu, comme je l'ai dit, que sur permission du
juge. La nécessité de cette permission préalable était
bien connue de Plaute. En effet, dans l'*Epidicus*, il fait
dire à l'un de ses personnages, qui s'étonne de se voir
mis en *vadimonium*, du propre mouvement de son adversaire, et sans le préliminaire de l'autorisation du juge.

> ...Illic vadimonium *ultrò* mihi hic facis ?

Le mot de *vadimonium* dérive, comme on sait, de
celui de *vades*, qui s'appliquait à la caution donnée
pour garantie de l'engagement pris de comparaître devant le préteur, au jour indiqué par ce magistrat.

D'autres cautions étaient également demandées et
fournies en justice, sous le nom de *præs*. Mais cette appellation ne s'entendait guère que du garant présenté
pour répondre de l'exécution d'une condamnation pécuniaire. Il en est question dans ce passage de Plaute, à
propos d'un procès, dans lequel il s'agissait de *sponsio* :

> ...Dixeram
> Controversiam, uti sponsio fieret.
> Quid ille ? Quid ? *prædem* dedit.
>   (*Menæchmi.*)

Le *præs* est aussi mentionné, sous la même acception,
dans ce vers, extrait d'une idylle d'Ausone :

> Quid, si lis fuerit nummaria ? Quis dabitur *præs* ?

Manie processive, pages 104 et suiv.

A en juger par les traits de mœurs que fournissent leurs pièces de théâtre, les Romains étaient fort processifs ; car, de toutes celles que j'ai pu lire, il n'en est presque pas une seule dans laquelle il ne soit question d'appel à la justice et de litiges. Celles de Plaute, surtout, se font remarquer par ce caractère particulier. On y voit même que, pour se dérober à certaines importunités, ses personnages invoquent pour excuse les procès qui les occupent, et font fermer leur porte aux visiteurs, sous prétexte qu'ils ont affaire au palais. L'un d'eux même charge son esclave de dire qu'il n'a pas moins de trois procès à faire juger en un seul jour :

Illic nunc negotiosus est : res agitur apud judicem.
(*Pseudolus.*)

Tres hodiè lites judicandas dicito.
(*Mercator.*)

Cette propension de ses concitoyens pour les luttes judiciaires n'était pas du goût de Plaute. J'ai déjà fait mention de l'un de ses traits d'humeur contre l'esprit de chicane. J'y ajoute celui-ci :

Stultitia est cui benè esse licet, eum prævorti
Litibus...   (*Persa.*)

Voies d'exécution, pages 104 et 105.

J'ai parlé, dans la troisième partie de mon travail, page 126, des moyens d'exécution que le créancier avait sur la personne de son débiteur. J'ai dit qu'il avait le droit de détenir ce débiteur dans une prison privée, appelée par le Code de Justinien, *privata carceris custodia.* Au temps de Plaute, ce droit était encore assez rigoureusement exercé. Mais il ne pouvait l'être, sans doute, qu'après que le titre du créancier avait été reconnu et consacré en justice. Cependant, je lis, dans le *Pœnulus*, qu'un débiteur, dont la dette n'a point encore fait l'objet d'une condamnation judiciaire, est emprisonné par son créancier ; mais voici dans quel cas :

Celui qui se prétend créancier veut appeler son débiteur en justice, « N'en faites rien, dit ce dernier ; je

vous paierai : demain, je mettrai mes biens en adjudication,

> Cras auctionem faciam...

« Soit, répond le créancier; mais, en attendant, je
veux te faire goûter quelque peu de ma prison. — A
votre volonté, réplique le débiteur. — Suis-moi, reprend le créancier. »

> ... Tantisper quidem
> Ut sis, apud me, ligneâ in custodiâ.
> — Fiat. — Sequere hûc...

Le débiteur, comme on le remarque, donnait ici les
mains à la voie d'exécution exercée sur sa personne.

Mais, lorsqu'il résistait et contestait le droit de son
adversaire, il est probable qu'une pareille contrainte
par corps ne pouvait s'exercer, sans le préalable d'un
jugement de condamnation.

Nous apprenons, d'ailleurs, par le même poëte, que
la plupart des débiteurs ne se décidaient à payer qu'a-
près y avoir été condamnés et contraints. En voici un
exemple rapporté dans l'*Epidicus* :

> Postquàm quidem prætor recuperatores dedit,
> Damnatus demùm, vi coactus, reddidit.

Dans ce passage, il est dit que le préteur avait délé-
gué des juges ou arbitres, *recuperatores*, pour statuer,
sur les dommages-intérêts ou autres indemnités auxquels pouvait avoir droit le créancier.

C'est encore là un de ces faits juridiques dont la remarque atteste, chez Plaute, une connaissance pratique
des usages judiciaires. Il est, en effet, constant que le
préteur avait pouvoir de donner aux parties de pareils
juges, notamment dans les litiges qui ne présentaient à
juger que des questions de fait.

TROISIÈME PARTIE.

DROIT CRIMINEL.

Dans la troisième partie de ce livre, j'ai relevé un certain nombre de passages de Plaute, qui s'appliquent au droit criminel.

J'en produis ici quelques autres qui me semblent mériter également d'être mentionnés.

Dans le *Rudens*, on trouve ces deux fragments, par lesquels le poëte fait appel aux sévérités de la vindicte publique, pour la répression exemplaire de certains méfaits :

> Vindicate, ne impiorum potior sit pollentia,
> Quàm innocentium...

> Statuite exemplum impudenti...

Aux observations poétiques que j'ai recueillies sur les diverses espèces de crimes ou délits, viennent s'ajouter celles qui suivent.

Dans le *Trinummus*, Plaute désigne ainsi le voleur nocturne, et le coupeur de bourse,

> Illic aut dormitator est, aut sector zonarius ;

puis il montre comment procède le voleur, qui recherche l'occasion opportune d'une soustraction frauduleuse à commettre dans une maison habitée ou servant à l'habitation :

> Loca contemplat, circumspectat sese, atque ædes noscitat,
> Credo, ædepol, quò mox furatum veniat...

Dans le *Rudens*, il signale ce fait assez curieux, que les lieux destinés aux bains étaient particulièrement exploités par les voleurs, et que les vêtements de baigneurs n'y étaient point en sûreté, quelque soin que l'on prît pour les surveiller et les mettre à l'abri du vol :

> ...Qui it lavatum
> In balneas, ibi cùm sedulò sua vestimenta servat,
> Tamen surripiuntur...

L'extrait suivant, que j'emprunte au *Pseudolus*, indique qu'à Rome aussi, on avait grand'peine à se défendre des vols domestiques. Plaute y fait dire à un maître parlant de ses esclaves, que ces gens n'ont d'autre pensée que celle de piller, dérober, voler, partout où ils en trouvent l'occasion, et que mieux vaudrait laisser au loup la garde du troupeau, qu'à eux celle de la maison :

Qui hæc habent consilia, ubi data occasio est, rape, clepe, tene,
          ...Hoc est eorum opus,   [harpaga :]
Ut mavelis lupos apud oves linquere, quàm hos domi custodes.

Des imputations de fabrication de fausse monnaie, de violences envers les ascendants, de supposition d'enfant à une femme qui n'est point accouchée, d'attentat à la pudeur ou aux mœurs, sont spécifiées dans les fragments que voici :

Tacesis, faber, qui cudere soles plumbeos
Nummos...   (*Mostellaria.*)
Verberasti patrem atque matrem...
                    (*Pseudolus.*)
Hæc labore alieno puerum peperit sine doloribus.
                    (*Truculentus.*)
Manus sub vestimenta ad corpus detulit.
                    (*Bacchides.*)

Mais c'est principalement sur le délit d'adultère que portent celles des observations de Plaute qui sont relatives au droit criminel.

Remarquons d'abord que son témoignage se joint à celui d'Horace, pour constater que la législation des Douze Tables, sous l'empire de laquelle il écrivait, autorisait le mari à tuer le complice de l'adultère de sa femme, et sa femme elle-même, lorsqu'il les surprenait en flagrant délit. En effet, dans les *Bacchides*, il parle de certain militaire qui, trompé par sa femme, aurait pu la tuer, et juguler, avec elle, le *Mœchus manifestarius* :

...Ni illic hodiè forte fortunâ hic foret,
Miles Mnesilochum cum uxore opprimeret suâ,
Atque obtruncaret mœchum manifestarium.

Ce n'est là, il est vrai, qu'un fait imaginaire ; mais il est visible que, dans la pensée du poëte, une pareille vengeance n'avait rien que de légal.

Du reste, on voit assez, par le langage menaçant
qu'il prête aux maris, à l'encontre des séducteurs de
leur femme, qu'il ne faisait aucun doute de leur droit
de se faire justice par eux-mêmes :

Cur es ausus subigitare alienam mulierem, impudens?
(*Miles Glor.*)
Nihil moror alienâ operâ mihi fieri plures liberos :
(*Cistellaria.*)
Jamdudùm gestio mœcho huic abdomen adimere.
(*Miles Glor.*)

Aussi, quand le *Mœchus* avait affaire à quelqu'un de
ces maris peu tolérants, il lui arrivait, parfois, de reculer
devant son entreprise, comme le faisait le *Miles gloriosus,* auquel Plaute prête ce langage :

Egon' ad illam eam quæ nupta sit? Vir ejus est metuendus.

Et cependant ce *Miles* était signalé comme le plus
grand entrepreneur d'adultère qui se pût imaginer :

Ità magnus Mœchus mulierum est, ut neminem
Fuisse adæquè, atque futurum credam...

Si, comme il est permis de le croire, les œuvres de
Plaute sont la peinture des mœurs contemporaines, on
en peut tirer, sur le même sujet, cette autre conséquence, que, de son temps, les femmes n'étaient point
encore entrées, aussi avant qu'elles le firent plus tard,
dans la voie de l'adultère, quoique déjà les maris leur en
en donnassent l'exemple ; et que les maris eux-mêmes
mettaient une certaine retenue dans leurs infidélités,
s'ingéniant, autant que possible, à ne les commettre
qu'en cachette de leur femme. Plaute, en effet, représente l'un d'eux faisant tous ses efforts, pour dissimuler
à sa femme les projets d'adultère qu'il médite,

...Sperat
Sibi fore paratas, clàm uxorem, excubias foris.
(*Casina.*)
...Ne uxor resciscat omnia metuit. (*Id.*)

Et, s'il arrive que tout soit découvert, il fait dire, avec
une expression de crainte, au mari ainsi pris en faute :

Uxor rescivit rem omnem, ut factum est ordine.
(*Menœchmi.*)

Ce qui autorise à penser qu'à cette même époque, les épouses n'appliquaient pas encore, en cette matière, du moins d'une manière générale, la règle *par pari refertur*, c'est un autre passage de Plaute que je rencontre dans le *Mercator*, et qui me paraît digne d'une attention particulière.

Il s'agit, dans la pièce, d'un homme marié, qui prémédite un adultère dont le projet tourne à sa confusion. L'auteur amène sur la scène une femme d'âge, qui n'y apparaît que pour faire entendre, à l'adresse des maris infidèles, la leçon que voici. Elle se plaint, tout d'abord, de l'inégalité de condition que les lois établissent entre la femme et l'homme : « Qu'un mari, dit-elle, entretienne secrètement une concubine, son inconduite, même alors que sa femme en a la preuve, demeure complétement impunie. Que sa femme, au contraire, se permette la moindre démarche suspecte, il a, lui, le droit de se plaindre et de la chasser ». — « Plût à Dieu, ajoute-t-elle, que la loi n'eût pas ainsi deux poids et deux mesures ! Il faut qu'une honnête femme se contente de son mari ; et quel est le mari qui se contente de sa femme ? Certes, si les lois étaient égales, pour l'un comme pour l'autre, si l'époux infidèle pouvait être chassé par sa femme aussi facilement que peut l'être celle-ci quand il lui arrive de se rendre coupable, on verrait plus de maris expulsés par les femmes, que de femmes par les maris : »

> Ecastor, lege durâ vivunt mulieres,
> Multòque iniquiore quàm viri.
> Nàm, si vir scortum duxit clàm uxorem suam,
> Id si rescivit uxor, impune est viro.
> Uxor viro si clàm domo egressa est foràs,
> Viro fit caussa ; exigitur matrimonio.
> Utinam lex esset eadem, quæ uxori est, viro !
> Nam uxor contenta est, quæ bona est, uno viro.
> Quiminus vir unà uxore contentus siet ?
> Ecastor faxim, si itidem plectantur viri,
> Si quis, clàm uxorem, duxerit scortum suam,
> Ut illæ exiguntur, quæ in se culpam commerent,
> Plures viri sint vidui, quàm nunc mulieres.

Ce remarquable passage, outre qu'il donne tout lieu de croire que les femmes mariées se maintenaient

alors, mieux que les maris, dans les devoirs de la fidélité conjugale, présente aussi quelque intérêt, au point
de vue de l'état de la législation romaine, en matière
d'adultère, à l'époque où vivait Plaute. Il semble en
résulter qu'à cette époque, la femme n'avait le droit de
se plaindre de l'adultère de son mari et de lui réclamer
sa dot, en le répudiant, que dans le cas où celui-ci en-
tretenait une concubine dans le domicile conjugal.

QUATRIÈME PARTIE.

Justice, pages 204 et suiv.

Il ne me reste plus à produire, dans ce supplément, que quelques extraits de Plaute, qui se rapportent à la justice distributive.

On sait que la juridiction arbitrale était d'usage chez les Romains : « Compromissum ad similitudinem judiciorum redigitur, et ad finiendas lites pertinet, » dit le Digeste. Cette juridiction volontaire, Plaute la fait parfois fonctionner, dans ses comédies, par un *judex compromissarius*.

Dans cette scène du *Rudens*, que j'ai rapportée plus haut, celui qui conteste au pêcheur la propriété de la valise qu'il a prise dans ses filets exige que la contestation soit mise en arbitrage, et qu'en attendant la décision de l'arbitre, l'objet du litige soit remis entre les mains d'un séquestre. Sa prétention est ainsi formulée :

> Tu istuc hodiè ne feras, nisi des sequestrum, et arbitrum,
> Cujus hæc res arbitratu fiat...

L'arbitrage est accepté par le pêcheur, qui se croit sauvé, parce que l'arbitre désigné est précisément le maître dont il est l'esclave; et celui-ci procède à l'examen de l'affaire. Il la décide, en adjugeant la valise à la personne qui l'avait perdue dans un naufrage, et dont il constate le droit de propriété sur cet objet.

Dans une autre pièce, *Mostellaria*, l'arbitrage est ainsi proposé à celui qu'on a choisi pour juge :

> ...Accipito hanc ad te litem;

Il accepte, s'assied et invite, en ces termes que j'ai déjà rappelés, les parties à s'expliquer devant lui :

> Nunc utrinquè disceptator eccum adest : age, disputa;

puis, après les avoir entendues, il prononce sa sentence, et la termine par ces mots :

> ...Hoc judicium meum est.

Je termine ici cet appendice, dans lequel j'ai rassem-
blé et déduit, de mon mieux, tous ceux des passages de
Plaute qui n'avaient point trouvé place dans ma précédente revue, et qui, de près ou de loin, touchent à des
points de législation ou de jurisprudence.

Si je ne me fais illusion, ce complément de ma preuve
m'autorise à répéter en toute assurance ce que je disais
en commençant, à savoir que, dès son plus bas âge, la
poésie latine avait fait alliance avec le droit, et que, sur
le théâtre notamment, ses plus anciens organes se plaisaient à donner des preuves de leur goût pour cette
branche importante des sciences morales, comme aussi
des notions théoriques et pratiques qu'ils possédaient
sur les matières qui s'y rattachent.

Plus on se rapproche de l'origine du droit, plus on
reconnaît l'intimité de cette alliance qui s'était formée
sous les auspices des premiers législateurs. Parer des
charmes de la poésie les règles austères du droit et de
la morale, telle était la coutume des siècles primitifs, le
langage de la prose paraissant alors trop familier pour
satisfaire aux besoins de l'imagination.

Il est peu surprenant que cette pratique ait passé
de la Grèce dans le Latium, qui, suivant la remarque
d'Horace, lui en a emprunté tant d'autres :

> Græcia capta ferum victorem cepit, et artes
> Intulit agresti Latio...

et c'est, sans doute, par imitation de leurs devanciers de
l'Attique, que le père de la poésie latine, *Ennius ipse
pater*, puis, après lui, Plaute, Attius, Pacuvius, Lucile,
Térence, Publius-Syrus et tant d'autres de leurs successeurs, se sont appliqués, soit à poétiser dans leurs
œuvres les principes les plus usuels du droit, soit à faire
entrer les questions juridiques dans le ressort et la compétence du Parnasse.

Les lecteurs, si tant est qu'il s'en puisse trouver pour
un livre d'une aussi dure digestion et d'une forme
aussi insolite, estimeront, comme moi, sans doute, que
ce n'est point là une simple conjecture, mais un fait
incontestablement démontré par les nombreux documens que j'ai mis en relief.

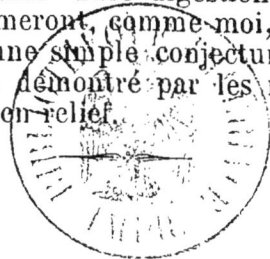

TABLE DES MATIÈRES.

SECTION 2e.—Procédure civile.

TROISIÈME PARTIE.

DROIT CRIMINEL ET INSTRUCTION CRIMINELLE.

SECTION 1re.—Droit criminel.

§ 1er.—*Principes généraux en matière de législation pénale.*

§ 2. — *Crimes et délits.—Leurs diverses espèces.—Leurs caractères.
— Questions de culpabilité.*

QUATRIÈME PARTIE.

DE LA JUSTICE DISTRIBUTIVE ET DES JUGES.

CINQUIÈME PARTIE.

DU BARREAU.

SECTION Ire.—PROFESSION DE JURISCONSULTE ET D'AVOCAT.—REMARQUES
SUR LE TALENT ORATOIRE, ET SUR LES MŒURS DU BARREAU ROMAIN.

FIN DE LA TABLE.

ERRATA.

Page 11, 7e ligne, au lieu de : Lucain, *lisez :* Claudien.
Page 15, au-dessous de la 27e ligne, au lieu de : (*Id.*), *lisez :* (Lucan).
Page 16, au-dessous de la 5e ligne, au lieu de : (*Id.*), *lisez :* (Lucan).
Même page, au-dessous de la 6e ligne, au lieu de : (*Id.*), *lisez :* (Claud).
Même page, ligne 11, rétablir la citation dans l'ordre suivant :

> ...justi
>
> Dissuasor gladius...

Page 22, lignes 23 et 24, au lieu de : prohiento, *lisez :* prohibento.
Page 24, ligne 15, au lieu de : satyres, *lisez :* satires.
Page 29, lignes 16, 17, 18 et 19, rétablir la citation dans l'ordre suivant :

> ...Ne mi hanc famam differant
> Me germanam meam sororem in concubinatum tibi
> Sic sine dote dedisse, magis quàm in matrimonium.

Même page, lignes 23 et 24, rétablir la citation dans l'ordre suivant :

> Virginem habeo grandem, dote cassam atque illocabilem,
> Neque eam queo locare cuiquam...
>
> (AULULARIA.)

Même page, ligne 33, rétablir la citation comme il suit :

> Dummodò morata rectè veniat, dotata est satis.

Page 33, ligne 13, au lieu de : ubi locata est, *lisez :* ubi locata erit.
Page 40, ligne 24, au lieu d'un point, mettre une virgule à la suite du vers cité.
Page 42, lignes 10 et 11, au lieu de : occidere licito. Il était superflu...,
lisez : occidere licito, il était superflu...
Page 63, à la note, ligne dernière, au lieu de : et cet autre sencore :
il ne tient..., *lisez :* et cet autre encore : s'il ne tient...
Page 67, ligne 8, rétablir comme suit, l'extrait de Plaute :

> Malè fidem servando, illis quoque abrogant fidem
> Qui nihil meriti...

Page 74, ligne 2, au lieu de deux points, mettre un point à la fin de cette
ligne.
Même page, ligne 13, au lieu d'un point, mettre une virgule à la fin de cette
ligne.
Page 85, intitulé, ligne 8, au lieu de : contrat aléatoire, *lisez :* contrats
aléatoires.
Page 88, ligne 15, au lieu d'un point, mettre une virgule à la fin du vers
cité.
Page 94, ligne 6, au lieu de : à l'aide de divers fragments, *lisez :* à l'aide de
fragments.
Même page, ligne 24, au lieu de : accum, *lisez :* eccum.

Page 110, intitulé, ligne 10, *lisez :* Vrai motif de l'institution des peines.

Page 111, ligne 12, rétablir la citation comme suit :

    ...crimen

  Purgandum gladio...

Page 113, ligne 9, au lieu de :

  An pro hujus peccatis ego, supplicium sufferam ?

   lisez :

  An, pro hujus peccatis, ego supplicium sufferam ?

Page 126, ligne 3, au lieu de : déborder, *lisez :* prédominer.

Page 128, ligne 6, au lieu de : dispoions, *lisez :* dispositions.

Page 134, ligne 27, au lieu de : et les pénalités, *lisez :* et aux pénalités.

Page 140, ligne 14, au lieu de deux points, mettre un point à la fin de cette ligne.

Page 152, ligne 3, au lieu de :

  At benè, si quæras fortunæ crimen in illo ..

   lisez :

  At, benè si quæras, fortunæ...

Page 182, ligne 7, au lieu de : Mostellario, *lisez :* Mostellaria.

Page 183, lignes 29 et 30, au lieu de : quelque soin qu'il prenne à , *lisez :* quelque soin qu'il prenne de.

Page 184, au-dessous de la 24e ligne, *lisez :* (PLAUT.).

Page 185, à la suite de la 6e ligne, *lisez :* (Ov.).

Page 190, ligne 14, au lieu de : ibo, intrò, ubi, *lisez :* ibo intrò, ubi...

Même page, ligne 16, supprimez la virgule après le mot *habuit.*

Page 216, note 2, ligne 28, au lieu de : les 13 livres du parlement de Larocheflar, *lisez :* les 13 livres des parlements de Larocheflavin.

Page 219, intitulé, ligne 13, au lieu de : excès d'indulgence ou de sévérité : *lisez :* excès d'indulgence.

Page 226, ligne 27, au lieu de : Pythieu, *lisez :* Pythien.

Page 260, ligne 14, au lieu d'un point, mettre un point d'interrogation à la fin du vers cité.

Page 275, ligne 5, reporter le renvoi (1) à la fin de la ligne précédente.

Même page, ligne 6, reporter le renvoi (2), à la fin de la ligne 5.

Page 276, ligne 10, au lieu de :

  Causa patrocinio non bona, pejor erit.

   lisez :

  Causa patrocinio, non bona, pejor erit

Page 282, ligne dernière, après la citation latine, *lisez :* (QUINTIL.).

Page 288, note 2, ligne 28, au lieu d'un point, mettre un point d'interrogation, à la fin de cette ligne.

Page 304, à la note, ligne 36, au lieu de : Corhintiens, *lisez :* Corinthiens.

Page 309, lignes 32 et 33, au lieu de : appoint de mariage, *lisez :* appoint du mariage.

Page 319, ligne 26, au lieu de : quidquid hæsi, *lisez :* quidquid hæsit.

Page 327, ligne 37, au lieu de : qui non properas, *lisez :* qui non properas.

Page 342, ligne 13, au lieu de : envers les ascendants, *lisez :* envers des ascendants.

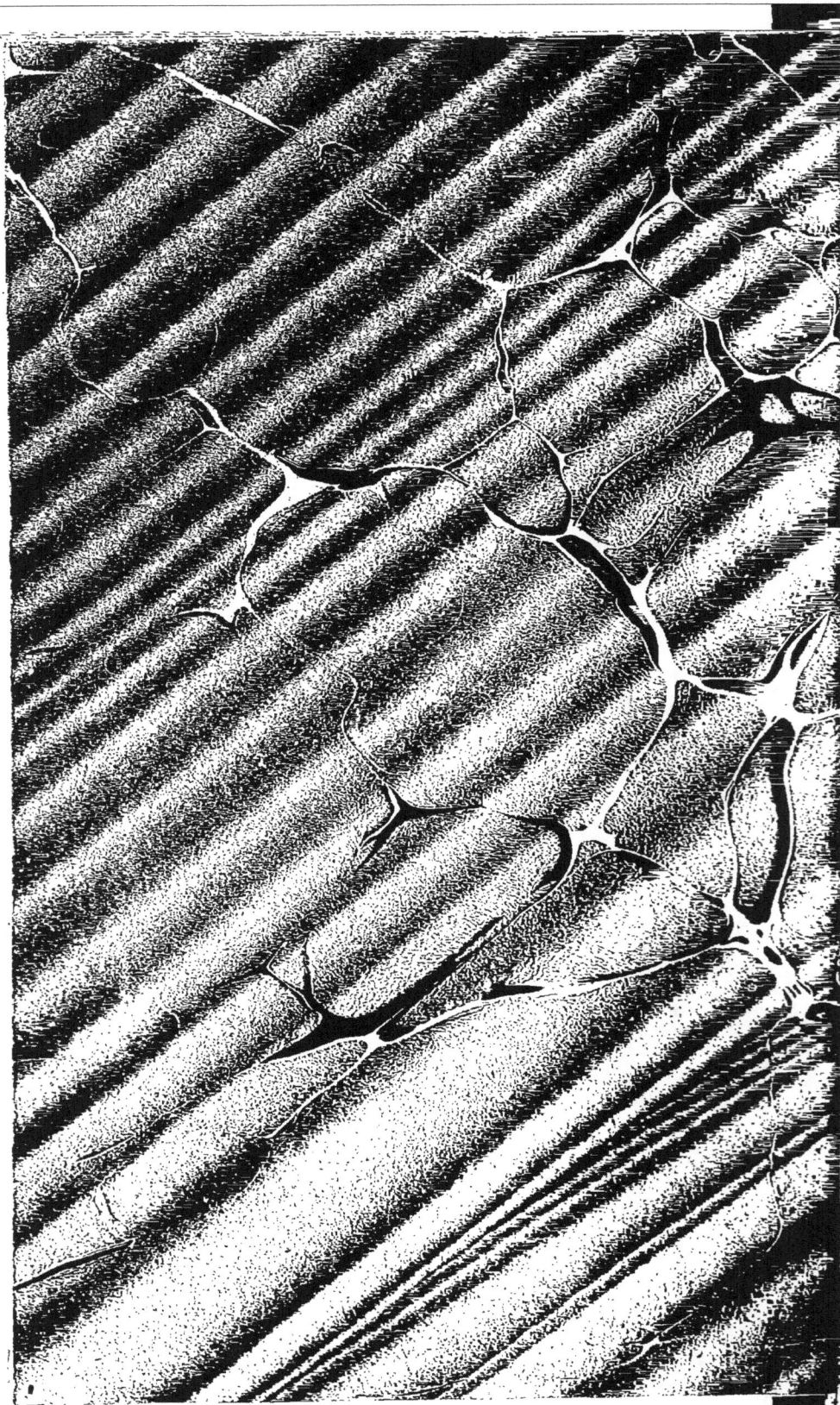

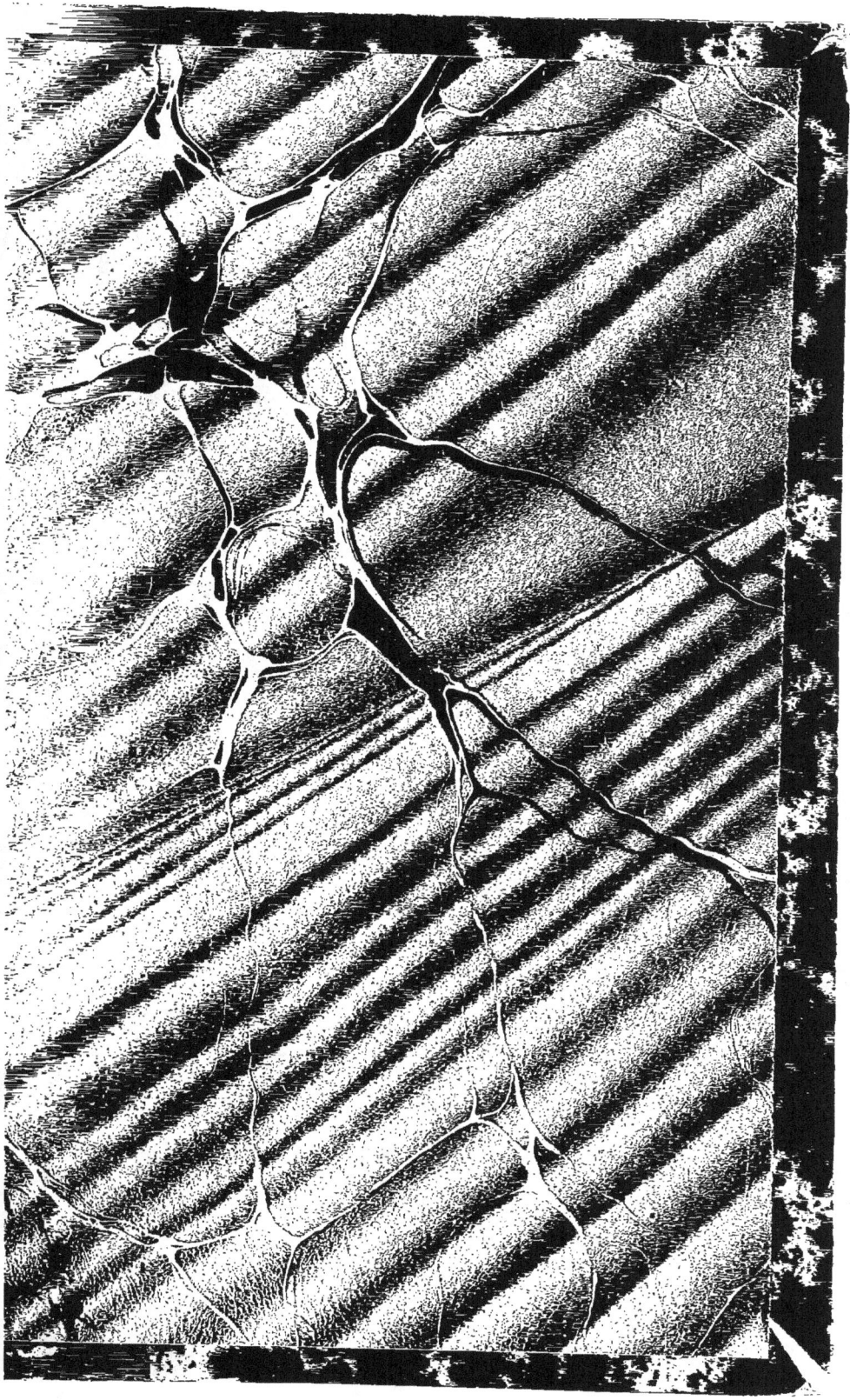

www.ingramcontent.com/pod-product-compliance
Lightning Source LLC
Chambersburg PA
CBHW061121220326
41599CB00024B/4116